GERMAN
GCSE REVISION

SELF, FAMILY & FRIENDS
LEISURE & DAILY ACTIVITIES

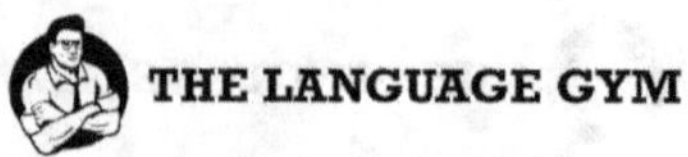

Imprint: Independently Published

Edited by Isabelle Porter & Magdalena Weidner

DEDICATION

For Catrina

- Gianfranco

For Ariella and Leonard

- Dylan

For Carys and Theo

- Thomas

ACKNOWLEDGEMENTS

Our heartfelt thanks to our two editors, Isabelle Porter and Magdalena Weidner, who both worked tirelessly at editing and proofreading the manuscript. Their contributions have ensured not only a highly accurate book but also our best ever in terms of choice of lexis. Thank you for your consistent patience, good-humour and professionalism.

Thanks to all the wonderful, supportive and passionate educators on Twitter who have helped enhance our book with their suggestions and comments, and to the members of the Global Innovative Language Teachers (GILT) Facebook group for their engagement and input into our polls. We consider ourselves very lucky to have such colleagues to inspire and spur us on.

THE LANGUAGE GYM

ABOUT THIS BOOK

Welcome,

If you're reading this, it means you've either bought, or are contemplating buying this book.

Either way, thank you.

As with all Language Gym books, our small team has gone to great efforts to produce a high-quality, affordable, no frills resource. Feedback from the three international and three UK-based schools on the content of this book has been overwhelmingly positive. As with our previous publications, the evidence shows that the E.P.I. method really does produce excellent results. As full-time teachers who use these resources across all levels they teach, Thomas and Isabelle (and also Dylan & Verónica, and Ronan & Julien on the Spanish and French teams, respectively) can vouch for the method first-hand. We know that the care taken throughout the creation process will reflect in the quality of the resource and do hope that you and your students enjoy using it!

This book is meant as a revision resource for GCSE German. It can be used independently by students as well as for teacher-directed classroom practice. It contains 16 units which focus mainly on the themes: *myself, family and relationships, daily activities, my role model, hobbies and leisure*.

Each unit consists of a knowledge organiser recapping the target sentence patterns and lexical items, a series of receptive vocab-building activities; a set of narrow reading texts and activities; a set of translation tasks. The tasks are graded in order to pose an increasingly demanding but manageable cognitive load and challenge and are based on Dr Conti's P.I.P.O. framework:

Pre-reading tasks (activation of prior knowledge and pre-teaching)

In-reading tasks (intensive exploitation of texts)

Post-reading tasks (consolidation)

Output (pushed-output tasks)

Consistent with Dr Conti's E.P.I. approach, each of the 16 units in the book provide extensive recycling of the target lexical items both within each unit and throughout the book, across all the dimensions of receptive and productive processing, i.e.: orthography (single letters and syllables), lexis (both words and chunks), grammar/syntax (with much emphasis on functional and positional processing), meaning and discourse. The recycling occurs through input-flooding and forced retrieval through a wide range of engaging, tried and tested, classic Conti tasks (more than 20 per unit). These include student favourites such as slalom writing, faulty translation, spot the missing detail, sentence puzzles, etc.

Thanks,

Gianfranco, Dylan, Thomas, Isabelle & Magdalena

TABLE OF CONTENTS

Unit 1. Introducing yourself

Ich wohne [I live]	**in Manchester.** [in Manchester.]	**Das ist** [That is]	**eine Großstadt** [a large city]	**im Norden** [in the north]	**von England** [of England]

In meiner Familie [In my family]	**gibt es** [there is/are]	**vier** [four]	**Personen** [people]

Mein Vater [My father]	**ist** [is a]	**Anwalt** [lawyer]	**Verkäufer** [sales assistant]	**Friseur** [hairdresser]	**Arzt** [doctor]
Meine Mutter [My mother]	**arbeitet als** [works as a]	**Anwältin**	**Verkäuferin**	**Friseurin**	**Ärztin**

Ich verstehe mich gut [I get on well]	**mit meinem Bruder,** [with my brother] **mit meiner Schwester,** [with my sister] **mit meinen Eltern,** [with my parents]	**denn er/sie ist** [because he/she is] **denn sie sind** [because they are]	**sehr** [very] **immer** [always]	**freundlich** [friendly] **nett** [nice, kind] **sympathisch** [nice]

Ich bin [I am]	**groß** [tall] **klein** [short]	**und** [and]	**ich habe** [I have]	**blonde Haare.** [blonde hair.] **blaue Augen.** [blue eyes.]	**Charakterlich** [Character-wise]	**bin ich** [I am]	**hilfsbereit** [helpful] **schüchtern** [shy]

Ich habe [I have]	**viele Freunde.** [many friends.]	**Mein bester Freund** [My best friend -masc-] **Meine beste Freundin** [My best friend -fem-]	**heißt** [is called]	Jonas Nele

In meiner Freizeit [In my free time]	**höre ich gern Musik** [I like listening to music] **mache ich gern Sport** [I like doing sport]	**lese ich gern** [I like reading]

Mein Lieblingssport [My favourite sport]	**ist** [is]	**Klettern** [rock climbing] **Fußball** [football]	**Reiten** [horse riding] **Schwimmen** [swimming]

Mein Lieblingsessen [My favourite food]	**ist** [is]	**Hamburger mit Pommes** [burger with chips] **Nudeln mit Tomatensoße** [pasta with tomato sauce]

Ich esse auch gern [I also like eating]	**Obst** [fruit] **Gemüse** [vegetables]	**Kuchen** [cake] **Salat** [salad]

Mein Lieblingsfach in der Schule [My favourite subject at school]	**ist** [is]	**Mathe** [maths] **Sport** [PE]	**Biologie** [biology] **Erdkunde** [geography]

Eine Person, [A person]	**die ich bewundere,** [whom I admire]	**ist** [is]	Ariana Grande Greta Thunberg	David Alaba meine Oma Liesl

1. Complete (general recap)

a. Ich _____________ Susanne.

b. Ich bin fünzehn ___________ alt.

c. Ich ___________ in Hamburg.

d. Ich ___________ aus der Schweiz.

e. In meiner Familie _________ es fünf Personen.

f. Mein Vater ________ Polizist.

g. Meine Mutter ist _____________ in einem Geschäft.

h. Ich bin groß und ich habe braune _____________ .

i. Vom Charakter her bin ich ziemlich ruhig und ein bisschen _____________ .

j. Ich habe nicht viele ___________ .

k. Meine _____________ Freundin heißt Mia.

l. In meiner Freizeit _________ ich gern Gitarre.

m. Mein Lieblingssport ist ___________ .

n. Mein Lieblingsessen ist _____________ mit Tomatensoße.

o. In der Schule lerne ich am liebsten _____________ .

p. Eine Person, ________ ich bewundere, ist Cro. Er ist mein Lieblingssänger.

Nudeln	schüchtern	ist	Verkäuferin
Tennis	die	heiße	beste
komme	Jahre	Freunde	gibt
Biologie	Haare	wohne	spiele

---

2. Match (adjectives recap)

freundlich	shy
aufgeschlossen	friendly
nett	stubborn
langweilig	kind, nice
hilfsbereit	stupid
schüchtern	boring
stur	sporty
dumm	helpful
sportlich	open-minded
groß	short
klein	tall
gemein	hard-working
selbstbewusst	mean
fleißig	self-confident

---

3. Categories (adjectives recap)

Aussehen	Charakter
	1

1. stur   2. hilfsbereit   3. blond

4. groß   5. dünn   6. gemein

7. hübsch   8. stark   9. schlank

10. pummelig   11. selbstbewusst   12. hässlich

13. zuverlässig   14. nett   15. klein

---

4. Translate into English (Describing people – recap)

a. Ich habe braune Haare.

b. Mein Vater ist sehr groß.

c. Meine Mutter ist klein.

d. Mein Bruder ist sehr stark.

e. Ich habe grüne Augen.

f. Meine Schwester ist total stur.

g. Ich bin ein bisschen schüchtern.

h. Meine Eltern sind streng.

i. Mein Vater hat eine Glatze.

j. Mein Freund Peter ist sehr fleißig.

k. Mein Bruder ist sehr nett.

l. Meine Freunde sind hilfsbereit.

5. Multiple-choice quiz (general recap)

	a	b	c
1. Essen	past time	food	school subject
2. Haare	eyes	hair	friends
3. Augen	hair	clothes	eyes
4. gutaussehend	fat	lazy	good-looking
5. aufgeschlossen	open-minded	strong	fair
6. spielen	to read	to play	to watch
7. lesen	to speak	to read	to swim
8. der Friseur	plumber	hairdresser	doctor
9. der Verkäufer	waiter	nurse	sales assistant
10. dreißig	thirty	forty	twenty
11. die Ärztin	lawyer	doctor	doorman
12. siebzehn	twenty-seven	seventeen	eighteen
13. die Anwältin	doctor	engineer	lawyer
14. Nudeln	cakes	vegetables	pasta
15. Gemüse	vegetables	cakes	sweets

6. Tick the words in the list below which are names of food

a. Wetter

b. Karten

c. Nudeln

d. Fisch

e. Computer

f. Gemüse

g. Eis

h. Verkäufer

i. Arzt

j. Klempner

k. Äpfel

l. Fleisch

m. Garten

n. Gesicht

o. Hähnchen

7. Faulty translation. Spot the words which have been translated incorrectly and correct them (general recap) – Not all are incorrect!

a. In meiner Familie gibt es vier Personen: *In my family there are five people.*

b. Ich habe blonde Haare: *I have black hair.*

c. Ich habe keine Geschwister: *I have one sister.*

d. Ich trage eine Brille: *I wear a hat.*

e. Mein Vater ist groß und dick: *My father is tall and slim.*

f. Meine Mutter ist Verkäuferin: *My mother is a lawyer.*

g. Meine Eltern sind sehr nett: *My parents are very kind.*

h. Ich hasse Gemüse: *I hate meat.*

i. In meiner Freizeit lese ich Magazine: *In my free time, I read books.*

j. Mein Lieblingshobby ist Fahrradfahren: *My favourite hobby is horse-riding.*

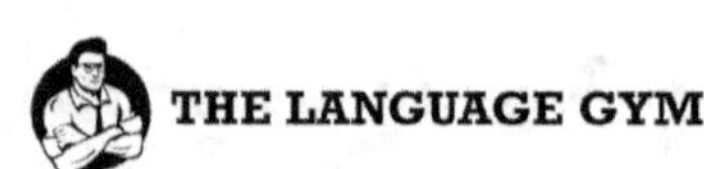

8. Match questions and answers (general recap)

a. Wie heißt du?	Vier Personen.
b. Wie alt bist du?	Reiten.
c. Wo wohnst du?	Markus.
d. Wie viele Personen gibt es in deiner Familie?	Ich gehe mit meiner Freundin aus.
e. Wie viele Geschwister hast du?	Zwei, einen Bruder und eine Schwester.
f. Wie siehst du aus?	Fünfzehn Jahre.
g. Wie bist du vom Charakter her?	Lustig, hilfsbereit und ein bisschen stur.
h. Was ist dein Lieblingssport?	Italienisches Essen.
i. Außer Sport, was machst du noch in deiner Freizeit?	In Hamburg, im Norden.
j. Was isst du gern?	Er ist Lehrer.
k. Was ist dein Lieblingsessen?	Ich bin mittelgroß und ziemlich dünn.
l. Was ist dein Vater von Beruf?	Lasagne.

9. Match (food and drinks recap)

Hähnchen	juice
Fleisch	potatoes
Nudeln	apples
Wasser	fish
Saft	pasta
Rotwein	lamb
Gemüse	water
Äpfel	meat
Fisch	vegetables
Lamm	watermelon
Wassermelone	red wine
Reis	rice
Kartoffeln	chicken

10. Complete (numbers from 1 to 100 - recap)

a. dreiß _ _ *[thirty]*

b. sech _ _ _ *[sixty]*

c. _ _ _ rzig *[forty]*

d. _ _ _ tzig *[eighty]*

e. n _ _ nzig *[ninety]*

f. fün _ _ _ _ *[fifty]*

g. zwanz _ _ *[twenty]*

h. einhunde _ _ *[one hundred]*

i. neunz _ _ _ *[nineteen]*

j. _ _ _ fzehn *[fifteen]*

k. vier _ _ _ _ *[fourteen]*

l. _ _ _ hzehn *[sixteen]*

11. Translation (age, food and description recap)

a. Ich bin aufgeschlossen.

b. Ich habe rote Haare.

c. Ich liebe Obst und Gemüse.

d. Ich esse kein Fastfood.

e. Mein Vater ist vierzig.

f. Ich bin Einzelkind.

g. Ich bin zuverlässig.

h. Meine Schwester ist elf Jahre alt.

i. Mein Onkel ist fünfzig Jahre alt.

j. Meine Mutter ist ziemlich stur.

k. Mein Bruder ist sehr nervig.

l. Meine Schwester ist sehr lustig.

m. Mein Freund ist total hübsch.

n. Meine Eltern sind sehr nett.

o. Wir sind sechzehn Jahre alt.

p. Ich esse oft Fleisch.

q. Ich trinke gern heiße Schokolade.

r. Ich liebe Apfelsaft.

12. Match the opposites (adjectives recap)

hübsch	lustig
nett	schüchtern
selbstbewusst	gemein
stark	hässlich
dick	schwach
fleißig	faul
klein	dünn
ernst	groß

14. Spot and correct the grammar/ spelling errors (general recap) – Not all are incorrect!

a. Ich habe braun Haare.

b. Meine Mutter heiße Anna.

c. Ich wohnt im Norden von Deutschland.

d. Mein Freund Dieter ist sehr nett.

e. Meine Freundin hat lange haare.

f. Ich oft esse Schnitzel.

g. Meine Schwester ist sehr schüchtern.

h. Ich habe blond Haare.

i. Eine person, die ich bewundere, ist mein Opa.

j. Ich habe nicht viel Freunde.

16. Sort the adverbs into a logical order

adverbs of frequency	adverbs of intensity
oft	nicht
immer	gar nicht
nie	ziemlich
selten	ein bisschen
manchmal	sehr
fast immer	nicht so

13. Complete with the missing words (general recap)

a. Ich ______________ Philipp.

b. Ich bin fünfzehn ____________ alt.

c. Ich habe keine ______________. Ich bin Einzelkind.

d. Ich _________ in Wien, der Hauptstadt von Österreich.

e. _____ meiner Familie gibt es vier Personen.

f. Ich _______ sehr groß und stark.

g. Vom ______________ her bin ich sehr selbstbewusst.

h. In meiner ____________ mache ich viel Sport, ich _________ oft fern und ich ________ Science-Fiction-Romane.

i. Mein Lieblings_________ ist Schwimmen.

j. Eine Person, die ich ______________, ist mein Onkel Martin!

15. Translate into English (general recap)

a. Meine Eltern sind aufgeschlossen und großzügig.

b. Ich habe nicht viele Freunde.

c. Mein bester Freund ist hilfsbereit und zuverlässig.

d. Meine Freundin ist supernett und sehr hübsch.

e. Mein Vater ist ziemlich geizig.

f. Mein Lieblingsessen ist Nudeln mit Tomatensoße.

g. Ich liebe Gemüse, weil es sehr gesund ist.

h. Mein Vater arbeitet nicht, er ist arbeitslos.

i. Meine Mutter ist Verkäuferin in einem Schuhgeschäft.

j. Mein Bruder ist Student, aber er hat einen Nebenjob als Kellner in einem Restaurant.

17. Complete the translation

a. I____ m________ F__________ g______ e____ v______ P________________ .
[In my family there are four people.]

b. I____ m_________ F__________ m_________ i____ v______ S__________ .
[In my free time I do a lot of sport.]

c. M________ V__________ i____ s________ f____________ . *[My father is very hard-working.]*

d. M______ B__________ h_____ s__________ H______ und b________ A__________ .
[My brother has black hair and blue eyes.]

e. I____ w________ i____ N__________ v____ D________________ . *[I live in the north of Germany.]*

f. M________ L__________________ i____ S____________ . *[My favourite sport is swimming.]*

g. M________ E__________ s_____ n______, g____________ und a________________________ .
[My parents are kind, patient and open-minded.]

h. M______ B__________ i_____ s________ f____________ . *[My brother is very friendly]*

i. M______ b________ F__________ h________ Johannes. *[My best friend is called Johannes.]*

j. E______ P__________, d____ i____ b____________, i____ m________ O______ .
[A person whom I admire is my granny.]

18. Translate into German (general recap)

a. In my family there are five people: my parents, my two sisters and me.

b. My parents are very kind and open-minded.

c. My sister Elena is tall and has blonde hair. She is friendly and very funny.

d. I am quite short and muscular. My friends say that I am quite funny and generous.

e. I have brown hair and green eyes. I wear glasses.

f. In my free time I often do sports, I read novels and I use social media.

g. My favourite sport is swimming. I also like playing football.

h. I like eating fruit and veg. My favourite food is pasta.

i. A person I admire is Mo Salah because he plays football very well and he is super-nice.

Ich heiße Timo. Ich bin siebzehn Jahre alt und ich wohne in Aachen, im Westen von Deutschland, an der Grenze zu Belgien und Holland. Ich wohne hier seit zehn Jahren mit meinen Eltern und meinen zwei Brüdern. Mein Vater ist Anwalt und meine Mutter ist Lehrerin. Meine Brüder sind Studenten an der Universität. Sie sind beide älter als ich.

Körperlich bin ich groß und dünn, aber ziemlich muskulös. Ich gehe jeden Tag ins Fitnessstudio, stell dir vor! Ich mache total gern Krafttraining. Vom Charakter her bin ich gesellig, aufgeschlossen und selbstbewusst. Meine Freunde sagen, dass ich manchmal stur und arrogant bin. Ich finde das nicht. Okay, vielleicht bin ich ein bisschen stur, aber arrogant bin ich überhaupt nicht! Das ist der totale Blödsinn. Zu Hause verstehe ich mich gut mit meinen Eltern. Sie sind aufgeschlossen und nicht zu streng. Meine Brüder sind auch sehr nett und immer für mich da, wenn ich sie brauche. Eine Person, die ich bewundere, ist Jürgen Klopp: Meiner Meinung nach ist er der beste Fußballtrainer der Welt und er ist sehr schlau!

Die Schule und das Lernen finde ich wirklich doof. Es ist einfach total langweilig. Ich bin ziemlich gut in Mathe und in Naturwissenschaften, aber in den anderen Fächern bin ich nicht so gut. Ich lerne nicht genug und ich mache nie meine Hausaufgaben. Das ist schade, denn meine Lehrer sagen, dass ich ziemlich intelligent bin. Zum Glück sind meine Eltern sehr entspannt!

Mein Lieblingsessen sind Frühlingsrollen, ich finde sie so lecker! Ich mag auch italienisches Essen. Ich esse oft Nudeln und ich bin verrückt nach Pizza! **(Timo)**

20. Answer the questions below

a. What jobs do Timo's parents do?

b. How does he describe his physique? (3 details)

c. What does he say about his parents? (2)

d. How does he describe his brothers? (2)

e. Why does he admire Jürgen Klopp? (2)

f. Why does he not like school?

g. How often does he do his homework?

h. What do his teachers say about him?

h. What is his favourite type of food?

19. Find in the text the German equivalent for the following

a. in the west

b. I have been living here for ten years

c. teacher (f)

d. older than me

e. I really like weight training

f. imagine! (3 words)

g. in terms of my character

h. open-minded and self-confident

i. my friends say

j. maybe

k. at home, I get on well with

l. not too strict

m. in my opinion

n. the best football coach

o. I am quite good in

p. I don't learn enough

q. it's a pity

r. fortunately

s. I often eat

t. I also like

Ich heiße Sarah. Ich bin fünfzehn Jahre alt und ich wohne in Graz, im Südosten von Österreich. Ich wohne hier seit zwölf Jahren, mit meinen Eltern und mit meiner großen Schwester. Mein Vater ist Mechaniker und meine Mutter ist Friseurin. Meine große Schwester heißt Kerstin und sie ist Studentin an der Uni.

Körperlich bin ich mittelgroß und schlank, und ich habe lange braune Haare und grüne Augen. Charakterlich bin ich gesellig, aufgeschlossen, und ziemlich selbstbewusst. Meine Freunde sagen auch, dass ich großzügig bin. Das finde ich nett! Zu Hause verstehe ich mich sehr gut mit meinen Eltern. Sie sind weder zu streng noch zu rechthaberisch und sie haben immer Zeit für mich, wenn ich sie brauche. Dagegen ist meine Schwester supernervig, denn sie ist sehr stur und egoistisch und oft gemein zu mir. Eine Person, die ich bewundere, ist Taylor Swift. Meiner Meinung nach ist sie die beste Sängerin der Welt, außerdem ist sie total hübsch und sie hat viel Geld!

Ich liebe die Schule und das Lernen! Es macht mir einfach Spaß. Ich bin sehr gut in Französisch, Englisch und Geschichte, aber nicht so gut in Mathe und Naturwissenschaften. Ich mache im Unterricht gut mit und ich mache immer meine Hausaufgaben. Meine Lehrer sagen, dass ich sehr intelligent und sehr fleißig bin. Meine Eltern waren früher nicht so fleißig, deshalb sind sie heute sehr stolz auf mich.

Ich liebe österreichische Spezialitäten, zum Beispiel Kaiserschmarrn. Das musst du unbedingt probieren! Ich esse auch gern indisches Essen. Ich finde es lecker, weil es so sehr würzig ist. **(Sarah)**

22. Complete the sentences below based on Sarah's text

a. For twelve years…

b. Her mother works as…

c. Physically she is… (4 details)

d. Personality-wise she is… (3)

e. Her friends say that she is…

f. Her sister is… (3)

g. She admires Taylor Swift because she is… (3)

h. The school subjects she is strong in are… (3)

i. Her teachers say that she is… (2)

21. Translate into German

a. in the south-east

b. with my parents

c. with my big sister

d. hairdresser (f)

e. student (f)

f. slim

g. character-wise

h. self-confident

i. neither too strict nor too bossy

j. they always have time for me

k. when I need them

l. whereas / in comparison to that (1 word)

m. often mean to me

n. the best singer (f) of the world

o. I am very good at

p. I participate well in lessons

q. therefore they are

r. for example

s. you definitely have to try this

t. Indian food

u. very spicy

| **23. Match (function words recap)** | | **24. Translate** |

<table>
<tr><td>außerdem</td><td>also</td></tr>
<tr><td>auch</td><td>but</td></tr>
<tr><td>aber</td><td>very</td></tr>
<tr><td>dass</td><td>furthermore</td></tr>
<tr><td>dagegen</td><td>with</td></tr>
<tr><td>weil</td><td>quite</td></tr>
<tr><td>sehr</td><td>whereas</td></tr>
<tr><td>mit</td><td>therefore</td></tr>
<tr><td>ziemlich</td><td>because</td></tr>
<tr><td>deshalb</td><td>that</td></tr>
</table>

24. Translate

a. Ich verstehe mich gut mit …

b. Ich wohne hier seit zwei Jahren.

c. Vom Charakter her bin ich …

d. Meine Freunden sagen, dass ich … bin.

e. Ich bin selbstbewusst.

f. Ich bin nicht so gut in Französisch.

g. Ich finde Spanisch einfach.

25. Complete

Ich heiße Alexander. Ich bin sechzehn J _ _ _ _ alt. Ich w _ _ _ _ in Bern, im N _ _ _ _ _ der Schweiz, mit mein _ _ Mutter, mein _ _ Vater und mein _ _ zwei Brüdern. Mein Vater i _ _ Anwalt und m _ _ _ _ Mutter ist Lehrerin in einer Schule. Meine beiden Brüder s _ _ _ Schüler, so wie i _ _ .

Körperlich b _ _ ich sehr groß. Ich habe blonde H _ _ _ _ und blaue A _ _ _ _ . Vom Charakter her bin ich z _ _ _ _ _ _ _ gesellig und zuverlässig. Meine Freunde s _ _ _ _ , dass ich ein b _ _ _ _ _ _ _ stur bin. Ich verstehe mich g _ _ mit meinen Eltern, weil sie nicht z _ str _ _ _ sind.

Ich mag die Schule und das Lernen. Meine Lieblingsfä _ _ _ _ sind Naturwissenschaften und Mathematik. Ich bin auch s _ _ _ gut in Englisch! Ich liebe indisches E _ _ _ _ , weil es scharf und lecker ist. Am liebsten e _ _ _ ich Curry! Ich esse das s _ _ _ oft.

| **26. Complete the sentences with a suitable word** | **27. Spot and add in the missing word** |

26. Complete the sentences with a suitable word

a. Ich ___________ seit zehn Jahren in Hamburg.

b. Ich ___________ sechzehn Jahre alt.

c. Vom ____________ her bin ich sehr zuverlässig.

d. Körperlich bin ich ziemlich ____________ und ____________.

e. Eine Sportart, die mir gefällt, ist _____________.

f. Ich _____________ gern PlayStation.

g. Ich sehe ___________ Science-Fiction-Filme.

h. Ich __________ die Schule. Ich ___________ immer meine Hausaufgaben.

i. Ich finde Mathematik und Englisch sehr _______________.

27. Spot and add in the missing word

a. Ich heiße Maria und ich fünfzehn Jahre alt.

b. Ich wohne mit meinen Eltern Berlin.

c. Charakter her bin ich großzügig und lustig.

d. Körperlich bin ich klein dünn.

e. Mein Vater Arzt.

f. In meiner Freizeit mache viel Sport.

g. Ich fahre oft mit meinen Freunden in Stadt.

h. Meine Freundin heißt Mia. Sie sehr intelligent.

i. Ich gern Hamburger mit Pommes.

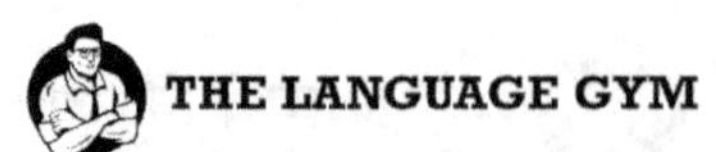

28. Translate into German

a. I am 15.

b. I have been living in Innsbruck for ten years.

c. Physically I am tall.

d. Character-wise I am friendly and reliable.

e. My father is a baker.

f. My mother is a sales assistant in a shoe store.

g. In my free time I like playing on my PlayStation.

h. I also go to the gym three times a week.

i. My favourite food is burger with chips.

j. I am quite good at maths and science.

29. Write a paragraph for Silas in the FIRST person singular (ich bin, ich wohne, etc.) and for Anneli in the THIRD person singular (sie ist, sie wohnt, etc.)

Name	Silas	Anneli
Age	16	15
Residence	Rostock, northeast of Germany	Luzern, centre of Switzerland
Parents	Julia, 42 and Martin, 52	Verena, 38 and Stefan, 42
Siblings	none	a younger sister
Father's job	househusband	baker
Mother's job	teacher	nurse
Self-description	tall, slim, friendly, intelligent	short, shy, kind, helpful
Parents' description	hard-working and strict	funny, kind, open-minded
Siblings' description	-	annoying and selfish
Hobbies	reads books, plays on computer	goes out with friends, plays the guitar, watches videos on YouTube
Sports	swimming and weight training	running and horse-riding
Attitude towards school	loves it	likes it
Favourite subjects	French, English, art	maths, science
Favourite food	Italian food, pasta	Japanese food, sushi

Key questions

Wie heißt du?	*What is your name?*
Wo wohnst du?	*Where do you live?*
Wie viele Personen gibt es in deiner Familie? Wer sind sie?	*How many people are there in your family? Who are they?*
Was machen deine Eltern beruflich? / **Was sind deine Eltern von Beruf?**	*What do your parents do for a living?*
Verstehst du dich gut mit deinen Eltern?	*Do you get on well with your parents?*
Verstehst du dich gut mit deiner Schwester/ deinem Bruder?	*Do you get on well with your sister/ your brother?*
Wie siehst du aus?	*What do you look like?*
Wie bist du vom Charakter her?	*What is your character like?*
Wer ist dein bester Freund/ deine beste Freundin?	*Who is your best friend (m/f)?*
Erzähl mir ein bisschen von ihm/ ihr!	*Tell me a bit about him/her!*
Was machst du in deiner Freizeit?	*What do you do in your free time?*
Machst du Sport? Wie oft? Wo? Mit wem?	*Do you do sports? How often? Where? With whom?*
Was ist dein Lieblingssport? Warum?	*What is your favourite sport? Why?*
Was ist dein Lieblingsessen?	*What is your favourite food?*
Was ist dein Lieblingsfach?	*What is your favourite school subject?*
Gibt es eine Person, die du bewunderst?	*Who is a person you admire?*

ANSWERS – Unit 1

1. Complete: a) heiße b) Jahre c) wohne d) komme e) gibt f) ist g) Verkäuferin h) Haare i) schüchtern
j) Freunde k) beste l) spiele m) Tennis n) Nudeln o) Biologie p) die

2. Match: freundlich – friendly **aufgeschlossen** – open-minded **nett** – kind **langweilig** – boring **hilfsbereit** – helfpul
schüchtern – shy **stur** – stubborn **dumm** – stupid **sportlich** – sporty **groß** – tall **klein** – short **gemein** – mean
selbstbewusst – self-confident **fleißig** – hard-working

3. Categories: Aussehen: 3 ; 4 ; 5 ; 7 ; 8 ; 9 ; 10 ; 12 ; 15   Charakter : 1 ; 2 ; 6 ; 11 ; 13 ; 14

4. Translate into English: a) I have brown hair.   b) My father is very tall.   c) My mother is short.
d) My brother is very strong.   e) I have green eyes.   f) My sister is really stubborn.   g) I am a little shy.
h) My parents are strict.   i) My father is bald.   j) My friend Peter is very hard-working.   k) My brother is very nice/kind.
l) My friends are helpful.

5. Multiple-choice quiz: 1) b ; 2) b ; 3) c ; 4) c ; 5) a ; 6) b ; 7) b ; 8) b ; 9) c ; 10) a ; 11) b ; 12) b ; 13) c ; 14) c ; 15) a

6. Tick the words: c ; d ; f ; g ; k ; l ; o

7. Faulty translation: a) four people b) blond hair c) I have no siblings. d) glasses e) and fat f) sales assistant g) -
h) vegetables i) magazines j) cycling

8. Match questions and answers: a) Markus   b) Fünfzehn Jahre c) In Hamburg, im Norden d) Vier Personen
e) Zwei, einen Bruder und eine Schwester f) Ich bin mittelgroß und ziemlich dünn.
g) Lustig, hilfsbereit und ein bisschen stur h) Reiten i) Ich gehe mit meiner Freundin aus. j) Italienisches Essen
k) Lasagne l) Er ist Lehrer.

9. Match: Hähnchen – chicken Fleisch – meat Nudeln – pasta Wasser – water Saft – juice Rotwein – red wine
Gemüse – vegetables Äpfel – apples Fisch – fish Lamm – lamb Wassermelone – watermelon Reis – rice
Kartoffeln – potatoes

10. Complete: a) drei**ßig** b) sech**zig** c) **vier**zig d) **ach**tzig e) **neu**nzig f) fün**fzig** g) zwanzi**g** h) einhunder**t**
i) neunz**ehn** j) **fün**fzehn k) vierz**ehn** l) **sech**zehn

11. Translation: a) I am open-minded.   b) I have red hair.   c) I love fruit and vegetables.   d) I don't eat fast food.
e) My father is forty years old.   f) I am an only child.   g) I am reliable.   h) My sister is eleven. i) My uncle is fifty.
j) My mother is quite stubborn.   k) My brother is very annoying.   l) My sister is very funny.
m) My boyfriend is really handsome. n) My parents are very kind. o) We are sixteen years old. p) I often eat meat.
q) I like drinking hot chocolate.   r) I love apple juice.

12. Match the opposites: hübsch - hässlich   nett – gemein   selbstbewusst - schüchtern   stark – schwach dick – dünn
 fleißig – faul   klein – groß   ernst – lustig

13. Complete with the missing words: a) heiße b) Jahre c) Geschwister d) wohne e) In f) bin g) Charakter
h) Freizeit / sehe / lese i) sport j) bewundere

14. Spot and correct the grammar/ spelling errors: a) braun**e** b) heiß**t** c) wohn**e** d) – e) Haar**e**
f) Ich **esse oft** Schnitzel. g) - h) blond**e** i) Person j) viel**e**

15. Translate into English: a) My parents are open-minded and generous. b) I don't have many friends.
c) My best friend is helpful and reliable. d) My girlfriend is super-friendly and very pretty. e) My father is quite mean.
f) My favourite food is pasta with tomato sauce. g) I love vegetables because they are very healthy.
h) My father doesn't work, he is jobless. i) My mother is a sales assistant in a shoe shop.
j) My brother is a student but he works part-time as a waiter in a restaurant.

16. Sort the adverbs into a logical order: adverbs of frequency: nie – selten – manchmal – oft – fast immer – immer ;
Adverbs of intensity: gar nicht – nicht – nicht so – ein bisschen – ziemlich – sehr

17. Complete the translation: a) In meiner Familie gibt es vier Personen.   b) In meiner Freizeit mache ich viel Sport.
c) Mein Vater ist sehr fleißig. d) Mein Bruder hat schwarze Haare und blaue Augen.
e) Ich wohne im Norden von Deutschland. f) Mein Lieblingssport ist Schwimmen.
g) Meine Eltern sind nett, geduldig und aufgeschlossen. h) Mein Bruder ist sehr freundlich.
i) Mein bester Freund heißt Johannes. j) Eine Person, die ich bewundere, ist meine Oma.

18. Translate into German: a) In meiner Familie gibt es fünf Personen: meine Eltern, meine zwei Schwestern und mich. b) Meine Eltern sind sehr nett und aufgeschlossen. c) Meine Schwester Elena ist groß und hat blonde Haare. Sie ist freundlich und sehr lustig.   d) Ich bin ziemlich klein und muskulös. Meine Freunde sagen, dass ich ziemlich lustig und großzügig bin. e) Ich habe braune Haare und grüne Augen. Ich trage eine Brille.   f) In meiner Freizeit mache ich oft Sport, ich lese Romane und ich benutze soziale Netzwerke. g) Mein Lieblingssport ist Schwimmen. Ich spiele auch gern Fußball. h) Ich esse gern Obst und Gemüse. Mein Lieblingsessen ist Nudeln.   i) Eine Person, die ich bewundere, ist Mo Salah, denn er spielt sehr gut Fußball und er ist supernett.

19. Find in the text: a) im Westen   b) Ich wohne hier seit zehn Jahren.   c) Lehrerin   d) älter als ich   e) Ich mache total gern Krafttraining.   f) stell dir vor!   g) vom Charakter her   h) aufgeschlossen und selbstbewusst   i) meine Freunde sagen j) vielleicht   k) zu Hause verstehe ich mich … mit   l) nicht zu streng   m) meiner Meinung nach   n) der beste   o) ich bin ziemlich gut in   p) ich lerne nicht genug   q) das ist schade   r) zum Glück   s) ich esse oft   t) Ich mag auch

20. Answer the questions: a) His father is a lawyer and his mother a teacher.   b) He is tall, slim and muscular. c) They are open-minded and not too strict.   d) They are very kind and ready to help when he needs them. e) because he is the best football coach in the world and he is clever   f) He thinks school is boring.   g) He never does his homework. h) His teachers say that he is quite itelligent.   i) Pizza

21. Translate: a) im Südosten   b) mit meinen Eltern   c) mit meiner großen Schwester   d) Friseurin   e) Studentin f) schlank   g) charakterlich   h) selbstbewusst   i) weder zu streng noch zu rechthaberisch   j) sie haben immer Zeit für mich k) wenn ich sie brauche   l) dagegen   m) oft gemein zu mir   n) die beste Sängerin der Welt   o) ich bin sehr gut in p) Ich arbeite gut im Unterricht mit.   q) deshalb sind sie   r) zum Beispiel   s) das musst du unbedingt probieren   t) indisches Essen   u) sehr würzig

22. Complete the sentences: a) …I have lived here with my parents and my big sister.   b) a hairdesser   c) is medium-height, slim, has long brown hair and green eyes.   d) sociable, open-minded, talkative and quite self-confident.   e) generous f) very annoying, stubborn, selfish and often mean to her.   g) …the best singer in the world, very pretty, cool and she has a lot of money.   h) French, English and history.   i) very intelligent and hard-working.

23. Match: außerdem – furthermore, besides   **auch** – also   **aber** – but   **dass** – that   **dagegen** – whereas   **weil** – because **sehr** – very   **mit** – with   **ziemlich** – quite   **deshalb** - therefore

24. Translate: a) I get on well with ….   b) I have been living there for two years.   c) Personality-wise, I am… . d) My friends say that I am… . e) I am self-confident.   f) I am not so good at French.   g) I find Spanish easy.

25. Complete: Jahre, wohne, Norden, mein**er,** mein**em,** mein**en, ist,** m**eine,** s**ind,** i**ch ; bin, Haare, Augen, ziemlich,** s**agen,** b**isschen,** g**ut, zu streng;** Lieblingsfä**cher,** s**ehr, Essen, esse,** s**ehr**

26. Complete: a) wohne   b) bin   c) Charakter   d) groß, schlank   e) Schwimmen/Tennis/…   f) spiele   g) gern h) liebe, mache   i) interessant/langweilig/…

27. Spot and add in the missing word: a) ich **bin**   b) **in** Berlin   c) **Vom** Charakter   d) klein **und** dünn   e) **ist** Arzt f) mache **ich**   g) in **die** Stadt   h) **Sie** ist   i) Ich **esse**

28. Translate: a) Ich bin fünfzehn.   b) Ich lebe seit zehn Jahren in Innsbruck.   c) Körperlich bin ich groß. d) Vom Charakter her bin ich freundlich und zuverlässig.   e) Mein Vater ist Bäcker. f) Meine Mutter ist Verkäuferin in einem Schuhgeschäft.   g) In meiner Freizeit spiele ich gern mit meiner Playstation. h) Ich gehe auch dreimal pro Woche ins Fitnessstudio.   i) Mein Lieblingsessen ist Hamburger mit Pommes. j) Ich bin ziemlich gut in Mathe und Naturwissenschaften.

29. Write a paragraph:
Silas: Ich heiße Silas und bin sechzehn Jahre alt. Ich wohne in Rostock, im Nordosten von Deutschland. Meine Mutter heißt Julia und sie ist 42 Jahre alt. Mein Vater heißt Carlos und er ist 52 Jahre alt. Ich habe keine Geschwister. Mein Vater ist Hausmann und meine Mutter ist Lehrerin. Ich bin groß und schlank und vom Charakter her bin ich freundlich und intelligent. Meine Eltern sind fleißig und streng. In meiner Freizeit lese ich gern Bücher und ich spiele am Computer. Ich gehe auch gern schwimmen und ich mache Krafttraining. Ich liebe die Schule. Meine Lieblingsfächer sind Französisch, Englisch und Kunst. Ich liebe italienisches Essen. Mein Lieblingsessen ist Nudeln.

Anneli: Sie heißt Annelie und sie ist fünfzehn Jahre alt. Sie wohnt in Luzern, im Zentrum der Schweiz. Ihre Mutter heißt Verena und ist 38 Jahre alt. Ihr Vater heißt Stefan und ist 42 Jahre alt. Sie hat eine jüngere Schwester. Ihr Vater ist Bäcker und ihre Mutter ist Krankenschwester. Körperlich ist sie klein und sehr dünn. Vom Charakter her ist sie schüchtern und nett. Ihre Eltern sind lustig, nett und aufgeschlossen. Ihre Schwester ist nervig und egoistisch. In ihrer Freizeit geht sie gern mit Freunden aus, sie spielt gern Gitarre und sie sieht Videos auf YouTube. Sie geht auch gern laufen und reiten. Sie mag die Schule. Ihre Lieblingsfächer sind Mathe und Naturwissenschaften. Sie liebt japanisches Essen. Ihr Lieblingsessen ist Sushi.

Unit 2. Describing yourself, your family and friends

Ich habe *[I have]* Er/Sie hat *[He/She has]*	**kurze** *[short]* **lange** *[long]* **mittellange** *[mid-length]* **glatte** *[straight]* **lockige** *[curly]* **wellige** *[wavy]*	**blonde** *[blond]* **braune** *[brown]* **graue** *[grey]* **lila** *[purple]* **schwarze** *[black]* **rote** *[red]* **weiße** *[white]*	**Haare** *[hair]*	**und**	**blaue** *[blue]* **braune** *[brown]* **graue** *[grey]* **grüne** *[green]*	**Augen** *[eyes]*

Vom Charakter her bin ich *[Character-wise I am]* **Vom Charakter her ist er/sie** *[Character-wise he/she is]* **Ich wäre gerne** *[I would like to be]* **Er/Sie wäre gern** *[He/She would like to be]* **Die Leute sagen, dass ich … bin.** *[People say that I am … .]* **Die Leute sagen, dass er/sie … ist.** *[People say he/she is … .]*	**ein bisschen** *[a bit]* **ziemlich** *[quite]* **sehr** *[very]* **total** *[really]* **unglaublich** *[incredibly]*	**albern** *[silly]* **egoistisch** *[selfish]* **faul** *[lazy]* **fleißig** *[hard-working]* **freundlich** *[friendly]* **frech** *[cheeky]* **geizig** *[stingy]* **streng** *[strict]* **großzügig** *[generous]* **hilfsbereit** *[helpful]* **lustig** *[funny]* **nett** *[kind]* **schüchtern** *[shy]* **selbstbewusst** *[confident]* **stur** *[stubborn]* **treu** *[loyal]* **unfreundlich** *[unfriendly]* **zuverlässig** *[reliable]*

Meine größte Stärke ist … *[My greatest strength is …]* **Seine/Ihre größte Stärke ist …** *[His/Her greatest strength is his/her]*	**meine** *[my]* **seine / ihre** *[his/her]*	**Aufgeschlossenheit** *[open-mindedness]* **Bescheidenheit** *[humility]* **Ehrlichkeit** *[honesty]* **Freundlichkeit** *[kindness]* **Großzügigkeit** *[generosity]* **Willensstärke** *[willpower]* **Zuverlässigkeit** *[reliability]*
	mein *[my]* **sein / ihr** *[his/her]*	**Optimismus** *[optimism]* **Selbstbewusstsein** *[self-confidence]* **Sinn für Humor** *[my sense of humour]*

1. Match

schlank	muscular
albern	pretty
gutaussehend	chubby
hübsch	mean
freundlich	stubborn
gemein	loyal
treu	good-looking
pummelig	selfish
muskulös	silly
stur	friendly
egoistisch	kind
nett	slim

2. Spot and fix the wrong translations

a. Ich bin klein: *I am tall.*

b. Ich bin hübsch: *I am ugly.*

c. Ich bin egoistisch: *I am selfish.*

d. Ich bin geizig: *I am stubborn.*

e. Ich bin frech: *I am good-looking.*

f. Ich bin nett: *I am kind.*

g. Ich bin zuverlässig: *I am unfriendly.*

h. Ich bin stark: *I am strong.*

i. Ich bin großzügig: *I am annoying.*

j. Ich bin ehrlich: *I am loyal.*

k. Ich bin treu: *I am tall.*

3. Complete the words

a. pummel _ _   *[chubby]*

b. ne _ _   *[kind]*

c. albe _ _   *[silly]*

d. unfreundl _ _ _   *[unfriendly]*

e. _ go _ stis _ _   *[selfish]*

f. gutausseh _ _ _   *[good-looking]*

g. stre _ _   *[strict]*

h. hellbr _ _ _   *[light brown]*

i. dunkelbl _ _ _   *[light blonde]*

j. st _ _ _   *[strong]*

k. lus _ _ _   *[funny]*

4. Anagrams: rewrite the jumbled-up word correctly as shown in the example

a. Ich bin **stru: stur**

b. Ich bin nicht **eißflgi:**

c. Sie ist sehr **lichfruned:**

d. Ich bin nicht **tischsegoi:**

e. Er ist ziemlich **knaschl**

f. Ich bin ein bisschen **bernal:**

g. Mein Vater ist sehr **ckid:**

h. Meine Mutter ist sehr **gsrnet:**

i. Ich habe **unabre** Haare:

j. Ich habe **urzke** Haare:

5. Translate into English

a. Ich bin

b. Du bist

c. Er ist

d. Sie ist

e. Wir sind

f. Ihr seid

g. Sie sind

6. Complete the German translation

a. You are mean!: **Du** _ _ _ _ **gemein!**

b. She is short.: **Sie** _ _ _ **klein.**

c. We are old.: **Wir** _ _ _ _ **alt.**

d. They are pretty.: **Sie** _ _ _ _ **hübsch.**

e. I am reliable.: **Ich** _ _ _ **zuverlässig.**

f. You guys are hard-working: **Ihr** _ _ _ _ **fleißig.**

<table>
<tr><td>

USEFUL VOCABULARY

FAMILY

Meine Oma: my granny
Mein Opa: my grandad
Meine Großeltern: my grandparents
Meine Schwester: my sister
Mein Bruder: my brother
Meine Mutter: my mother
Mein Vater: my father
Meine Tante: my aunt
Mein Onkel: my uncle

FRIENDS

Meine Freunde: my friends
Meine Klassenkameraden: my classmates
Meine beste Freundin: my best (female) friend
Mein bester Freund: my best (male) friend
Meine Freundin: my (girl-)friend
Mein Freund: my (boy-)friend
Meine Nachbarin: my (female) neighbour
Mein Nachbar: my (male) neighbour

</td><td>

7. Complete

a. Meine ___________ ist alt. *[My grandmother is old.]*

b. Meine _______________ ist groß. *[My sister is tall.]*

c. Meine _______________________ sind sehr laut.
[My classmates are very noisy.]

d. Mein ___________ ___________ ist superstark.
[My best friend (masc) is super-strong.]

e. Meine _____________ ist superlustig.
[My girlfriend is super-funny.]

f. Mein großer ___________ ist total nervig.
[My older brother is really annoying.]

g. Meine _________ ___________ ist ziemlich hübsch.
[My best (female) friend is quite pretty.]

h. Mein ___________ ist aufgeschlossen und hilfsbereit.
[My uncle is open-minded and helpful.]

i. Meine _________ Liese ist unglaublich nett.
[My aunt Liese is incredibly kind.]

</td></tr>
</table>

8. Choose the correct spelling of the possessive article as shown in the example.

	1	2	
a.	**Meine**	Mein	Mutter ist sehr nett.
b.	Meine	Mein	Deutschlehrer ist total streng.
c.	Meine	Mein	Oma ist sehr aufgeschlossen.
d.	Meine	Mein	kleine Schwester ist manchmal nervig.
e.	Meine	Mein	Freunde sind ziemlich musikalisch.
f.	Meine	Mein	Vater ist sehr schüchtern und bescheiden.
g.	Meine	Mein	Opa ist unglaublich großzügig.
h.	Meine	Mein	Nachbarin ist supernett und immer freundlich.

9. Translate into English

a. Meine Mutter ist sehr kreativ.

b. Mein Vater ist total lustig.

c. Meine Eltern sind sehr aufgeschlossen.

d. Meine Großeltern sind total fleißig.

e. Meine kleine Schwester ist ziemlich nervig.

f. Mein großer Bruder ist unglaublich albern.

g. Mein Onkel ist sehr nett.

h. Meine Tante ist ziemlich laut und unfreundlich.

i. Mein bester Freund ist sehr bescheiden.

j. Meine Klassenkameraden sind total albern.

10. Match the opposites

a. groß	1. hässlich
b. faul	2. leise
c. hübsch	3. ernst
d. laut	4. klein
e. freundlich	5. schüchtern
f. gemein	6. großzügig
g. geizig	7. unsportlich
h. albern	8. nett
i. selbstbewusst	9. jung
j. sportlich	10. fleißig
k. musikalisch	11. unfreundlich
l. alt	12. unmusikalisch

11. Translate into English

a. Ich habe lange schwarze Haare.

b. Sie hat glatte blonde Haare.

c. Wir haben braune Augen.

d. Sie haben blaue Augen.

e. Mein Opa hat eine Glatze.

f. Hast du blaugraue Augen?

g. Sie ist sehr groß und gutaussehend.

h. Er ist klein, aber sehr stark.

i. Er ist groß und ein bisschen pummelig.

j. Sie ist sehr groß und schlank.

12. Wordsearch: find the German translation of the words/phrases below

z	r	v	f	l	e	i	ß	i	g	a	u	m	ä	s	a	h	t	o	a
d	f	s	i	u	p	ö	k	i	ß	o	g	e	ß	l	t	ä	o	g	l
s	t	u	r	s	f	u	r	r	n	e	t	t	z	r	i	s	n	i	b
c	t	v	g	r	ü	n	e	A	u	g	e	n	a	g	t	s	t	a	e
g	u	ä	t	i	i	v	a	r	o	g	p	b	k	r	e	l	o	l	r
r	a	r	g	n	e	r	t	s	ü	n	e	l	u	s	t	i	g	s	n
o	o	s	u	r	t	f	i	y	s	e	h	r	a	l	t	c	l	a	s
ß	w	a	b	a	z	u	v	e	r	l	ä	s	s	i	g	h	f	r	o

kind: n _ _ _   creative: k _ _ _ _ _ _   ugly: h _ _ _ _ _ _ _

funny: l _ _ _ _ _ _   tall: g _ _ _   green eyes: g _ _ _ _ A _ _ _ _

strict: s _ _ _ _ _   reliable: z _ _ _ _ _ _ _ _ _ _   hard-working: f _ _ _ _ _ _

silly: a _ _ _ _ _   stubborn: s _ _ _   very alt: s _ _ _ a _ _

---

13. Correct the spelling /grammar mistakes in the words highlighted below

a. **Mein** Mutter ist sehr hübsch.

b. Ich **bist** sehr groß und stark.

c. Meine Eltern **ist** ziemlich streng.

d. **Meine** Bruder hat lange Haare.

e. Ich habe **grune** Augen.

f. Mein **best** Freund hat blonde Haare.

g. Meine **Swester** ist sehr egoistisch.

h. Wir sind nicht **fließig**.

i. Meine Klassenkameraden **sein** supernervig.

14. Correct the spelling/grammar mistakes in the sentences below

a. Meine Opa ist sehr großzügig.

b. Mien Vater und ich haben blonde Haare.

c. Wir sind nicht egoistic.

d. Mein Eltern sind nicht streng.

e. Sie hat braun Augen.

f. Miene Schwester hat lange rote Haare.

g. Meine Beste Freundin ist sehr intelligent.

h. Sie hat lange haare und braune augen.

i. Miene schwester ist sehr stur.

---

15. Gapped sentences – complete with a suitable word

a. Ich ___________ Johanna.

b. Ich ___________ aus Österreich.

c. Ich ___________ in Innsbruck.

d. Ich bin ___________ schlank.

e. Ich habe ___________ Haare.

f. Charakterlich bin ich ___________.

g. Ich habe zwei Brüder und eine ___________.

h. Meine Brüder sind sehr ___________.

i. Mein großer Bruder ist ziemlich ___________.

j. Meine Eltern sind nett, aber ___________.

k. Mein bester ___________ heißt Alex.

l. ___________ Freundin heißt Mia.

17. Match up

der Optimismus	self-confidence
der Sinn für Humor	willpower
die Aufgeschlossenheit	loyalty
die Großzügigkeit	open-mindedness
die Ehrlichkeit	sense of humour
die Zuverlässigkeit	reliability
die Willensstärke	optimism
die Treue	honesty
die Bescheidenheit	patience
die Geduld	generosity
das Selbstvertrauen	humility

18. Complete the table

Noun	Adjective
Geduld	geduldig
Treue	
	großzügig
optimistisch	
	zuverlässig
	ehrlich
Bescheidenheit	
Intelligenz	

19. Spot the missing word in each sentence and add it in

a. Ich braune Haare.

b. Ich groß und sehr hübsch.

c. Meine Schwester ist fünfzehn alt.

d. Meine Stärke ist mein Sinn Humor.

e. Mein kleiner heißt Max.

f. Meine Eltern sind nett sehr aufgeschlossen.

g. bin sehr bescheiden.

h. Seine größte ist Bescheidenheit.

i. Ich auch zuverlässig.

20. Translate into German

a. willpower

b. sense of humour

c. self-confidence

d. humility

e. loyalty

f. reliability

g. open-mindedness

h. honesty

i. intelligence

j. patience

Ich heiße Jens. Ich bin sechzehn Jahre alt und ich wohne in Rostock, im Nordosten von Deutschland. Körperlich bin ich ziemlich groß und dünn, aber muskulös. Ich bin sehr athletisch! Ich habe schwarze Haare und blaue Augen. Die Leute sagen, dass ich ein gutaussehender Junge bin. Vom Charakter her bin ich sehr gesellig, lustig und selbstbewusst. Allerdings bin ich nicht so fleißig. Ich mache fast nie meine Hausaufgaben, vor allem in Mathe. Meine Freunde sagen, dass ich manchmal eingebildet und stur bin. Sie sagen, dass ich immer Recht haben will, und, okay, ich denke, das stimmt! Auf jeden Fall wäre ich gern ein bisschen fleißiger, großzügiger und nicht so stur. Meine größte Stärke ist meine Ehrlichkeit, das steht fest! Ich liebe meine Eltern, sie sind nett und sehr modern. Auf der anderen Seite verstehe ich mich nicht so gut mit meinem großen Bruder Max, weil er sehr nervig, egoistisch und geizig ist. Er ist eine echte Nervensäge!
(Jens, 16 Jahre)

22. Gapped translation

My name is Jens. I am ______ years old, and I live in ______________, in the ____________ of Germany. Physically, I am _________ and thin, but muscular. I am very athletic. I have ___________ hair and blue eyes. ___________ say that I am a ___________ boy. Character-wise I am very sociable, __________ and ___________. However, I am not so ___________. I almost never do my_________________, above all in __________. My friends that I am ___________ a little vain and _____________. They say that I __________ want to be right, and OK, I think that is correct. In any case, I would like to be a little more ______________, more generous, and not so ______________. My greatest strength is my ______________, that's for sure! I love my parents. They are ____________ and very modern. On the other hand, I don't get along with my big ___________ Max because he is very ___________ and _____________. He is a real pain in the neck!

21. Find the German equivalent in the text

a. physically

b. quite tall and thin

c. (the) people say

d. a good-looking boy

e. character-wise

f. self-confident

g. funny

h. not so hard-working

i. sometimes

j. vain

k. stubborn

l. they say

m. that I want to be right

n. more generous

o. that's for sure

p. very annoying

q. stingy

23. Translate into English the following words/phrases from Jens' text

a. die Leute sagen, dass

b. vom Charakter her

c. selbstbewusst

d. vor allem

e. manchmal

f. ich will immer Recht haben

g. ich denke

h. auf jeden Fall

i. auf der anderen Seite

j. mit meinem großen Bruder

k. allerdings

THE LANGUAGE GYM

Andrea: Meine Freunde sagen, dass ich aufgeschlossen, freundlich und geduldig bin. Sie sagen auch, dass ich einen guten Sinn für Humor habe. Ich finde, meine größte Stärke ist meine Zuverlässigkeit.

Ivan: Meine Freunde sagen, dass ich großzügig und fleißig bin, aber auch ein bisschen eingebildet. Ich finde das gar nicht! Ich bin sehr hübsch (stell dir Zac Effron vor, nur zehnmal hübscher), aber ich bin nicht eingebildet! Bescheidenheit ist meine größte Stärke!

Paul: Meine Freunde sagen, dass ich willensstark und ziemlich selbstbewusst bin. Ich denke, sie haben Recht! Ich sage immer meine Meinung und ich bekomme oft, was ich will. Meine Freunde sind total klasse: Sie hören mir immer zu und sie sind immer für mich da, wenn ich sie brauche.

Sandra: Meine Freunde machen sich immer lustig über mich. Sie sagen, dass ich dumm bin. Sie sagen auch, dass ich nie nachdenke, bevor ich rede, und dass ich keinen Sinn für Humor habe. Ehrlich, vielleicht könnte ich ein bisschen intelligenter und lustiger sein, aber vielleicht brauche ich einfach neue Freunde!

Selim: Meine Freunde sagen, dass ich sehr lustig bin und dass ich immer über Dinge rede, die sie interessant finden. Sie sagen, dass sie mit mir viel lachen können. Ich denke, sie mögen mich, weil ich immer bescheiden und hilfsbereit bin. Meine größten Stärken sind meine Aufgeschlossenheit und meine Willensstärke. Ich bin sehr fleißig, jedoch wäre ich gern ein bisschen extrovertierter.

24. Answer the comprehension questions about Andrea, Ivan, Paul, Sandra and Selim	**25. Find in the text the German equivalent for the following**
a. Whose friends say s/he is vain?	a. my friends say that
b. Whose friends have a good laugh with them?	b. patient
c. Whose friends are nasty and make fun of her?	c. a good sense of humour
d. Who is really self-confident?	d. my greatest strength is
e. What are Selim's greatest strengths?	e. vain
f. Who says s/he is very reliable?	f. I don't find that at all (=I don't think that's true at all)
g. Who has really good friends?	g. humility
h. Who would like to be more extroverted?	h. quite self-confident
i. How do Sandra's friends describe her?	i. they say that I am stupid
j. Is Ivan humble or not?	j. maybe I need
	k. before I talk
	l. very funny
	m. I think they like me because
	n. always humble
	o. my biggest strengths are

26. Complete using the words in the table

a. Meine Freunde _____________, dass ich nervig bin.

b. Mein Vater ist _____________ lustig.

c. Meine Eltern sind ziemlich _____________.

d. Ich _____________ mich gut mit meiner Schwester.

e. Meine _____________ Stärke ist meine Hilfsbereitschaft.

f. Mein bester Freund _____________ Franz.

g. Ich habe mittellange, lockige _____________ Haare.

h. Ich habe hellblaue _____________.

i. Meine _____________ ist supernett und lustig.

j. Meine Freunde sagen, dass ich _____________ Sinn für Humor habe.

k. Ich _____________ gern ein bisschen selbstbewusster.

l. Meine _____________ sagen, dass ich zu schüchtern bin.

blonde	keinen
Freundin	streng
größte	Augen
sagen	heißt
wäre	verstehe
sehr	Eltern

---

27. Gapped translation

a. *My friends say I am too serious:* Meine Freunde _________, dass ich zu _________ bin.

b. *I don't get along well with my parents:* Ich verstehe mich _____________ gut mit meinen Eltern.

c. *My biggest strength is my honesty:* Meine _____________ Stärke ist meine _______________.

d. *My best friend is called Julian:* Mein _____________ Freund heißt Julian.

e. *I would like to be funnier:* Ich wäre gern _______________.

f. *I am more hard-working than my brother:* Ich bin _____________ als mein _______________.

---

28. Write a text for each person, in the FIRST person singular (ich)

Susanne	Marco
is 16 years old	is 15 years old
lives in Köln in the west of Germany	lives in Basel, the north of Switzerland
has long, curly blond hair	has short, straight brown hair
has green eyes	has brown eyes
is tall and slim	is short but very strong
is intelligent, funny and kind	is generous, honest, a little cheeky
has two brothers	has two sisters
her brothers are very hard-working	his sisters are annoying and lazy
gets along with her parents because they are open-minded, patient and helpful	doesn't get along with his parents because they are strict, stubborn and stingy

ANSWERS – Unit 2

1. Match: schlank – slim **albern** – silly **gutaussehend** – good-looking **hübsch** – pretty **freundlich** – friendly
gemein – mean **treu** – loyal **pummelig** – chubby **muskulös** – muscular **stur** – stubborn **egoistisch** – selfish **nett** – kind

2. Spot and fix the wrong translations: a) short b) pretty c) - d) stingy e) cheeky f) - g) reliable h) -
i) generous j) honest k) loyal

3. Complete the words: a) pummel**ig** b) ne**tt** c) alb**ern** d) unfreund**lich** e) **ego**istisch f) gutausseh**end** g) stre**ng**
h) hellbr**aun** i) dunkelbl**ond** j) st**ark** k) lus**tig**

4. Anagrams: a) stur b) fleißig c) freundlich d) egoistisch e) schlank f) albern g) dick h) streng i) braune j) kurze

5. Translate: a) I am b) you are c) he is d) she is e) we are f) you (guys) are g) they are

6. Complete the German translation: a) bist b) ist c) sind d) sind e) bin f) seid

7. Complete: a) Oma b) Schwester c) Klassenkameraden d) bester Freund e) Freundin f) Bruder g) beste Freundin
h) Onkel i) Tante

8. Choose the correct spelling: a) Meine b) Mein c) Meine d) Meine e) Meine f) Mein g) Mein h) Meine

9. Translate: a) My mother is very creative. b) My father is really funny. c) My parents are very open-minded.
d) My grandparents are really hard-working. e) My younger sister is quite annoying. f) My older brother is incredibly silly.
g) My uncle is very kind. h) My aunt is quite noisy and unfriendly. i) My best friend is very humble.
j) My classmates are really silly.

10. Match the opposites: a) **groß** - klein b) **faul** - fleißig c) **hübsch** - hässlich d) **laut** - leise e) **freundlich** - unfreundlich
f) **gemein** - nett g) **geizig** - großzügig h) **albern** - ernst i) **selbstbewusst** - schüchtern j) **sportlich** - unsportlich
k) **musikalisch** - unmusikalisch l) **alt** - jung

11. Translate: a) I have long black hair. b) She has straight blond hair. c) We have brown eyes. d) They have blue eyes.
e) My grandad is bald. f) Do you have bluegrey eyes? g) She is very tall and good-looking. h) He is short but very strong.
i) He is tall and a bit chubby. j) She is very tall and slim.

12. Wordsearch: find the German translation of the words/phrases below

z	r	v	f	l	e	i	ß	i	g	a	u	m	ä	s	a	h	t	o	a
d	f	s	i	u	p	ö	k	i	ß	o	g	e	ß	l	t	ä	o	g	l
s	t	u	r	s	f	u	r	r	n	e	t	t	z	r	i	s	n	i	b
c	t	v	g	r	ü	n	e	A	u	g	e	n	a	g	t	s	t	a	e
g	u	ä	t	i	i	v	a	r	o	g	p	b	k	r	e	l	o	l	r
r	a	r	g	n	e	r	t	s	ü	n	e	l	u	s	t	i	g	s	n
o	o	s	u	r	t	f	i	y	s	e	h	r	a	l	t	c	l	a	s
ß	w	a	b	a	z	u	v	e	r	l	ä	s	s	i	g	h	f	r	o

nett ; lustig ; streng ; albern ; kreativ ; groß ; zuverlässig ; stur; hässlich ; grüne Augen ; fleißig; sehr alt

13. Correct the spelling/grammar mistakes: a) Meine b) bin c) sind d) Mein e) grüne f) bester g) Schwester
h) fleißig i) sind

14. Correct the spelling/grammar mistakes: a) Mein   b) Mein   c) egoistisch   d) Meine   e) braune   f) Meine
g) beste   h) Haare/Augen   i) Meine Schwester

15. Gapped sentences: a) heiße   b) bin/komme   c) wohne   d) sehr (or any suitable adverb)   e) glatte (or any suitable
adjective)   f) schüchtern (or any suitable adjective)   g) Schwester   h) albern (or any suitable adjective)   i) cool (or any
suitable adjective)   j) streng (or any suitable adjective)   k) Freund   l) Meine

16. Translate: a) Meine Mutter ist sehr freundlich.   b) Mein Vater ist ziemlich nett.   c) Meine Schwester ist total nervig.
d) Meine Eltern sind sehr streng.   e) Ich habe blonde Haare.   f) Sie hat grüne Augen.   g) Mein Vater hat eine Glatze.
h) Mein bester Freund ist großzügig.

17. Match up: der Optimismus – optimism   **der Sinn für Humor** – sense of humour
die Aufgeschlossenheit – open-mindedness   **die Großzügigkeit** – generosity   **die Ehrlichkeit** – honesty
die Zuverlässigkeit – reliability   **die Willensstärke** – willpower   **die Treue** – loyalty   **die Bescheidenheit** – humility
die Geduld – patience   **das Selbstvertrauen** – self-confidence

18. Complete the table: treu ; Großzügigkeit ; Optimismus ; Zuverlässigkeit ; Ehrlichkeit ; bescheiden ; intelligent

19. Spot the missing word: a) Ich **habe**   b) Ich **bin**   c) fünfzehn **Jahre** alt   d) mein Sinn **für** Humor
e) Mein kleiner **Bruder**   f) nett **und** sehr aufgeschlossen   g) **Ich** bin   h) Seine größte **Stärke**   i) Ich **bin**

20. Translate: a) Willensstärke   b) Sinn für Humor   c) Selbstbewusstsein   d) Bescheidenheit   e) Treue   f) Zuverlässigkeit
g) Aufgeschlossenheit   h) Ehrlichkeit   i) Intelligenz   j) Geduld

21. Find the German: a) körperlich   b) ziemlich groß und dünn   c) Die Leute sagen   d) ein gutaussehender Junge
e) vom Charakter her   f) selbstbewusst   g) lustig   h) nicht fleißig   i) manchmal   j) eingebildet   k) stur   l) sie sagen
m) dass ich Recht haben will   n) großzügiger   o) das steht fest   p) sehr nervig   q) geizig

22. Gapped translation: 16 ; Rostock ; north-east ; tall ; black ; people ; good-looking ; funny ; self-confident ;
hardworking ; homework ; maths ; say ; sometimes ; stubborn ; always ; hardworking ; vain ; honesty ; kind ; brother ;
selfish ; stingy ;

23. Translate: a) people say that   b) personality-wise   c) self-confident   d) above all   e) sometimes
f) I always want to be right   g) I think   h) in any case   i) on the other hand   j) with my big brother   k) however

24. Answer the comprehension questions: a) Ivan   b) Selim   c) Sandra   d) Paul   e) open-mindedness and willpower
f) Andrea   g) Paul   h) Selim   i) stupid, never thinks before she talks, no sense of humour   j) no ☺

25. Find in the text the German equivalent for the following: a) meine Freunde sagen   b) geduldig
c) einen guten Sinn für Humor   d) meine größte Stärke ist   e) eingebildet   f) Ich finde das gar nicht   g) Bescheidenheit
h) ziemlich selbstbewusst   i) sie sagen, dass ich dumm bin   j) vielleicht brauche ich   k) bevor ich rede   l) sehr lustig
m) ich denke, sie mögen mich, weil   n) immer bescheiden   o) meine größten Stärken sind

26. Complete: a) sagen   b) sehr   c) streng   d) verstehe   e) größte   f) heißt   g) blonde   h) Augen   i) Freundin   j) keinen
k) wäre   k) Eltern

27. Gapped translation: a) sagen/ernst   b) nicht   c) größte/Ehrlichkeit   d) bester   e) lustiger   f) fleißiger/Bruder

28. Write a text for each person, in the first person singular (ich)

Susanne: Hallo, ich heiße Susanne und ich bin sechzehn Jahre alt. Ich wohne in Köln, im Westen von Deutschland. Ich habe
lange, lockige blonde Haare und grüne Augen. Ich bin groß und schlank und ich bin intelligent, lustig und nett. Ich habe zwei
Brüder. Sie sind sehr fleißig. Ich verstehe mich gut mit meinen Eltern, weil sie aufgeschlossen, geduldig und hilfsbereit sind.

Marco: Hi Leute, ich heiße Marco. Ich bin fünfzehn Jahre alt und ich wohne in Basel, im Norden der Schweiz. Ich habe
kurze, glatte braune Haare und braune Augen. Ich bin klein, aber stark und ich bin großzügig, ehrlich und ein bisschen frech.
Ich habe zwei Schwestern. Sie sind nervig und faul. Ich verstehe mich nicht gut mit meinen Eltern, weil sie streng, stur und
geizig sind.

Unit 3. Talking about your hobbies and interests

In meiner Freizeit *[In my free time]* **Am Wochenende** *[At the weekend]*	**mache ich gern** *[I like doing]*	**Krafttraining** *[weight training]* **Sport** *[sport]* **Yoga** *[yoga]*	**Hausaufgaben** *[homework]* **Musik** *[music]* **nichts** *[nothing]*
	spiele ich gern *[I like playing]*	**Fußball** *[football]* **Schach** *[chess]* **Tischtennis** *[table-football]*	**Computerspiele** *[videogames]* **Gitarre** *[guitar]* **Schlagzeug** *[drums]*
	gehe ich gern *[I like going]*	**joggen** *[running]* **schwimmen** *[swimming]* **shoppen** *[shopping]*	**in den Park** *[into the park]* **in die Stadt** *[into town]* **ins Kino** *[to the cinema]*

Aber am liebsten *[But I most like...]*	**chatte ich online** *[... chatting online]* **gehe ich mit meinen Freunden aus** *[... going out with friends]* **höre ich Musik** *[... listening to music]* **lese ich Comics oder Romane** *[... reading comics or novels]*	**sehe ich Serien auf Netflix** *[... watching series on Netflix]* **spiele ich mit meinem Hund** *[... playing with my dog]* **treffe ich mich mit meiner Oma** *[... meeting up with my granny]* **verbringe ich Zeit in sozialen Netzwerken** *[... spending time on social media]*

Ich mache das *[I do this]*	**fast jeden Tag** *[almost every day]* **ziemlich oft** *[quite often]* **ab und zu** *[now and then]* **selten** *[rarely]* **einmal im Monat** *[once a month]* **nach der Schule** *[after school]*	**bei mir zu Hause** *[at my home]* **im Stadtzentrum** *[in the town centre]* **im Fitnessstudio** *[in the gym]* **im Park** *[in the park]* **in der Schule** *[at school]* **im Schwimmbad** *[in the swimming pool]*

Es macht Spaß und es ist *[It is fun and it is]*	**aufregend** *[exciting]* **entspannend** *[relaxing]* **gesund** *[healthy]* **lustig** *[funny]* **unterhaltsam** *[entertaining]*	**, aber es ist auch** *[but it is also]*	**anstrengend** *[exhausting]* **teuer** *[expensive]* **gefährlich** *[dangerous]*

Ich könnte auch stundenlang … *[I could also ... for hours]* **Was ich nicht gern mache, ist …** *[What I don't like doing is...]*	**Bilder malen** *[to paint pictures]* **Bücher lesen** *[to read books]* **Fahrrad fahren** *[to go cycling]* **Lieder singen** *[to sing songs]* **klettern** *[to do climbing]* **Musik hören** *[to listen to music]* **Salsa tanzen** *[to dance Salsa]* **wandern** *[to do hiking]*	**Ich liebe das!** *[I love that!]* **Das macht mir Spaß.** *[That is fun.]* **Ich hasse das!** *[I hate that!]* **Das macht mir keinen Spaß.** *[That is no fun.]*

1. Match

Musik hören	to do weight training
Bücher lesen	to go online
aufregend	to play football
Fußball spielen	to listen to music
einen Roman lesen	exciting
teuer	entertaining
ins Internet gehen	to read a novel
Lieder singen	to sing songs
unterhaltsam	expensive
wandern	to go cycling
Krafttraining machen	to go rock climbing
gesund	to go out with friends
Fahrrad fahren	hiking
mit Freunden ausgehen	to read books
klettern gehen	that is fun
das macht Spaß	healthy

2. Complete with the missing verb

a. Ich _____________ klettern.

b. Ich _____________ einen Roman.

c. Ich _____________ einen Zeichentrickfilm.

d. Ich _____________ Trompete.

e. Ich _____________ Krafttraining.

f. Ich _____________ ins Einkaufszentrum.

g. Ich _________ mit meinen Freunden _____.

h. Ich _____________ Zeit in sozialen Netzwerken.

i. Ich _____________ mich mit meinem Opa.

j. Ich _____________ Fahrrad im Park.

3. Translate into English

a. Ich gehe sehr gern klettern.	
b. Ich treffe mich mit meinem besten Freund.	
c. Wir gehen shoppen im Stadtzentrum.	
d. Ich liebe soziale Netzwerke.	
e. Es ist aufregend, aber auch anstrengend.	
f. Am liebsten spiele ich Onlinespiele.	
g. Ich verbringe gern Zeit mit meiner Oma.	
h. Ich chatte mit meinen Freunden.	

4. Multiple choice quiz

	a	b	c
ich sehe	I see	I have a laugh	I read
ich lese	I write	I listen to	I read
ich entspanne mich	I buy	I sleep	I relax
ich spiele	I chat	I play	I go out
ich verbringe Zeit	I go clubbing	I chat	I spend time
ich gehe joggen	I go running	I go swimming	I go out
ich schwimme	I sleep	I swim	I run
ich gehe shoppen	I go hiking	I go shopping	I go climbing
ich treffe mich	I see	I meet up	I go out
ich gehe aus	I go	I visit	I go out
ich schlafe	I go	I sleep	I rest

5. Slalom translation

a. I really like climbing, but it can be a bit dangerous.
b. I do that at the sports centre near my home.
c. I could also read comics for hours, I love that!

d. I most like meeting up with my friends.
e. I like going to the cinema. That is fun!

Ich gehe	das	ins	mich	mit	macht	in der Nähe.
Ich mache	**total gern**	stundenlang	Sportzentrum	**es kann**	meinen	**gefährlich sein.**
Ich könnte	treffe	**klettern,**	**aber**	lesen,	mir	Freunden.
Am liebsten	auch	im	Comics	bei	ich liebe	das!
Ich gehe	gern	ich	Kino.	Das	**ein bisschen**	Spaß!

6. Complete the words

a. k _ _ _ _ _ _ _   *[to climb]*

b. a _ _ _ _ _ _ _ _   *[exciting]*

c. die G _ _ _ _ _ _   *[guitar]*

d. L _ _ _ _   *[reading]*

e. a _ _ _ _ _ _   *[now and then]*

f. j _ _ _ _ T _ _   *[every day]*

g. i _ d _ _ S _ _ _ _   *[into town]*

h. S _ _ _ _ _   *[chess]*

i. W _ _ _ _ _ _   *[hiking]*

7. Guess the phrase

a. I_____ g_______ g_______ j_____________ .

b. A__ W___________ m______ i___ g_____ S______.

c. I___ m_______ d___ j___________ T___.

d. I__ m______ F_____ s_______ i___ g____ F________.

e. A___ l_____ s_____ i___ m____ m_______ H_____.

f. I___ k_____ a____ s___________ w_______.

g. D____ m________ S________!

h. E__ i___ e___ b_________ g___________.

8. Definition game

a. Das ist ein Sport: F___________________

b. Das ist ein Musikinstrument: das S_______________

c. Das ist ein Adjektiv: u___________________

d. Das ist ein Verb: s___________________

e. Das ist ein Adverb: s___________________

f. Das ist ein Sport: T___________________

g. Das ist ein soziales Netzwerk: I___________________

h. Das ist ein Spiel: S___________________

i. Das ist ein Adjektiv: a___________________

9. Spot and correct the spelling errors

a. Computerspeile

b. in miener Freizeit

c. kletteren

d. das machst Spaß

e. ich mache Kraftraining

f. zeimlich

g. gefahrlich

h. ab und su

i. aufreigend

<table>
<tr><td>

10. Match

morgens	a novel
am Wochenende	to spend money
nur	to go cycling
Zeichentrickfilme	to go climbing
nichts	nothing
einen Roman	free time
Fahrrad fahren	cartoons
klettern	the weather
Geld ausgeben	only
das Wetter	at the weekend
die Freizeit	in the morning

</td><td>

11. Anagrams

a. ich gehe gern **lettkrne**

b. es ist **regenaufd**

c. ich gehe **nejggo**

d. ich mache das **am trSnda**

e. ich **ffrete** mich mit meinen Freunden

f. ich mache **tschin**

g. ich sehe gern **feilmZienechrtick**

</td></tr>
</table>

12. Complete with the missing words

a. Am Wochenende gehe ich gern ___________ meinen Freunden in die Stadt.

b. In meiner Freizeit ___________ich am liebsten nichts. Oder ich schlafe nur. Das ist entspannend!

c. Ich ___________ sehr viel ___________ im Internet.

d. Wenn das ___________ schön ist, spiele ich ___________ im Garten.

e. Ich lese gern ___________ oder ___________.

f. Ich könnte auch ___________ mit meinem Hund ___________.

g. Nachmittags treffe ich ___________ gern mit meinem Freund im ___________.

h. Nächsten Samstag ___________ ich mit meiner Familie an den ___________ fahren und surfen.

i. Was ich nicht ___________ mache, ist mit meinen Eltern ins Kino ___________.

j. Am liebsten gehe ich im Freibad ___________. Das ist gesund und macht total viel ___________.

mich	gehen	Spaß	Romane	Fußball	verbringe
Wetter	Zeit	stundenlang	Strand	schwimmen	mit
Comics	werde	mache	spielen	gern	Park

<table>
<tr><td>

13. Spot and add in the missing word

a. Ich gern Tischtennis.

b. Ich gehe gern Kino.

c. Ich könnte stundenlang Salsa.

d. Ich am liebsten Krafttraining.

e. Am Wochenende treffe ich mit meiner Oma.

f. In Freizeit mache ich gern Yoga.

g. Was ich nicht gern, ist wandern.

</td><td>

14. Rewrite the sentences in the correct order. Start each sentence with the underlined word

a. <u>ich</u> gern spiele Hockey

b. <u>am</u> liebsten Kino ins ich gehe

c. <u>ich</u> reiten nie gehe

d. <u>ich</u> das mache Stadtzentrum im

e. mit meinen Freunden treffe <u>ich</u> mich im Park

f. verbringe <u>ich</u> Zeit gern Internet im

g. aus gehe <u>ich</u> mit meinen Freunden gern

</td></tr>
</table>

In ein paar Monaten habe ich Prüfungen, deshalb habe ich im Moment nicht viel Freizeit. Vielleicht zwei Stunden pro Tag, mehr nicht. Wenn ich nicht für die Prüfungen lerne, spiele ich gern Onlinespiele mit meinen Freunden. Ab und zu höre ich auch Musik – am liebsten Hiphop! – oder ich treffe mich mit meiner Freundin. Sie heißt Lisa und sie ist total nett und hübsch! Ich bin supergern mit ihr zusammen. Wenn wir uns treffen, gehen wir meistens in den Park bei mir in der Nähe und quatschen über alles Mögliche. Manchmal fahren wir auch in die Stadt. Das ist immer schön. In ihrer Freizeit spielt Lisa gern Gitarre und singt. Ich selbst gehe dreimal pro Woche mit meinem großen Bruder Robert ins Fitnessstudio, um Krafttraining zu machen. Robert ist mein Vorbild – er ist ein echtes Kraftpaket! Ich liebe Krafttraining, ich finde es gesund und unterhaltsam, obwohl es sehr anstrengend ist. Morgens, bevor ich in die Schule gehe, gehe ich joggen im Park. Das entspannt mich. Im Moment lese ich nicht viel, weil ich so viel lernen muss. Aber nach den Prüfungen werde ich wieder mehr lesen, das ist sicher. Ich lese am liebsten Krimis, das finde ich total spannend. **(Tim, 18 Jahre)**

15. Find in the text the German equivalent for

a. exams

b. maybe

c. I like playing online games

d. now and then

e. I also listen to music

f. kind and pretty

g. when we meet up

h. three times per week

i. my role model

j. entertaining

k. that relaxes me

l. crime novels

16. Questions on Tim's text

a. Why doesn't Tim have a lot of free time at this moment?

b. What 3 things does he do when he doesn't study?

c. Who is Lisa?

d. What does he do with her?

e. What does she enjoy doing?

f. What does he say about his brother Robert?

g. What effect does running have on him?

h. What will he do more of after the exams are over?

i. Why does he love crime novels?

17. Gapped translation

In a few ___________ I have exams, therefore, I don't have a lot of ______________ at the moment. Maybe two hours per ______________, not more. When I don't study for the exams, I like ______________ online games with my friends. Now and ______________, I also listen to music – most of all hip-hop! – or I ____________ up with my girl-friend. She is ______________ Lisa and she is really kind and ______________. I really like being ______________ with her. When we meet up, we ________________ go into the park close to my home and chat about everything. ______________, we also go into town. That is ______________ nice. In her free time, Lisa likes playing the ______________ and sings. I myself go into the gym with my __________ brother Robert three times a week, in order to do weight training. Robert is my _____________ – he is a true muscle man! I ______________ weight training, I find it ____________ and entertaining, even though it is very ______________. In the morning, before I go to school, I go for a run in the __________. That ______________ me. At the moment I don't ____________ much, because I have to learn so much. But after the exams, I will read more again, that's for sure. I most like reading ______________, I find that really ______________ . (Tim, 18 years)

Ich habe im Moment nicht viel Freizeit, weil ich so viel für die Schule lernen muss! Insgesamt habe ich nur eine oder zwei Stunden Zeit für meine Hobbys. Wenn ich nicht für die Schule lerne, chatte ich mit meinen Freunden online, ich höre Musik, oder ich treffe mich mit meinem Freund, Alex. Er ist ein superlustiger Typ und er ist immer nett zu mir. Ich bin gern mit ihm zusammen. Wenn wir ausgehen, reden wir über alles und wir haben immer viel Spaß. Normalerweise gehen wir ins Einkaufszentrum bei mir in der Nähe oder wir gehen spazieren am Fluss. Das ist immer nett. Alex fotografiert gern – er macht immer viele Fotos von mir, die ich auf mein Instagram hochlade. Dreimal in der Woche gehe ich mit meiner besten Freundin Eva ins Schwimmbad. Ich gehe total gern schwimmen! Es macht Spaß und es ist sehr gesund, aber es ist auch superanstrengend! Ich habe immer viel Hunger nach dem Schwimmen. Morgens, bevor ich in die Schule gehe, fahre ich ein bisschen Fahrrad im Park bei mir in der Nähe. Das entspannt mich. Ich spiele auch gern Klavier, aber im Moment habe ich keine Zeit dafür. Wenn ich wieder mehr Zeit habe, nach den Prüfungen, werde ich jeden Tag Klavier spielen! Ich liebe Jazzmusik, auch wenn manche Leute sagen, dass sie zu kompliziert ist. **(Lina, 17 Jahre)**

18. Translate into German

a. not much free time

b. I must study a lot

c. my hobbies

d. with my boyfriend

e. always nice to me

f. I like being together with him

g. along the river

h. always nice

i. with my best friend

j. I am always very hungry

k. after the exams

l. some people say

19. Translate into English

a. im Moment

b. insgesamt

c. nur ein oder zwei Stunden

d. wenn ich nicht für die Schule lerne

e. ein superlustiger Typ

f. wir reden über alles

g. bei mir in der Nähe

h. wir gehen spazieren

i. es macht Spaß

j. das entspannt mich

k. mehr Zeit

l. zu kompliziert

In meiner Freizeit mache ich nicht viel, weil ich viel für meine Prüfungen lernen muss. Ich habe nur eine oder zwei Stunden am Tag für meine Hobbys. Am wichtigsten ist für mich Sport: Ich gehe mindestens zweimal pro Woche ins Fitnessstudio oder ins Schwimmbad. Ich liebe Krafttraining und ich könnte auch stundenlang schwimmen, weil es mich entspannt und weil es gut für meine Gesundheit ist. Morgens vor der Schule gehe ich joggen, im Park bei mir in der Nähe. Außerdem spiele ich oft mit meinem Hund Oskar im Garten. Er ist supersüß und will die ganze Zeit spielen! Wir haben immer viel Spaß zusammen. Ich habe auch einen Freund. Er heißt Ben. Im Moment sehe ich ihn nicht so oft, aber wenn ich wieder mehr Zeit habe, nach den Prüfungen, dann werde ich ihn bestimmt fast jeden Tag sehen. **(Laura, 18 Jahre)**

20. All the statements about Laura below are wrong. Can you correct them?

a. In her free time she does a lot of things.

b. She only has one hour or two a week for her hobbies.

c. She likes going to the gym and swimming because she wants to become stronger.

d. She cycles before going to school.

e. The park is far from her house.

f. She plays with her dog in the park.

g. Oskar is very serious and never wants to play.

h. She sees Ben a lot.

i. When she has more time after the exams she plans to see Ben every day of the week.

21. Complete the sentences

a. in _____________ Freizeit *[in my free time]*

b. ich gehe _______________ fahren *[I go cycling]*

c. das ____________ Spaß *[that is fun]*

d. ich treffe ____________ mit meiner Oma *[I meet up with my nan]*

e. am ____________ mache ich nichts *[I most like doing nothing]*

f. ich mache das ____________ *[I do that now and then]*

g. ich tanze zweimal ____________ Woche *[I dance twice per week]*

h. wenn ich mehr ____________ habe *[when I have more time]*

i. bei mir in der ____________ *[near my house]*

22. Complete the words

a. ich g _ _ _ gern ins Kino

b. bei mir in der N _ _ _

c. in meiner Fr _ _ _ _ _ _

d. ich lese einen Ro _ _ _

e. mit m _ _ _ _ _ Freunden

f. es m _ _ _ _ Spaß

g. wenn ich Z _ _ _ habe

h. jeden T _ _

i. vor der S _ _ _ _ _

j. nach den Prü _ _ _ _ _ _

k. zw _ _ _ _ _ pro Woche

l. ich gehe gern kl _ _ _ _ _ _

m. aber es ist gef _ _ _ _ _ _ _

n. ich fahre gern Fah _ _ _ _

o. ich sehe S _ _ _ _ _ auf Netflix

p. das entsp _ _ _ _ mich

q. ich spiele Gi _ _ _ _ _

23. Translate into German

a. In my free time I don't do anything.

b. I like going for a run in the park.

c. I like meeting up with my boyfriend.

d. When I have time, I go to the gym.

e. I most like reading books.

f. At the moment I don't read much.

g. After the exams I will read more.

h. I could also play the piano for hours.

24. Write a paragraph in the FIRST person (ich) for Mia and Olivia and one in the THIRD person (er) for Jan, using the prompts given in the grid

Mia	Olivia	Jan
▪ goes for a run every morning before school	▪ cycles every morning before going to school	▪ goes to the park with her dog every morning before school
▪ goes to the swimming pool twice a week	▪ goes to the gym twice a week to do yoga	▪ goes to the sports centre twice a week to do climbing
▪ goes to the gym every day	▪ goes to the park near her home every day	▪ goes to cinema every Saturday
▪ spends three hours a day on the internet	▪ spends many hours a day on the internet	▪ likes listening to music
▪ plays online games very often	▪ chats with her friends online very often	▪ thinks hip hop music is boring
▪ thinks football is boring	▪ thinks Facebook is boring	▪ uses Facebook very often
▪ often watches series on Netflix	▪ rarely goes to cinema	▪ rarely reads books

Key questions

Was machst du in deiner Freizeit?	*What do you do in your free time?*
Was machst du am Wochenende?	*What do you do at the weekend?*
Was ist dein Lieblingshobby?	*What is your favourite hobby?*
Machst du das oft? **Mit wem?** **Wo?**	*Do you do this often?* *With whom?* *Where?*
Welche Sportarten magst du? Warum? **Was ist dein Lieblingssport?** **Erzähl mir etwas darüber.** **Warum macht es dir Spaß?**	*Which sports do you like? Why?* *What is your favourite sport?* *Tell me something about it.* *Why do you find it fun?*
Gehst du oft mit deinen Freunden aus? **Wohin geht ihr, wenn ihr zusammen ausgeht?** **Was macht ihr?**	*Do you go out with your friends often?* *Where do you go, when you go out together?* *What do you do?*
Verbringst du viel Zeit im Internet? **Was machst du im Internet?** **Welche sozialen Netzwerke benutzt du?** **Warum gefallen sie dir?**	*Do you spend a lot of time on the Internet?* *What do you do on the Internet?* *Which social media do you use?* *Why do you like them?*
Magst du lesen? **Was liest du normalerweise? Warum?**	*Do you like reading?* *What do you usually read? Why?*
Was für Musik hörst du? **Wer ist dein Lieblingssänger oder Lieblingssängerin?** **Hast du eine Lieblingsband?** **Spielst du ein Musikinstrument?**	*What kind of music do you listen to?* *Who is your favourite singer?* *Do you have a favourite band?* *Do you play a musical instrument?*

ANSWERS – Unit 3

1. Match: Musik hören – to listen to music   **Bücher lesen** – to read books   **aufregend**– exciting
Fußball spielen – to play football   **einen Roman lesen** – to read a novel   **teuer** – expensive
ins Internet gehen – to go online   **Lieder singen** – to sing songs   **unterhaltsam** – entertaining   **wandern** – hiking
Krafttraining machen – to do weight training   **gesund** – healthy   **Fahrrad fahren** – to go cycling
mit Freunden ausgehen – to go out with friends   **klettern gehen** – to go rock climbing   **das macht Spaß** – that is fun

2. Complete: a) gehe   b) lese   c) sehe   d) spiele   e) mache   f) gehe   g) gehe…..aus   h) verbringe   i) treffe   j) fahre

3. Translate: a) I very much like to go rock climbing.   b) I meet up with my best friend.   c) We go shopping in the city.
centre.   d) I love social media.   e) It's exciting but also tiring.   f) I most like playing online games.   g) I like spending time
with my granny.   h) I chat with my friends.

4. Multiple choice quiz: (a)   (c)   (c)   (b)   (c)   (a)   (b)   (b)   (b)   (c)   (b)

5. Slalom translation: a) Ich gehe total gern klettern, aber es kann ein bisschen gefährlich sein.
b) Ich mache das im Sportzentrum bei mir in der Nähe.   c) Ich könnte auch stundenlang Comics lesen, ich liebe das!
d) Am liebsten treffe ich mich mit meinen Freunden. e) Ich gehe gern ins Kino. Das macht Spaß!

6. Complete the words: a) k**lettern**   b) **aufregend**   c) die **Gitarre**   d) **Lesen** e) **ab und zu**   f) **jeden T**ag
g) i**n die Stadt**   h) **Schach**   i) **W**andern

7. Guess the phrase: a) Ich gehe gern joggen.   b) Am Wochenende mache ich gern Sport.   c) Ich mache das jeden Tag.
d) In meiner Freizeit spiele ich gern Fußball.   e) Am liebsten spiele ich mit meinem Hund.   f) Ich könnte auch stundenlang
wandern.   g) Das macht Spaß!   h) Es ist ein bisschen gefährlich.

8. Definition game: a) Fußball   b) Schlagzeug   c) unterhaltsam   d) spielen   e) sehr   f) Tischtennis   g) Instagram
h) Schach   i) aufregend

9. Spot and correct the spelling errors: a) Computerspiele   b) in meiner Freizeit   c) klettern   d) das macht Spaß !
e) Krafttraining   f) ziemlich   g) gefährlich   h) ab und zu   i) aufregend

10. Match: morgens – in the morning   **am Wochenende** – at the weekend   **nur** – only   **Zeichentrickfilme** – cartoons
nichts – nothing   **einen Roman** – a novel   **Fahrrad fahren** – to go cycling   **klettern** – to go climbing
Geld ausgeben – to spend money   **das Wetter** – the weather   **die Freizeit** – free time

11. Anagrams: a) klettern b) aufregend c) joggen   d) Strand   e) treffe   f) nichts   g) Zeichentrickfilme

12. Complete: a) mit   b) mache   c) verbringe/Zeit   d) Wetter/Fußball   e) Romane/Comics   f) stundenlang/spielen
g) mich/Park   h) werde/Strand   i) gern/gehen   j) schwimmen/Spaß

13. Spot and add in the missing word: a) **spiele** gern   b) **ins** Kino   c) Salsa **tanzen**   d) ich **mache**   e) ich **mich** mit
f) in **meiner** Freizeit   g) gern **mache,**

14. Rewrite the sentences: a) Ich spiele gern Hockey.   b) Am liebsten gehe ich ins Kino.
c) Ich gehe nie reiten.   d) Ich mache das im Stadtzentrum.   e) Ich treffe mich mit meinen Freunden im Park.
f) Ich verbringe gern Zeit im Internet.   g) Ich gehe gern mit meinen Freunden aus.

15. Find in the text: a) Prüfungen   b) vielleicht   c) ich spiele gern Onlinespiele   d) ab und zu   e) ich höre auch Musik
f) nett und hübsch   g) wenn wir uns treffen   h) dreimal pro Woche   i) mein Vorbild   j) unterhaltsam
k) das entspannt mich   l) Krimis

16. Questions: a) because he is studying for exams   b) he plays online games, listens to music and goes out with his
girlfriend   c) his girlfriend   d) they go to the park, they talk or they go into town   e) she likes to play the guitar and sing
f) he is his role model, he is a real powerhouse   g) it relaxes him   h) he will read more   i) they are exciting/thrilling

17. Gapped translation: months; free time; day; playing; then; meet; called; pretty; together; usually; sometimes; always; guitar; big; role model; love; healthy; exhausting; park; relaxes; read; crime novels; exciting;

18. Translate: a) nicht viel Freizeit   b) ich muss viel lernen   c) meine Hobbys   d) mit meinem Freund
e) immer nett zu mir   f) ich bin gern mit ihm zusammen   g) am Fluss   h) immer nett   i) mit meiner besten Freundin
j) ich habe immer viel Hunger   k) nach den Prüfungen   l) manche Leute sagen

19. Translate: a) at the moment   b) altogether   c) only an hour or two   d) when I don't learn for school
e) a super-funny guy   f) we talk about everything   g) near where I live   h) we go for a walk   i) it is fun
j) it relaxes me   k) more time   l) too complicated

20. All the statements about Laura below are wrong: a) In her free time she **doesn't do much.**
b) She only has one hour or two a **day** for her hobbies.   c) She likes going to the gym and swimming because **it relaxes her and it's good for her health.**   d) She goes **jogging** before going to school.   e) The park is **near** her house.   f) She plays with her dog in **her garden.**   g) Oskar is very **sweet** and **always** wants to play.   h) She **doesn't** see Ben a lot.   i) When she has more time after the exams she plans to see Ben **nearly** every day.

21. Complete: a) meiner   b) Fahrrad   c) macht   d) mich   e) liebsten   f) ab und zu   g) pro/in der   h) Zeit   i) Nähe

22. Complete: a) gehe   b) Nähe   c) Freizeit   d) Roman   e) meinen   f) macht   g) Zeit   h) Tag   i) Schule
j) Prüfungen   k) zweimal   l) klettern   m) gefährlich   n) Fahrrad   o) Serien   p) entspannt   q) Gitarre

23. Translate into German: a) In meiner Freizeit mache ich nichts.   b) Ich gehe gern im Park laufen.
c) Ich treffe mich gern mit meinem Freund.   d) Wenn ich Zeit habe, gehe ich ins Fitnessstudio.
e) Am liebsten lese ich Bücher.   f) Im Moment lese ich nicht viel.   g) Nach den Prüfungen werde ich mehr lesen.
h) Ich könnte auch stundenlang Klavier spielen.

Write a paragraph in the FIRST person (I) for Mia and Olivia and one in the THIRD person (he) for Jan using the prompts given in the grid

Mia: Ich gehe jeden Morgen vor der Schule laufen. Zweimal pro Woche gehe ich ins Schwimmbad. Ich gehe jeden Tag ins Fitnessstudio. Ich verbringe drei Stunden am Tag im Internet, und ich spiele sehr oft Onlinespiele. Ich finde Fußball langweilig. Ich sehe oft Serien auf Netflix.

Olivia: Ich fahre jeden Morgen Fahrrad, bevor ich zur Schule gehe. Ich gehe zweimal pro Woche ins Fitnessstudio und ich mache Yoga. Ich gehe jeden Tag in den Park bei mir in der Nähe, und ich verbringe viele Stunden am Tag im Internet. Ich chatte sehr oft online mit meinen Freunden und ich finde Facebook langweilig. Ich gehe selten ins Kino.

Jan: Er geht jeden Morgen vor der Schule mit seinem Hund in den Park. Er geht zweimal pro Woche klettern im Sportzentrum. Er geht jeden Samstag ins Kino. Er hört gern Musik, aber er findet Hip-Hop-Musik langweilig. Er benutzt Facebook sehr oft. Er liest selten Bücher.

Unit 4. Describing a typical day in school

Morgens stehe ich *[In the mornings, I get...]* und ich gehe *[and I go]*	um sechs Uhr *[at 6 o'clock]* um Viertel nach sechs *[at 6:15]* um halb sieben *[at 6:30]* um Viertel vor sieben *[at 6:45]* gegen sieben Uhr *[around 7 o'clock]* um kurz nach sieben *[shortly after 7]*	auf *[...up]* aus dem Haus *[out of the house]*

Normalerweise *[Normally,]*	fahre ich *[I go/drive]*	mit dem Auto *[by car]* mit dem Bus *[by bus]* mit dem Fahrrad *[by bike]*	zur Schule *[to school]*
	gehe ich zu Fuß *[I go on foot]*		

Um kurz vor neun *[Shortly before 9,]* Um neun Uhr *[At 9 o'clock,]*	komme ich in der Schule an *[I arrive at school]* beginnt der Unterricht *[lessons begin]*

Ich habe … Stunden *[I have... lessons]*	am Vormittag *[in the morning]* am Nachmittag *[in the afternoon]*

Montags habe ich *[On Mondays, I have]*	in der ersten Stunde *[in the first lesson]* in der zweiten Stunde *[in the second lesson]* in der dritten Stunde *[in the third lesson]* in der vierten Stunde *[in the fourth lesson]*	Deutsch *[German]* Kunst *[art]* Mathe *[maths]* Naturwissenschaften *[science]*

Um halb elf *[At 10:30]* Von elf bis halb zwölf *[From 11 to 11:30]*	haben wir *[we have]* gibt es *[there is]*	eine Pause *[a break]*

In der Pause *[At break,]*	spiele ich Basketball *[I play basketball]* esse ich ein belegtes Brot *[I eat a sandwich]*

Die Mittagspause ist *[Lunch break is]*	um ein Uhr *[at 1 o'clock]* von eins bis zehn vor zwei *[from 1 to 1:50]*

Meistens esse ich *[Usually, I eat]*	Schnitzel *[schnitzel]* Obst *[fruit]*	Salat *[salad]* Pommes *[chips]*	Nudeln *[pasta]* Gemüse *[vegetables]*

Der Unterricht endet *[Lessons finish]* Ich verlasse die Schule *[I leave school]*	um drei Uhr *[at 3 o'clock]* gegen halb vier *[around 3:30]*

Nach der Schule *[After school,]*	gehe ich meistens zur *[I usually go to the]*	Schach- *[chess]* Basketball- *[basketball]*	Musik- *[music]* Theater- *[drama]*	AG *[club]*

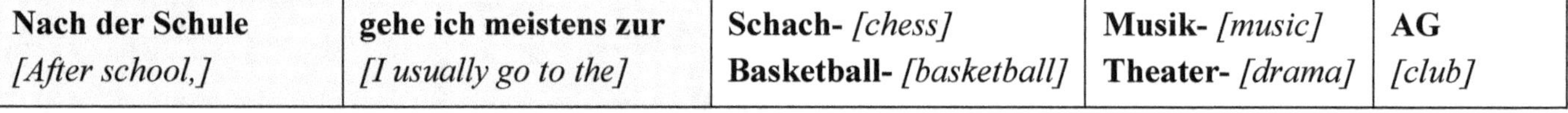

1. Match up

ich stehe auf	I go to school
ich gehe aus dem Haus	in the 1st lesson I have
ich gehe zur Schule	I go by bike
ich gehe zu Fuß	I go out of the house
ich fahre mit dem Auto	in lunch break
ich fahre mit dem Fahrrad	lessons end
in der ersten Stunde habe ich	I go by car
in der Pause	I get up
in der Mittagspause	in the 2nd lesson
der Unterricht endet	normally, I eat
normalerweise esse ich	after school
nach der Schule	I go on foot
der Unterricht beginnt	at breaktime
in der zweiten Stunde	lessons begin

2. Complete with the missing word using the options in the grid below

a. ich ______________ auf *[I get up]*

b. in der ______________ Stunde habe ich Mathe

[in the first lesson I have maths]

c. ich ___________ zu Fuß *[I go on foot]*

d. in der ___________ *[at breaktime]*

e. der ______________ beginnt *[lessons start]*

f. ich _________ mit dem Fahrrad *[I go by bike]*

g. in der zweiten ____________ habe ich Bio

[in the second lesson I have biology]

h. meistens esse ich viel Obst und ___________

[usually I eat lots of fruit and veg]

Gemüse	gehe	ersten	Unterricht
Stunde	fahre	Pause	stehe

3. Translate into English

a. ich stehe auf =

b. ich gehe aus dem Haus =

c. ich komme in der Schule an =

d. der Unterricht beginnt =

e. der Unterricht endet =

f. montags =

g. in der ersten Stunde habe ich =

h. in der letzten Stunde habe ich =

i. normalerweise =

j. die Mittagspause =

k. in der Pause =

l. nach der Schule =

m. ich esse Gemüse =

4. Guess the phrases and complete them

a. i___ s__________ a____

b. u___ V__________ v____ s___________

c. i____ g_______ a____ d____ H______

d. i_____ f_______ m_____ d______ B____

e. i___ d_____ P_________

f. m________ e_______ i_____ S__________

g. d____ U__________ e________

h. n_______ d______ S_________

5. Sort the following words into categories in the table below

1. Fahrrad 2. Auto 3. Obst 4. Salat 5. Gitarre 6. morgens 7. Zug 8. Nudeln 9. Basketball 10. Schach 11. Theater 12. nachmittags 13. Bus 14. zu Fuß 15. Musik 16. nachts 17. mittags

Wann *[When]*	Hobbys *[Hobbies]*	Essen *[Food]*	Verkehrsmittel *[Means of transport]*

6. Gapped translation

a. Ich stehe gegen sieben Uhr auf. =   *I _____________ around seven o'clock.*

b. Gegen acht Uhr gehe ich aus dem Haus. =   *Around eight o'clock, I _______________.*

c. Am Vormittag habe ich drei Stunden. =   *In the _____________ I have three lessons.*

d. Montags in der ersten Stunde habe ich Mathe. =   *___________, in the first period, I have maths.*

e. Nach der Schule gehe ich zur Schach-AG. =   *After school I go to the ___________ club.*

f. Normalerweise gehe ich zur Musik-AG. =   *_______________, I go to the music club.*

g. In der Pause quatsche ich mit meinen Klassenkameraden. =   *At breaktime, I chat with my _____________.*

h. Ich habe in der vierten Stunde Naturwissenschaften. =   *I have science in the ___________ period.*

---

7. Broken words

1. Sch-	a. -rad *[bike]*
2. Au-	b. -de *[lesson]*
3. mei-	c. -ach *[chess]*
4. ge-	d. -tschen *[to chat]*
5. Stun-	e.-to *[car]*
6. Fahr-	f. -stens *[usually]*
7. Schu-	g. -gen *[around]*
8. qua-	h. -le *[school]*

8. Complete with suitable words

a. Ich _ _ _ _ um sechs Uhr morgens auf.

b. Ich gehe gegen sieben Uhr aus dem _ _ _ _.

c. Ich fahre mit dem _ _ _ _ zur Schule, mit meinem Vater.

d. In der ersten _ _ _ _ _ _ habe ich Musik.

e. Ich _ _ _ _ _ _ gern Basketball.

f. Der Unterricht _ _ _ _ _ _ _ um Viertel vor neun.

g. Die _ _ _ _ _ ist von elf bis zwanzig nach elf.

h. Der Unterricht _ _ _ _ _ um fünf vor vier.

i. Nach der Schule gehe ich zur _ _ _ _ _ _ -AG.

---

9. One of three

	A	B	C
I get up	ich dusche mich	ich stehe auf	ich wache auf
I go out of the house	ich fahre nach Hause	ich komme nach Hause	ich gehe aus dem Haus
I go to school	ich gehe zur Schule	ich putze mir die Zähne	ich frühstücke
lessons start	der Unterricht endet	der Unterricht beginnt	die Pause beginnt
on Mondays	dienstags	montags	freitags
at breaktime	in der Pause	auf der Mittagspause	im Unterricht
lessons	der Unterricht	das Fußballspiel	das Fernsehprogramm
school	die Universität	die Schule	der Schultag
I leave school	ich verlasse die Schule	ich gehe zur Schule	ich komme nach Hause
I arrive	ich gehe	ich komme an	ich verlasse
usually	gegen	meistens	manchmal

10. Rewrite the word in bold correctly in the space provided

a. Dienstags in der **tsrene** Stunde habe ich Mathe: _______________

b. Ich fahre mit dem **rrhFaad** zur Schule: _______________

c. In der **ttsgaMiuaspe** quatsche ich mit meinen Freunden: _______________

d. Ich **sselaver** die Schule um halb fünf: _______________

e. Der **rrUchitnte** beginnt um neun Uhr: _______________

f. **regonMs** stehe ich um halb sieben auf: _______________

g. **ietMsnes** esse ich Salat oder Nudeln: _______________

h. Nach der Schule **hgee** ich zu Fuß nach Hause: _______________

11. Faulty translation = spot and correct the wrong translations
(note : not all the translations are incorrect)

a. ich stehe auf: *I wake up*

b. ich fahre mit dem Bus: *I go by bus*

c. in der Pause: *after break*

d. der Unterricht beginnt: *lessons end*

e. es gibt nicht viele AGs: *there are many after-school clubs*

f. ich verlasse die Schule: *I arrive at school*

g. in der Mittagspause: *at lunchbreak*

h. zu Fuß: *by car*

12. Slalom translation – translate the following sentences ticking the relevant boxes in the grid below as shown in the example. Proceed from top to bottom

1. I get up around six thirty.
2. I go to school on foot.
3. Lessons start at half past eight.
4. Every day I have five lessons.
5. At 11 o'clock, we have a short break.
6. During lunch break I eat pasta and salad.

Ich (1)	Ich gehe	Der Unterricht	Jeden Tag	Um elf Uhr	In der
beginnt	habe	zu	haben	Mittagspause	stehe (1)
gegen (1)	Fuß	wir	um	ich	esse ich
Nudeln	fünf	halb sieben (1)	halb	eine kurze	zur
auf. (1)	Schule.	Stunden.	Pause.	und Salat.	neun.

Meistens stehe ich ziemlich früh auf, gegen sechs Uhr. Dann dusche ich mich, ich frühstücke und ich ziehe meine Uniform an. Um Viertel nach sieben gehe ich aus dem Haus. Normalerweise gehe ich zu Fuß zur Schule, aber wenn es regnet, fährt mich mein Vater mit dem Auto. Gegen halb acht komme ich in der Schule an. Am Vormittag habe ich drei Stunden und am Nachmittag habe ich zwei. Insgesamt habe ich fünf Stunden am Tag. Montags habe ich in der ersten Stunde Biologie und in der letzten Stunde habe ich Deutsch. Deutsch ist mein Lieblingsfach, weil der Lehrer sehr lustig ist und weil ich im Unterricht viel lerne. Er spielt auch Ukulele im Unterricht! Um Viertel nach neun haben wir eine kurze Pause und um fünf vor zwölf beginnt die Mittagspause. Meistens esse ich einen Sandwich und dann spiele ich Basketball mit meinen Freunden. Der Unterricht endet um halb drei, danach gibt es viele AGs, die man machen kann. Ich gehe immer zur Informatik-AG, weil ich später Spiele-Programmierer werden will. Meistens bin ich gegen vier Uhr wieder zu Hause. **(Luis, 16 Jahre)**

14. Gapped translation

a. Usually, Luis gets up quite ____________.

b. He leaves home at ______________.

c. He usually goes to school ______________.

d. When it _________, his father drives him to school.

e. Every day he has ___________ lessons in total.

f. On Mondays, his __________ lesson is German.

g. His teacher plays ______________ in class!

h. During lunch break, he _________________and plays basketball with his friends.

i. There are many __________________ after school.

j. He goes to the IT after school club because one day he wants to become a __________________.

13. Find in Luis' text the German equivalent for the following

a. usually:

b. at around 6 o'clock:

c. then I shower:

d. my uniform:

e. I go out of the house:

f. my father drives me:

g. in the morning:

h. in the afternoon:

i. in the last lesson:

j. the lunch break:

k. usually I eat:

l. the lessons end:

m. after that:

n. I always go:

o. later:

p. back home again:

15. Translate into English the following phrases taken from Luis' text

a. Meistens stehe ich ziemlich früh auf.

b. Dann dusche ich mich.

c. Ich ziehe meine Uniform an.

d. Ich gehe zu Fuß.

e. Insgesamt habe ich fünf Stunden am Tag.

f. Montags in der ersten Stunde habe ich Biologie.

g. Deutsch ist mein Lieblingsfach.

h. Um fünf vor zwölf beginnt die Mittagspause.

16. Answer the questions about Luis in German

a. Wann steht Luis auf?

b. Wie kommt er zur Schule, wenn es regnet?

c. Wie viele Stunden hat er am Tag?

d. Was hat er in der letzten Stunde am Montag?

e. Was macht er in der Mittagspause?

f. Wann ist der Unterricht zu Ende?

g. Was macht er nach der Schule?

h. Um wie viel Uhr ist er wieder zu Hause?

Ich stehe meistens ziemlich früh auf, gegen halb sieben. Dann wasche ich mich, frühstücke und ziehe meine Uniform an. Um halb acht gehe ich aus dem Haus. Normalerweise fahre ich mit dem Fahrrad zur Schule, aber wenn es regnet, fahre ich mit dem Bus. Ich komme immer zehn Minuten bevor der Unterricht beginnt in der Schule an. Dann habe ich am Vormittag drei Unterrichtsstunden und am Nachmittag eine. Es gibt vier pro Tag und jede Unterrichtsstunde dauert eine Stunde und zehn Minuten. Montags habe ich in der ersten Stunde Chemie und in der letzten Stunde Spanisch. Die kurze Pause haben wir um neun Uhr und die Mittagspause beginnt um zwanzig vor eins. Während der Mittagspause esse ich in der Schul-kantine und ich quatsche mit meinen Freunden. Wir haben immer viel Spaß! Der Unterricht endet um zwanzig vor drei. Dann gibt es viele AGs. Ich selbst gehe immer zur Literatur-AG, weil ich später Schriftstellerin werden will – ich würde gern Romane schreiben! Danach gehe mit meinem Freund in den Park in der Nähe der Schule. Normalerweise bin ich gegen halb fünf wieder zu Hause. **(Kathi, 15 Jahre)**

17. Answer in English

a. At what time does Kathi get up?

b. What does she do first after getting up?

c. At what time does she leave home?

d. How does she usually go to school?

e. When does she get to school?

f. How many lessons does she have in the afternoon?

g. How long does a lesson last?

h. What is her last lesson on a Monday?

i. What does she do during the lunch break?

j. What is her extra-curricular activity?

k. What does she want to become in the future?

l. What happens at 4:30pm?

18. Spot the wrong statements and correct them

a. Kathi steht morgens meistens sehr früh auf.

b. An Kathis Schule muss man keine Uniform tragen.

c. Sie geht gegen acht Uhr aus dem Haus.

d. Kathi fährt mit dem Auto zur Schule.

e. Sie kommt drei Minuten bevor der Unterricht losgeht in der Schule an.

f. Jeden Tag hat sie vier Unterrichtsstunden.

g. Die Mittagspause beginnt um 12 Uhr 40.

h. Sie frühstückt nicht.

i. In der Zukunft würde sie gern Romane schreiben.

j. Sie kommt gegen sechs Uhr wieder nach Hause.

k. Kathi geht mit ihrer besten Freundin in den Park.

l. Eine Unterrichtstunde dauert siebzig Minuten.

m. Kathi lernt keine Fremdsprache.

19. Translate into English

a. ich wasche mich

b. mit meinem Freund

c. ich bin wieder zu Hause

d. in der letzten Stunde habe ich

e. ich will … werden

f. um zwanzig vor eins

g. in der Mittagspause

h. normalerweise

i. ich würde gern Romane schreiben

j. ziemlich früh

20. Translate into German

a. I get up at six o'clock. = I _ _ s _ _ _ _ u _ s _ _ _ _ U _ _ a _ _.

b. In the first lesson I have biology. = I _ d _ _ e _ _ _ _ _ _ S _ _ _ _ _ h _ _ _ i _ _ B _ _.

c. I go to school with my nan. = I _ _ g _ _ m _ _ m _ _ _ _ _ O _ _ z _ _ S _ _ _ _ _.

d. I have three lessons in the morning. = I _ _ h _ _ d _ _ S _ _ _ _ _ _ a _ V _ _ _ _ _ _ _ _.

e. At breaktime I eat in the canteen. = I _ d _ _ P _ _ _ _ e _ _ _ i _ i _ d _ _ K _ _ _ _ _ _.

f. Lessons end at three thirty. = D _ _ U _ _ _ _ _ _ _ _ _ e _ _ _ _ u _ h _ _ _ v _ _ _.

g. Afterwards, I go to the chess club. = D _ _ _ _ _ g _ _ _ i _ _ z _ _ S _ _ _ _ _ - _ _.

---

21. Translate into German

a. Usually, I get up very early.

b. I go out of the house at 7:30.

c. I go to school on foot, or I go by bike.

d. But when it rains, I go by bus.

e. At 7:45, I arrive at school.

f. Lessons begin at 8:10.

g. On Thursdays, I have English in the first lesson.

h. In the last lesson, I have chemistry, that's no fun.

i. After school, I go to the art club.

j. When I am home again, I have a shower, listen to music, then I do my homework for two hours.

---

22. Correct the spelling/grammar errors

a. In der ersten Stunde ich habe Mathe.

b. Ich stehe um sechs uhr auf.

c. Ich gehe zu Fuß zu Schule.

d. Montags ich habe in der zweiten Stunde Bio.

e. In der letzte Sunde habe ich Sport.

f. Normalerwiese spiele ich mit meinen Freunden in der Pause Basketball.

g. Die Mittagspause begint um halb eins.

h. Der Unterricht enden um zehn nach vier.

Write a paragraph in the FIRST person (I) for Letizia and the THIRD person (he) for Martin using the prompts given in the grid.

	Morning	Afternoon	Evening
Letizia	<ul><li>Gets up at 6:30</li><li>Goes out of the house at 7:30</li><li>goes to school by bus</li><li>On Mondays first lesson is English</li></ul>	<ul><li>Lunch break is at 12:20</li><li>Last lesson is French</li><li>Lessons finish at 3:20</li><li>After school goes to music club</li><li>Is back home at 4:30</li></ul>	<ul><li>Relaxes a bit</li><li>Does homework for two hours</li><li>Chats with boyfriend</li><li>Eats dinner with family</li><li>Watches a movie</li></ul>
Martin	<ul><li>Gets up at 6:45</li><li>Goes out of the house at around 7:30</li><li>Goes to school on foot</li><li>On Fridays first lesson is Art</li><li>Second lesson is Physical Education</li></ul>	<ul><li>Lunch break is at 12:45</li><li>Last lesson is geography</li><li>Lessons finish at 3:45</li><li>After school goes to drama club</li><li>Is back home around five</li></ul>	<ul><li>Drinks tea</li><li>Does homework for one hour</li><li>Goes to the gym</li><li>Has dinner with friends</li><li>Spends time on social media</li></ul>

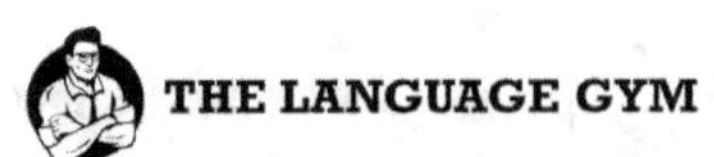

Key questions

Beschreibe einen typischen Schultag.	*Describe a typical school day.*
Wann stehst du auf?	*At what time do you get up?*
Um wie viel Uhr gehst du aus dem Haus, um zur Schule zu gehen	*At what time do you leave home in the morning to go to school?*
Wie kommst du zur Schule?	*How do you get to school?*
Wann kommst du in der Schule an?	*At what time do arrive at school?*
Wann beginnt und endet der Unterricht?	*At what time do lessons start and finish?*
Wie viele Stunden hast du am Tag?	*How many lessons do you have per day?*
Was hast du montags in der ersten Stunde?	*What do you have in the first lesson on Mondays?*
Wann ist die Pause?	*When is breaktime?*
Was machst du in der Pause?	*What do you do at breaktime?*
Um wie viel Uhr ist die Mittagspause?	*At what time is lunch break?*
Was machst du während der Mittagspause?	*What do you do during lunch break?*
Was hast du montags in der letzten Stunde?	*What do you have in the last lesson on Monday?*
Was für AGs gibt es an deiner Schule?	*What after-school clubs are there at your school?*
Was für AGs machst du?	*What after-school clubs do you do?*

ANSWERS – Unit 4

1. Match up: ich stehe auf – I get up   **ich gehe aus dem Haus** – I go out of the house   **ich gehe zur Schule** – I go to school
ich gehe zu Fuß – I go there on foot   **ich fahre mit dem Auto** – I go by car   **ich fahre mit dem Fahrrad** – I go by bike
in der ersten Stunde habe ich – in the first lesson I have   **in der Pause** – at breaktime
in der Mittagspause – in lunch break   **der Unterricht endet** – lessons end   **normalerweise esse ich** – normally I eat
nach der Schule – after school   **der Unterricht beginnt** – lessons begin   **in der zweiten Stunde** – in the second lesson

2. Complete with the missing word: a) stehe b) ersten c) gehe d) Pause e) Unterricht f) fahre g) Stunde h) Gemüse

3. Translate: a) I get up   b) I go out of the house   c) I arrive at school   d) lessons start   e) lessons end   f) on Mondays
g) in the first lesson I have   h) in the last lesson I have   i) normally   j) lunch break   k) at breaktime   l) after school
m) I eat vegetables

4. Guess the phrases: a) ich stehe auf b) um Viertel vor sieben   c) ich gehe aus dem Haus   d) ich fahre mit dem Bus
e) in der Pause   f) meistens esse ich Salat   g) der Unterricht endet   h) nach der Schule

5. Sort the words: wann: 6 ; 12 ; 16 ; 17   Hobbys: 5 ; 9 ; 10 ; 11 ; 15   Essen: 3 ; 4 ; 8   Verkehrsmittel: 1 ; 2 ; 7 ; 13 ; 14

6. Gapped translation: a) get up b) go out of the house c) morning d) on Mondays e) chess f) normally g) classmates
h) fourth

7. Broken words: 1-c   2-e   3-f   4-g   5-b   6-a   7-h   8-d

8. Complete: a) stehe   b) Haus   c) Auto   d) Stunde   e) spiele   f) beginnt   g) Pause   h) endet   i) Schach

9. One of three: b ; c ; a ; b ; b ; a ; a ; b ; a ; b ; b

10. Rewrite the word: a) ersten b) Fahrrad c) Mittagspause d) verlasse e) Unterricht f) morgens g) meistens h) gehe

11. Faulty translation: a) I get up   b) -   c) at breaktime   d) lessons start   e) there are not many after-school clubs
f) I leave school g) -   h) on foot

12. Slalom translation: 1) Ich stehe gegen halb sieben auf.   2) Ich gehe zu Fuß zur Schule.
3) Der Unterricht beginnt um halb neun.   4) Jeden Tag habe ich fünf Stunden.   5) Um elf Uhr haben wir eine kurze Pause.
6) In der Mittagspause esse ich Nudeln und Salat.

13. Find: a) meistens b) gegen sechs Uhr c) dann dusche ich mich d) meine Uniform e) ich gehe aus dem Haus
f) mein Vater fährt mich g) am Vormittag   h) am Nachmittag   i) in der letzten Stunde   j) die Mittagspause
k) meistens esse ich   l) der Unterricht endet   m) danach n) ich gehe immer   o) später   p) wieder zu Hause

14. Gapped translation: a) early b) 7.15 c) on foot d) rains e) 5   f) last   g) the ukulele   h) eats a sandwich i) clubs
j) games programmer

15. Translate: a) Normally I get up quite early.   b) Then I take a shower.   c) I put on my uniform.   d) I go on foot.
e) Altogether, I have five lessons a day.   f) On Mondays, in the first lesson, I have biology.   g) German is my favourite
subject.   h) Lunch break begins at 11.55.

16. Answer: a) gegen sechs Uhr b) Sein Vater fährt ihn.   c) fünf   d) Deutsch   e) Er isst einen Sandwich und er spielt
Basketball mit seinen Freunden.   f) um halb drei g) Er geht zur Informatik-AG.   h) gegen vier Uhr

17. Answer: a) around 6.30am   b) she washes herself c) 7.30am   d) by bike   e) 10 min before lessons start   f) one
g) 1 hour 10 h) Spanish i) she eats in the canteen and chats with her friends j) literature club k) a writer
l) she is back home

18. Spot the wrong statements: a) ziemlich früh   b) man muss Uniform tragen   c) um halb acht   d) mit dem Fahrrad
e) zehn Minuten   f) -   g) -   h) sie frühstückt   i) -   j) 16:30 Uhr   k) mit ihrem Freund   l) -   m) sie lernt Spanisch

19. Translate: a) I wash myself   b) with my boyfriend   c) I am back home   d) in the last lesson I have
e) I want to become a…   f) at 12.40   g) during lunch break   h) normally   i) I would like to write novels   j) quite early

20. Translate into German: a) Ich stehe um sechs Uhr auf.   b) In der ersten Stunde habe ich Biologie.
c) Ich gehe mit meiner Oma zur Schule.   d) Ich habe drei Stunden am Vormittag.   e) In der Pause esse ich in der Kantine.
f) Der Unterricht endet um halb vier.   g) Danach gehe ich zur Schach-AG.

21. Translate: a) Meistens stehe ich sehr früh auf.   b) Ich gehe um halb acht aus dem Haus.   c) Ich gehe zu Fuß zur Schule
oder ich fahre mit dem Fahrrad.   d) Aber wenn es regnet, fahre ich mit dem Bus.   e) Um Viertel vor acht komme ich in der
Schule an.   f) Der Unterricht beginnt um zehn nach acht.   g) Donnerstags habe ich in der ersten Stunde Englisch.
h) In der letzten Stunde habe ich Chemie, das macht keinen Spaß.   i) Nach der Schule gehe ich in die Kunst-AG.
j) Wenn ich wieder zu Hause bin, dusche ich, höre Musik, dann mache ich zwei Stunden meine Hausaufgaben.

22. Correct the spelling/grammar errors: a) **habe ich**   b) Uhr   c) zur Schule   d) Montags **habe** ich   e) in der letzte**n**
f) normalerw**e**i**s**e   g) begin**n**t   h) ende**t**

**Write a paragraph in the FIRST person (I) for Laetizia and the THIRD person (he) for Martin using the prompts
given in the grid**

Letizia: Ich stehe um halb sieben auf. Um halb acht gehe ich aus dem Haus und ich fahre mit dem Bus zur Schule. Montags
habe ich in der ersten Stunde Englisch. Die Mittagspause ist um zwanzig nach zwölf, und in der letzten Stunde habe ich
Französisch. Um zwanzig nach drei endet der Unterricht. Nach der Schule gehe ich in die Musik-AG. Um halb fünf bin ich
wieder zu Hause. Abends entspanne ich mich etwas. Ich mache meine Hausaufgaben, dann quatsche ich mit meinem Freund,
esse mit meiner Familie zu Abend und sehe einen Film.

Martin: Er steht um Viertel vor sieben auf, und er geht um halb acht aus dem Haus. Zur Schule geht er zu Fuß. Freitags hat
er in der ersten Stunde Kunst, in der zweiten Sport. Die Mittagspause ist um Viertel vor eins, und in der letzten Stunde habe
ich Erdkunde. Der Unterricht endet um Viertel vor vier. Nach der Schule geht er in die Theater-AG, und gegen fünf ist er
wieder zu Hause. Abends trinkt er Tee und er macht eine Stunde Hausaufgaben. Dann geht er ins Fitnessstudio. Er isst mit
Freunden zu Abend und er verbringt Zeit in sozialen Netzwerken.

Unit 5. Describing what you do after school

| **Nach der Schule** [After school] | **fahre ich mit dem Bus** [I go by bus]
 gehe ich zu Fuß [I go on foot] | **nach Hause** [home] |
| | **holt mich mein Vater ab** [my father picks me up] | |

| **Um Viertel nach drei** [At 3.15]
 Gegen halb fünf [Around 4.30] | **bin ich** [I am]
 sind wir [we are] | **wieder zu Hause** [back home] |

| **Dann** [Then] | **entspanne ich mich** [I relax]
 esse ich eine Kleinigkeit [I eat a snack]
 sehe ich ein bisschen fern [I watch TV for a bit] | **und** [and] | **ich checke mein Instagram** [I check my Instagram]
 ich gehe mit dem Hund spazieren [I go for a walk with the dog]
 ich gehe zum Fußballtraining [I go to football practice] |

| **Vor dem Abendessen** [Before dinner] | **gehe ich eine Runde joggen** [I go for a run]
 mache ich meine Hausaufgaben [I do my homework]
 übe ich Schlagzeug [I practise the drums] |

| **Zum Abendessen esse ich meistens** [For dinner, I usually eat] | **eine Scheibe Brot** [a slice of bread]
 etwas Warmes [something warm]
 nicht so viel [not so much]
 nur einen Apfel [only an apple] | **und ich trinke** [and I drink] | **einen Becher Tee** [a mug of tea]
 eine Dose Cola [a can of coke]
 ein Glas Wasser [a glass of water] |

| **Nach dem Abendessen** [After dinner] | **mache ich den Abwasch** [I do the dishes]
 helfe ich meiner Schwester mit den Hausaufgaben [I help my sister with the hwk]
 lerne ich für meine Prüfungen [I study for my exams]
 sehe ich meine Lieblingsserie auf Netflix [I watch my favourite series on Netflix] |

| **Bevor ich ins Bett gehe,** [Before I go to bed,] | **bade ich mich** [I bathe]
 dusche ich mich [I shower]
 putze ich mir die Zähne [I brush my teeth] | **und** [and] | **ich höre Musik** [I listen to music]
 ich lese ein bisschen [I read a little]
 ich schreibe in mein Tagebuch [I write into my diary] |

| **Ich gehe meistens** [I usually go] | **um halb elf** [at 10.30]
 um elf Uhr [at 11.00 o'clock]
 gegen Mitternacht [around midnight] | **ins Bett** [to bed] |

1. Match

ich bin wieder zu Hause	I shower
ich tue nichts	I do homework
ich entspanne mich	I go for a walk
ich sehe fern	I don't do anything
ich mache Hausaufgaben	I eat a snack
ich gehe spazieren	I am back home
ich spiele Onlinespiele	I sleep a little
ich schlafe ein bisschen	I do the washing-up
ich mache den Abwasch	I help my brother
ich helfe meinem Bruder	I practise the guitar
ich dusche mich	I play online games
ich esse eine Kleinigkeit	I relax
ich übe Gitarre	I watch TV

2. Complete the verbs with the missing letters

a. ich hel _ _ *[I help]*

b. ich ge _ _ *[I go]*

c. ich spi _ _ _ *[I play]*

d. ich _ _ che *[I do]*

e. ich le _ _ *[I read]*

f. ich schl _ _ _ *[I sleep]*

g. ich pu _ _ _ *[I clean/brush]*

h. ich e _ _ _ *[I eat]*

i. ich entsp _ _ _ _ mich *[I relax]*

j. ich schr _ _ _ _ *[I write]*

k. ich t _ _ nichts *[I do nothing]*

l. ich du _ _ _ _ mich *[I shower]*

m. ich h _ _ _ *[I listen to]*

n. ich l _ _ _ _ *[I learn/study]*

o. ich ge _ _ ins Bett *[I go to bed]*

3. Faulty translation: spot and correct the wrong translations

a. Ich mache nie meine Hausaufgaben: *I never do the washing-up.*

b. Manchmal helfe ich meiner Mutter: *Sometimes, I help my father.*

c. Gegen drei schlafe ich ein bisschen: *At three, I have a nap.*

d. Bevor ich ins Bett gehe, dusche ich mich und ich lese ein Buch:

Before I go to bed, I have a bath and I read a book.

e. Ich verbringe eine Stunde online: *I spend an hour on the Internet.*

f. Ich tue einfach nichts: *I simply relax.*

g. Ich sehe zwei Stunden fern: *I watch TV for an hour.*

h. Ich gehe ins Fitnessstudio: *I go to the shopping mall.*

4. Tangled translation: some words in the sentences below have been left in English. Translate them into German

a. Ich verbringe zwei hours on Facebook.

b. Manchmal I do den Abwasch.

c. I am back home gegen halb vier.

d. Bevor I go to bed, lese ich ein bisschen.

e. Abends, nach dem Abendessen, I check my Snapchat.

f. Ich gehe ins Bett around midnight.

g. Dann, after school, ich play with my friends oder ich gehe into the shopping centre.

h. For dinner esse ich usually etwas Warmes, zum Beispiel pasta.

5. Break the flow (add capital letters where needed)

a. N o r m a l e r w e i s e g e h e i c h z u f u ß

b. D a n n e n t s p a n n e i c h m i c h u n d i c h l e s e

c. Z u m a b e n d e s s e n e s s e i c h o f t n u d e l n

d. V o r d e m a b e n d e s s e n g e h e i c h j o g g e n

e. S p ä t e r m a c h e i c h m e i n e h a u s a u f g a b e n

f. B e v o r i c h i n s b e t t g e h e , s e h e i c h f e r n

g. I c h s c h r e i b e i n m e i n t a g e b u c h

h. I c h g e h e m i t m e i n e r o m a i n d e n p a r k

i. I c h h e l f e m e i n e r k l e i n e n s c h w e s t e r

6. Translate into English

a. ich bade mich

b. bevor ich schlafen gehe

c. ich komme nach Hause

d. ich entspanne mich

e. ich schlafe eine halbe Stunde

f. ich lerne für meine Prüfungen

g. meine Mutter holt mich von der Schule ab

h. ich mache einfach nichts

i. ich putze mir die Zähne

j. ich esse eine Kleinigkeit

7. Fill the gaps

a. ____________ der Schule fahre ich ________ dem Bus nach Hause. *[After school, I go back home by bus.]*

b. Ich _________ meine Hausaufgaben ______ fünf ______ sechs. *[I do my homework from five to six.]*

c. Ich tue _________. Ich höre _______ ein bisschen Musik. *[I do nothing. I only listen to a bit of music.]*

d. Zum ____________ esse ich _________ mit ______________. *[For dinner, I eat pasta with tomato sauce.]*

e. Später __________ ich mich mit meinem Hund ______________. *[Later, I go for a walk with the dog.]*

f. ____________ lerne ich für meine ____________________. *[In the evening, I learn for my exams.]*

g. Bevor ich ________ Bett gehe, _________ ich einen Becher Tee. *[Before I go to bed, I drink a mug of tea.]*

h. _________ holen mich meine _________ von der Schule ab. *[Usually, my parents pick me up from school.]*

8. Spot the missing word and add it in

a. Nach Abendessen mache ich den Abwasch.

b. Dann esse ich Kleinigkeit.

c. Ich einfach nichts.

d. Bevor ich Bett gehe, lese ich ein bisschen.

e. Ich gehe meiner Freundin in den Park.

f. Um Viertel nach drei bin ich wieder Hause.

g. Nach der Schule gehe ich Fuß nach Hause.

h. Ich lerne die Prüfungen.

i. Wenn ich wieder zu Hause, entspanne ich mich.

j. Meistens esse ich Abendessen nicht so viel.

k. Dann schreibe ich in Tagebuch.

l. Nach Schule mich mein Vater ab.

9. Match questions and answers

Wann stehst du auf? (1)	Ungefähr drei Stunden am Tag.
Was isst du? (2)	Mit meinem Freund.
Wann verlässt du die Schule? (3)	Gegen Mitternacht.
Wie kommst du nach Hause? (4)	Ich mache den Abwasch.
Wann machst du deine Hausaufgaben? (5)	Von sechs bis sieben.
Was machst du, um im Haushalt zu helfen? (6)	Ich checke meine Nachrichten auf Instagram.
Wo gehst du spazieren? (7)	Mit dem Bus.
Mit wem gehst du? (8)	Gegen drei Uhr nachmittags.
Was machst du im Internet? (9)	Einen Krimi.
Wie viel Zeit verbringst du am Computer? (10)	**Gegen sechs Uhr morgens. (1)**
Wann gehst du ins Bett? (11)	Müsli mit Milch.
Was liest du, bevor du schläfst? (12)	Im Park bei mir in der Nähe.

10. Split sentences: form logical sentences joining one bit from each column

Ich lese	mit dem Bus.
Bevor ich	Nachrichten auf IG.
Ich entspanne	Videos auf YouTube.
Ich mache meine	einen Roman.
Ich checke meine	Hausaufgaben.
Ich esse	schlafe, dusche ich mich.
Ich fahre	mich mit ruhiger Musik.
Ich trinke	einen Becher Tee.
Ich schlafe ein	ein Stück Kuchen.
Ich sehe	bisschen.

11. Complete as appropriate

a. Ich ___________ um sechs Uhr auf.

b. Zum Frühstück _________ ich immer Brötchen.

c. Ich ___________ mich auf dem Balkon.

d. Ich ___________ eine Runde joggen.

e. Ich ___________ mich mit meinem Freund.

f. Bevor ich ins Bett ______, lese ich einen Krimi.

g. Ich __________ ein bisschen fern.

h. Ich ___________ den Abwasch.

12. Arrange these actions in the correct order in which they usually occur

Ich wache auf.	1
Nach dem Frühstück dusche ich mich.	
Ich frühstücke.	
Ich fahre mit dem Bus zur Schule.	
Der Unterricht beginnt.	
Ich stehe auf.	
Ich bin wieder zu Hause.	
Der Unterricht endet.	
Nach der Schule entspanne ich mich.	
Zum Abendessen esse ich nicht viel.	
Ich gehe ins Bett.	
Bevor ich ins Bett gehe, lese ich etwas.	

13. Translate into German

a. I get up.

b. after dinner

c. I go to bed.

d. I shower.

e. I eat a snack.

f. I help my sister.

g. I meet up with my friends.

h. when I am home again

i. I watch TV a bit.

j. I read a novel.

14. Slalom translation: translate the sentences in the grey column by selecting and numbering off the appropriate boxes as shown in the example

Ich treffe mich (1)	Abendessen	meine	ich.	**I meet up with my girlfriend. (1)**
Ich mache	nie	meinem	Hausaufgaben.	I never do my homework. (2)
Nachmittags	**mit (1)**	ich	sozialen Netzwerken.	I spend time on social media. (3)
Ich verbringe	zu Fuß	schlafe	bisschen.	I play on my mobile phone. (4)
Nach dem	mache	**meiner (1)**	Handy.	I relax a little bit. (5)
Ich spiele	Zeit	ein	**Freundin. (1)**	I go home on foot. (6)
Ich gehe	Schule	in	Hause.	After school I sleep. (7)
Ich entspanne	auf	nach	fern.	After dinner I watch TV. (8)
Nach der	mich	sehe ich	nichts.	In the afternoon I don't do anything. (9)

15. Match

den Abwasch machen	in the afternoons
Zeit verbringen	to shower
vor dem Abendessen	to spend time
für die Prüfungen lernen	before dinner
einen Krimi lesen	furthermore
außerdem	a snack/a small thing
Gitarre üben	to read a crime novel
eine Kleinigkeit	to do the washing-up
nur eine Banane	to study for the exams
nachmittags	only a banana
sich duschen	to practise the guitar

16. Guess the mystery phrases

a. n _ _ _ d _ _ S _ _ _ _ _ _

b. z _ F _ _

c. u _ V _ _ _ _ _ _ v _ _ f _ _ _

d. i _ _ d _ _ _ _ _ m _ _ _

e. i _ _ s _ _ _ _ a _ _

f. i _ _ l _ _ _ e _ _ b _ _ _ _ _ _ _

g. z _ _ A _ _ _ _ _ _ _ _ _ _

h. i _ _ ü _ _ G _ _ _ _ _ _

17. Sentence puzzle: arrange the words below in the correct order

a) schlafe ein ich bisschen Nachmittags und ich fern sehe

b) Abendessen Nach ich Abwasch mache den dem

c) ich Wenn wieder Hause zu bin, ich esse Kleinigkeit eine

d) gehe meistens Ich elf um Uhr Bett ins

e) Schule ich Nach fahre der dem mit Bus Hause nach

f) Bett ich ins Bevor gehe, Musik höre bisschen ein ich

g) Abendessen esse Zum meistens ich Warmes etwas

h) Meistens ich um nach Viertel vier bin Hause zu

Frage: Was machst du nach der Schule?

Antworten:

Anton: Meistens entspanne ich mich. Ich höre Musik und ich spiele Onlinespiele.

Ferdinand: Ich dusche mich sofort, esse eine Kleinigkeit und schlafe ein bisschen.

Susanne: Ich telefoniere mit meinem Freund und ich helfe meinem Vater mit dem Abendessen.

Willi: Ich treffe mich mit meinen Freunden und ich fahre eine Runde Fahrrad.

Lisa: Ich gehe eine Runde joggen. Ich mache das im Park bei mir in der Nähe.

Alex: Ich gehe mit meinen Freundinnen ins Einkaufszentrum in der Nähe meiner Schule.

Jennifer: Ich gehe shoppen im Einkaufszentrum bei mir in der Nähe.

Peter: Ich komme wieder nach Hause und ich mache meine Hausaufgaben.

18. Find someone who

a. Who has a snack and a nap after school?

b. Who goes running?

c. Who goes to the shopping mall with their friends?

d. Who goes shopping in a shopping centre near their house?

e. Who does their homework after returning home?

f. Who goes for a bike ride?

g. Who showers immediately?

h. Who plays online games?

i. Who helps making dinner at home?

19. Find the German equivalent in the texts

a. I go for a bike ride

b. I go for a run

c. I go to the shopping mall

d. I go shopping

e. I come back home

f. with my friends

g. I help my father

h. with the dinner

i. near where I live (5 words)

j. near my school (5 words)

k. I sleep a little

l. immediately

20. Translate into German

a. *After school I take a shower*: N______ d_____ S__________ d_______ i_____ m________ .

b. *I help my sister with the homework*: I___ h______ m______ S________ m___ d___ H___________ .

c. *I go to the shopping mall near my house*: I__ g___ i__ E___________ b___ m____ i__ d___ N____ .

d. *I go for a bike ride*: I___ f_______ e_____ R_______ F___________ .

e. *I relax and I listen to music*: I____ e___________ m____ u____ i___ h______ M_______ .

f. *When I am back home, I read*: W____ i___ w_________ z___ H______ b____, l_______ i____ .

Normalerweise stehe ich gegen halb sieben auf. Ich dusche mich, ich kämme mir die Haare und ich putze mir die Zähne. Danach ziehe ich meine Uniform an und ich packe meine Schultasche. Gegen sieben Uhr frühstücke ich mit meinem Bruder und meiner Schwester. Gegen halb acht gehen wir aus dem Haus. Normalerweise gehen wir zu Fuß zur Schule, aber wenn es regnet, fahren wir mit dem Bus.

Der Unterricht beginnt um zwanzig nach acht und er endet nachmittags um zwanzig nach drei. Das ist ein langer Schultag! Wenn der Unterricht zu Ende ist, gehe ich meistens zur Schach-AG. Sie dauert eine Stunde. Danach gehe ich mit meiner Freundin ins Einkaufszentrum in der Nähe meiner Schule. Meistens trinken wir einen Kaffee zusammen. Dann gehen wir eine Runde im Park spazieren. Das macht Spaß.

Um fünf Uhr bin ich meistens wieder zu Hause. Ich mache sofort meine Hausaufgaben. Das macht mir keinen Spaß – vor allem Mathe-Hausaufgaben finde ich total schrecklich! Um Punkt sieben Uhr bin ich fertig. Dann checke ich mein Instagram, chatte mit meinen Freunden und poste ein paar lustige Fotos oder Videos.

Abendessen gibt es meistens gegen halb acht. Ich esse nicht viel, nur eine oder zwei Scheiben Brot mit Wurst oder Käse und einen Apfel. Das ist alles! Danach gehe ich in mein Zimmer und ich sehe einen Film oder eine Serie auf Netflix. Schließlich dusche ich mich und ich gehe ins Bett. Bevor ich das Licht ausmache, schreibe ich in mein Tagebuch. Dann schlafe ich ein, normalerweise gegen elf Uhr. **(Max, 16 Jahre)**

21. Find the German equivalent in the text

a. I comb my hair:

b. afterwards:

c. normally we go:

d. out of the house:

e. if it rains:

f. in the afternoon

g. when lessons are finished:

h. it (the after school club) lasts an hour:

i. into the shopping mall:

j. usually:

k. that's fun:

l. that's no fun (to me):

m. above all:

n. a few funny pictures:

o. not much:

p. only one or two slices:

q. that's all:

r. finally:

s. before I turn off the light:

t. then I fall asleep:

22. Answer the questions

a. List five things Max does before leaving for school:

b. When does Max go to school by bus?

c. What does he do with his girlfriend? (3 details)

d. List four things he does before dinner:

e. How much does he usually eat?

f. What does he do before he turns off the light?

23. Complete the text with words from the grid (careful, there are two extra words you won't need)

Nach der Schule ___________ ich meistens zur Theater-AG. Sie _________ fast eine Stunde. Dann gehe ich ____________ meinem Freund ins Einkaufszentrum in der __________ meiner Schule. Wir __________ oft einen Orangensaft oder eine Cola. Danach gehen wir im Park ____________. Das ___________ Spaß!

Gegen sechs ____________ bin ich wieder zu Hause. Dann mache ich sofort meine ________________. Ich mache gern Schularbeit. Vor allem meine Französischaufgaben finde ich ____________! Wenn ich fertig bin, meistens um sieben Uhr, gibt es ____________. Danach gehe ich ins ___________ und verbringe Zeit in sozialen ____________, vor allem auf TikTok und Instagram. Ich chatte mit meinen ____________, wir teilen Fotos und schreiben ____________. Gegen ___________ gehe ich ins Bett. Bevor ich das Licht ____________, höre ich ein bisschen ____________. **(Anna, 17 Jahre)**

macht	Mitternacht
Frühstück	spazieren
gehe	Freunden
interessant	Internet
trinken	essen
Kommentare	dauert
ausmache	Abendessen
Netzwerken	mit
Nähe	Musik
Uhr	Hausaufgaben

24. Translate into German

a. I am back home again

b. I shower

c. there is dinner

d. I read a little bit

e. I relax

f. I don't do anything

g. I do my homework straight away

h. I go online

i. I go to the gym

j. I eat a snack

k. I go to the shopping centre

l. I spend time on social media

25. Write a paragraph for Luzi and Martin using FIRST person and for Paul using THIRD person

Luzi	Martin	Paul
▪ Is back home at 4	▪ Is back home at 5	▪ Is back home at 4
▪ Eats something small and sleeps a bit	▪ Watches TV or goes for a walk with the dog	▪ Eats a piece of cake and drinks a mug of tea
▪ Does her homework	▪ Does his homework	▪ Goes for a bike ride with friends
▪ Goes to the gym	▪ Goes to hockey practice	▪ Does his homework
▪ Has dinner around 8	▪ Has dinner at 7.30	▪ Has dinner at 8.30
▪ Checks her IG	▪ Spends time on social media	▪ Watches television
▪ Calls her boyfriend	▪ Calls his girlfriend	▪ Calls his girlfriend
▪ Goes to bed at 11	▪ Goes to bed around 10.30	▪ Goes to bed at midnight
▪ Before going to bed listens to music or reads a book	▪ Before going to bed has a shower and reads a book	▪ Before going to bed brushes his teeth and reads a novel

Key questions

Beschreibe einen typischen Tag.	*Describe a typical day.*
Was machst du nach der Schule?	*What do you do after school?*
Wann bist du nach der Schule wieder zu Hause?	*When are you home again after school?*
Wohin gehst du? Mit wem? Was machst du dort?	*Where do you go? With whom? What do you do there?*
Wie kommst du wieder nach Hause?	*How do you get back home?*
Um wie viel Uhr bist du wieder zu Hause?	*At what time are you back home?*
Was machst du, wenn du wieder zu Hause bist?	*What do you do when you are back home?*
Wann machst du deine Hausaufgaben? **Von wann bis wann?** **Wie lange brauchst du?**	*When do you do your homework?* *From what time to what time?* *How long does it take you?*
Was machst du, wenn du fertig bist?	*What do you do once you have finished?*
Was machst du, um im Haus zu helfen?	*What do you do to help at home?*
Wann isst du normalerweise zu Abend? **Mit wem?** **Wo?** **Was isst du zum Abendessen?**	*When do you normally eat dinner?* *With whom?* *Where?* *What do you eat for dinner?*
Was machst du nach dem Abendessen?	*What do you do after dinner?*
Wann gehst du ins Bett?	*When do you go to bed?*
Was machst du, bevor du ins Bett gehst?	*What do you do before going to bed?*
Was hast du gestern Nachmittag gemacht?	*What did you do yesterday afternoon?*

ANSWERS – Unit 5

1. Match: ich bin wieder zu Hause – I am back home   **ich tue nichts** – I don't do anything   **ich entspanne mich** – I relax
ich sehe fern – I watch TV   **ich mache Hausaufgaben** – I do homework   **ich gehe spazieren** – I go for a walk
ich spiele Onlinespiele – I play online games   **ich schlafe ein bisschen** – I sleep a little
ich mache den Abwasch – I do the washing-up   **ich helfe meinem Bruder** – I help my bother   **ich dusche mich** – I shower
ich esse eine Kleinigkeit – I eat a snack   **ich übe Gitarre** – I practise the guitar

2. Complete the verbs with the missing letters: a) helfe   b) gehe   c) spiele   d) mache   e) lese   f) schlafe   g) putze
h) esse   i) entspanne   j) schreibe   k) tue   l) dusche   m) höre   n) lerne   o) gehe

3. Faulty translation: a) my homework   b) my mother   c) at around three   d) I shower
e) -   f) don't do anything   g) for two hours   h) to the gym

4. Tangled translation: a) zwei Stunden auf Facebook   b) mache ich   c) Ich bin wieder zu Hause   d) ich ins Bett gehe
e) checke ich mein Snapchat   f) gegen Mitternacht   g) nach der Schule spiele ich mit meinen Freunden/ins Einkaufszentrum
h) Zum Abendessen/meistens/Nudeln

5. Break the flow: a. Normalerweise gehe ich zu Fuß.   b. Dann entspanne ich mich und ich lese.
c. Zum Abendessen esse ich oft Nudeln.   d. Vor dem Abendessen gehe ich joggen.   e.Später mache ich meine Hausaufgaben.
f. Bevor ich ins Bett gehe, sehe ich fern.   g. Ich schreibe in mein Tagebuch.   h. Ich gehe mit meiner Oma in den Park.
i. Ich helfe meiner kleinen Schwester.

6. Translate into English: a) I have a bath   b) before I go to bed   c) I come back home   d) I relax
e) I sleep for half an hour   f) I study for my exams   g) my mother picks me up from school   h) I don't do anything
i) I brush my teeth   j) I have a snack / I eat a little bit

7. Fill the gaps: a) nach/mit   b) mache/von/bis   c) nichts/nur   d) Abendessen/Nudeln/Tomatensoße   e) gehe/spazieren
f) Abends/Prüfungen   g) ins/trinke   h) Meistens/Eltern

8. Spot the missing word and add it in: a) Nach **dem** Abendessen   b) **eine** Kleinigkeit   c) Ich **tue** einfach   d) **ins** Bett
e) **mit** meiner Freundin   f) **zu** Hause   g) **zu** Hause   h) **für** die Prüfungen   i) zu Hause **bin**   j) **zum** Abendessen
k) in **mein** Tagebuch   l) **holt** mich

9. Match questions and answers: (1) Gegen sechs Uhr morgens.   (2) Müsli mit Milch.   (3) Gegen drei Uhr nachmittags.
(4) Mit dem Bus.   (5) Von sechs bis sieben.   (6) Ich mache den Abwasch.   (7) Im Park bei mir in der Nähe.
(8) Mit meinem Freund.   (9) Ich checke meine Nachrichten auf Instagram.   (10) Ungefähr drei Stunden am Tag.
(11) Gegen Mitternacht.   (12) Einen Krimi.

10. Split sentences: Ich lese einen Roman. ; **Bevor ich** schlafe, dusche ich mich. ; **Ich entspanne** mich mit ruhiger Musik. ;
Ich mache meine Hausaufgaben. ; **Ich checke meine** Nachrichten auf IG. ; **Ich esse** ein Stück Kuchen. ;
Ich fahre mit dem Bus. ; **Ich trinke** einen Becher Tee. ; **Ich schlafe ein** bisschen. ; **Ich sehe** Videos auf YouTube.

11. Complete as appropriate: a) stehe   b) esse   c) entspanne   d) gehe   e) treffe   f) gehe   g) sehe   h) mache

12. Arrange these actions in the correct order: 1 ; 4 ; 3 ; 5 ; 6 ; 2 ; 8 ; 7 ; 9 ; 10 ; 12 ; 11

13. Translate into German: a) Ich stehe auf.   b) nach dem Abendessen   c) Ich gehe ins Bett.   d) Ich dusche mich.
e) Ich esse eine Kleinigkeit.   f) Ich helfe meiner Schwester.   g) Ich treffe mich mit meinen Freunden.
h) wenn ich wieder zu Hause bin   i) Ich sehe ein bisschen fern.   j) Ich lese einen Roman.

14. Slalom translation: (1) Ich treffe mich mit meiner Freundin.   (2) Ich mache nie meine Hausaufgaben.
(3) Ich verbringe Zeit auf sozialen Medien.   (4) Ich spiele auf meinem Handy.   (5) Ich entspanne mich in bisschen.
(6) Ich gehe zu Fuß nach Hause.   (7) Nach der Schule schlafe ich.   (8) Nach dem Abendessen sehe ich fern.
(9) Nachmittags mache ich nichts.

15. Match: den Abwasch machen – to do the washing-up **Zeit verbringen** – to spend time **vor dem Abendessen** – before dinner **für die Prüfungen lernen** – to study for the exams **einen Krimi lesen** – to read a crime novel **außerdem** – furthermore **Gitarre üben** – to practise the guitar **eine Kleinigkeit** – something small **nur eine Banane** – only a banana **nachmittags** – in the afternoon **sich duschen** – to shower

16. Guess the mystery phrases: a) nach der Schule   b) zu Fuß   c) um Viertel vor fünf   d) ich dusche mich
e) ich stehe auf   f) ich lese ein bisschen   g) zum Abendessen   h) ich übe Gitarre

17. Sentence puzzle:
a) Nachmittages schlafe ich ein bisschen und ich sehe fern.
b) Nach dem Abendessen mache ich den Abwasch.
c) Wenn ich wieder zu Hause bin, esse ich eine Kleinigkeit.
d) Ich gehe meistens um elf Uhr ins Bett.
e) Nach der Schule fahre ich mit dem Bus nach Hause.
f) Bevor ich ins Bett gehe, höre ich ein bisschen Musik.
g) Zum Abendessen esse ich meistens etwas Warmes.
h) Meistens bin ich um Viertel nach vier zu Hause.

18. Find someone who: a) Ferdinand   b) Lisa   c) Alex   d) Jennifer   e) Peter   f) Willi   g) Ferdinand
h) Anton   i) Susanne

19. Find in the text the German equivalent: a) ich fahre eine Runde Fahrrad   b) ich gehe eine Runde joggen
c) ich gehe ins Einkaufszentrum   d) ich gehe shoppen   e) ich komme wieder nach Hause   f) mit meinen Freundinnen
g) ich helfe meinem Vater   h) mit dem Abendessen   i) bei mir in der Nähe   j) in der Nähe meiner Schule
k) ich schlafe ein bisschen   l) sofort

20. Translate into German: a) Nach der Schule dusche ich mich.   b) Ich helfe meiner Schwester mit den Hausaufgaben.
c) Ich gehe ins Einkaufszentrum bei mir in der Nähe.   d) Ich fahre eine Runde Fahrrad.
e) Ich entspanne mich und ich höre Musik. f) Wenn ich wieder zu Hause bin, lese ich.

21. Find the German equivalent in the text: a) ich kämme mir die Haare   b) danach   c) normalerweise gehen wir   d) aus
dem Haus   e) wenn es regnet   f) nachmittags   g) wenn der Unterricht zu Ende ist   h) sie dauert eine Stunde   i) ins
Einkaufszentrum
j) meistens   k) das macht Spaß   l) das macht mir keinen Spaß   m) vor allem   n) ein paar lustige Fotos   o) nicht viel
p) nur eine oder zwei Scheiben   q) das ist alles   r) schließlich   s) bevor ich das Licht ausmache   t) dann schlafe ich ein

22. Answer: a) gets up, showers, combs his hair, brushes his teeth, puts his uniform on, prepares his bag, has breakfast
b) when it's raining   c) they go to the shopping mall, they have a drink and they go for a walk in the park
d) homework, social media, chats with friends, shares photos or videos   e) not much   f) he writes into his diary

23. Complete the translation: gehe ; dauert ; mit ; Nähe ; trinken ; spazieren ; macht ; Uhr ; Hausaufgaben ; interessant ;
Abendessen ; Internet ; Medien ; Freunden ; Kommentare ; Mitternacht ; ausmache ; Musik

24. Translate into German: a) ich bin wieder zu Hause   b) ich dusche mich   c) es gibt Abendessen   d) ich lese ein bisschen
e) ich entspanne mich   f) ich tue nichts   g) ich mache sofort meine Hausaufgaben   h) ich gehe ins Internet
i) ich gehe ins Fitnessstudio   j) ich esse eine Kleinigkeit   k) ich gehe ins Einkaufszentrum
l) ich verbringe Zeit in sozialen Netzerwerken

25. Write a paragraph for Luzi and Martin using FIRST person and for Paul using THIRD person
Luzi: Ich komme um vier Uhr wieder nach Hause, esse eine Kleinigkeit und schlafe ein bisschen. Dann mache ich meine
Hausaufgaben und ich gehe ins Fitnessstudio. Gegen acht Uhr esse ich zu Abend. Danach checke ich mein Instagram und
rufe meinen Freund an. Um elf Uhr gehe ich ins Bett. Bevor ich schlafen gehe, höre ich Musik oder ich lese ein Buch.

Martin: Um fünf Uhr bin ich wieder zu Hause. Dann sehe ich fern oder ich gehe im Park mit meinem Hund spazieren. Ich
mache meine Hausaufgaben und danach spiele ich Hockey. Ich esse um halb acht Abendessen. Nach dem Abendessen
verbringe ich Zeit in sozialen Netzwerken und ich rufe meine Freundin an. Ich gehe gegen halb elf ins Bett. Bevor ich
schlafen gehe, dusche ich mich und lese ein Buch.

Paul: Paul kommt gegen vier Uhr wieder nach Hause. Er isst zu Hause ein Stück Kuchen und trinkt einen Becher Tee.
Danach geht er mit seinen Freunden eine Runde Fahrrad fahren. Dann macht er seine Hausaufgaben und isst um halb neun zu
Abend. Danach sieht Paul fern und ruft seine Freundin an. Er geht um Mitternacht ins Bett. Bevor er ins Bett geht, putzt er
sich die Zähne und liest einen Roman.

Unit 6. Talking about a typical weekend

Am Samstag [On Saturday] Am Sonntag [On Sunday] Am Wochenende [At the weekend]	stehe ich [I get…]	um neun Uhr [at nine o'clock] um zehn Uhr [at ten o'clock] früh [early] spät [late]	auf […up]
	schlafe ich aus [I have a lie-in]		

Danach [Afterwards]	dusche ich mich [I have a shower] wasche ich mir das Gesicht und die Hände [I wash my face and my hands] putze ich mir die Zähne [I brush my teeth] frühstücke ich [I have breakfast]

Zum Frühstück esse ich meistens [For breakfast I usually eat]	Müsli [cereals] Rührei [scrambled eggs] Brot [bread] Toast [toast]	mit [with]	Butter [butter] Honig [Honey] Marmelade [jam] Salz [salt]

dazu trinke ich [with that I drink]	ein Glas Saft [a glass of juice] eine Tasse Tee [a cup of tea] einen Becher Kaffee [a mug of coffee] einen Orangensaft [an orange juice]	mit	Milch [milk] Zucker [sugar]

Am Samstagvormittag [On Saturday morning] Am Sonntagvormittag [On Saturday morning]	gehe ich in die Kirche [I go to church] gehe ich ins Fitnessstudio [I go to the gym] helfe ich zu Hause bei der Hausarbeit [I help at home with the house chores] mache ich meine Hausaufgaben [I do my homework] räume ich mein Zimmer auf [I tidy my room] spiele ich Fußball im Park [I play football in the park]

Am Nachmittag [In the afternoon]	besuche ich meine Oma [I visit my nan] entspanne ich mich [I relax] mache ich nichts [I don't do anything] schlafe ich ein bisschen [I sleep a little]	und [and]	ich fahre Fahrrad [I cycle] ich lese ein Buch [I read a book] ich mache Sport [I do sport] ich sehe fern [I watch TV]

Am Abend [In the evening]	gehe ich clubben [I go clubbing] gehe ich ins Kino [I go to the cinema] gehe ich mit meinen Freunden aus [I go out with my friends]	oder [or]	ich bleibe zu Hause [I stay at home] ich faulenze [I laze about] ich sehe mit meiner Familie fern [I watch TV with my family]

Bevor ich ins Bett gehe, [Before I go to bed,]	dusche ich mich [I shower] putze ich mir die Zähne [I brush my teeth]	Meistens bin ich [Usually, I am]	um Mitternacht [at midnight] gegen ein Uhr nachts [around 1am]	im Bett [in bed]

1. Match

ich esse oft	bread
Eier	eggs
Gemüse	honey
Marmelade	milk
Butter	vegetables
Honig	juice
Brot	a toast
Milch	an apple
Saft	I often eat
einen Apfel	sausages
einen Toast	yogurt
Würstchen	jam
Joghurt	butter

2. Fill in the gaps with the options in the box

a. ich ___________ mich mit meinen Freunden

b. ich ___________ mich

c. ich ___________ Fahrrad

d. ich ___________ Brot mit Marmelade

e. ich ___________ ein Buch

f. ich ___________ mir die Zähne

g. ich ___________ ins Kino

h. ich ___________ meinem Vater bei der Hausarbeit

i. ich ___________ Musik

j. ich ___________ Videos auf YouTube

helfe	gehe	putze	entspanne	esse
höre	sehe	treffe	lese	fahre

3. Gapped translation: complete with the missing pieces

a. ich besuche meine Oma: *I ________ my granny*

b. ich esse meistens Brot: *I usually eat ________*

c. ich gehe zur Kirche: *I go to ___________*

d. ich mache nichts: *I don't do ___________*

e. ich räume mein Zimmer auf: *I tidy my ________*

f. ich gehe mit meinen Freunden aus:
I go out with my ___________

g. ich treffe mich mit meinem besten Freund:
I meet up with _____ _________ ___________

h. ich helfe meinen Eltern bei der Hausarbeit:
I ___________ my parents with the house chores

4. Complete the words

a. ich ents _ _ _ _ _ mich *[I relax]*

b. ich faul _ _ _ _ *[I laze about]*

c. ich mache n _ _ _ _ _ *[I don't do anything]*

d. ich p _ _ _ _ mir die Zähne *[I brush my teeth]*

e. ich gehe cl _ _ _ _ _ *[I go clubbing]*

f. ich räume mein Z _ _ _ _ _ _ auf *[I tidy my room]*

g. ich lese einen Ro _ _ _ *[I read a novel]*

h. ich gehe eine Runde j _ _ _ _ _ *[I go for a run]*

i. ich schlafe ein bi _ _ _ _ _ _ _ *[I sleep a little]*

5. Mystery foods and drinks: guess and complete the words

a. Ei _ _

b. Ap _ _ _

c. Ho _ _ g

d. M _ _ _ e _ _ e

e. Or _ _ _ _ _ sa _ _

f. eine T _ _ _ _ T _ _

g. Schn _ _ _ _ l

h. Z _ c _ _ _

i. Mi _ _ _

j. Rü _ _ e _

k. Gem _ _ _

l. Ob _ _

THE LANGUAGE GYM

6. Anagrams: rewrite the word in bold correctly

a. ich **thees** um elf Uhr auf   [_____________]

b. ich **hhge** ins Kino   [_____________]

c. ich mache den **Awaschb**   [_____________]

d. ich **lfhee** meinem Vater   [_____________]

e. ich räume mein **Zriemm** auf   [_____________]

f. ich mache **tchisn**   [_____________]

g. zum **trühFükcs** esse ich Müsli   [_____________]

h. am Nachmittag **hese** ich fern   [_____________]

i. ich gehe ins **chSmmdabiw**   [_____________]

j. ich gehe ins **tBte**   [_____________]

7. Spot and add in the missing word

a. Ich gehe in Kirche.

b. Ich nichts.

c. Ich fahre dem Fahrrad.

d. Ich gehe elf Uhr ins Bett.

e. Ich treffe mit meinen Freunden.

f. Ich stehe am Samstag um acht Uhr.

g. Ich putze die Zähne.

h. Ich trinke Becher Kaffee.

i. Ich gehe mit Freundin aus.

j. Ich räume mein Zimmer.

8. Translate into English

a. am Nachmittag

b. ich entspanne mich

c. ich mache mein Bett

d. am Samstag

e. ich schlafe bis um zwölf Uhr

f. ich mache nichts

g. ich gehe ins Bett

h. ich putze mir die Zähne

i. ich frühstücke um neun Uhr

j. ich telefoniere mit meinem Freund

k. ich sehe meine Lieblingsserie auf Netflix

l. ich mache den Abwasch

m. danach

n. bevor ich ins Bett gehe

9. Complete the sentences

a. Am Samstagmorgen s______ ich um zehn Uhr auf.

b. Danach d_______ ich mich und ich putze mir die Z________.

c. Um halb elf f__________ ich.

d. Zum F________ esse ich viel. Am liebsten esse ich R_________ und einen J________ mit Obst.

e. Dazu trinke ich einen B_______ Kaffee mit M______. Das macht mich wach!

f. Danach mache ich meine H_____________. Ich hasse das.

g. Später g_______ ich mit meinen Freunden a____.

h. Normalerweise g________ wir ins Einkaufszentrum bei mir in der Nähe.

i. Bevor ich ins B______ gehe, l______ ich ein Buch.

10. Multiple choice quiz

	a	b	c
ich mache den Abwasch	I do the house chores	I do the washing-up	I do the garden
ich gehe in den Park	I go to the mall	I go to church	I go to the park
ich mache nichts	I don't do anything	I relax	I laze about
ich stehe auf	I wash	I get up	I go to bed
ich entspanne mich	I sleep	I relax	I wash
ich schlafe ein bisschen	I sleep a little	I play cards	I relax
ich gehe ins Bett	I go to bed	I go to the cinema	I do the house chores
am Sonntag	on Sundays	on Saturdays	on Fridays
bevor ich ins Bett gehe	after going to bed	before going to bed	whilst going to bed
ich lese einen Roman	I read a book	I read a novel	I read a comic
ich spiele Schach	I play chess	I play cards	I play videogames
ich gehe mit meinem Freund aus	I go out with my girlfriend	I meet up with my friends	I go out with my boyfriend
ich gehe ins Schwimmbad	I go to the park	I go to the mall	I go to the swimming pool
ich dusche mich	I have a bath	I have a shower	I have dinner

11. Sentence puzzle: arrange the sentences in the correct order

a) ich Am Samstag um neun stehe Uhr auf

b) Danach ich frühstücke meiner mit Schwester

c) mir Zähne die putze mir ich Dann

d) mache ich Hausaufgaben meine Am Sonntag

e) Samstagnachmittag Am ich Fitnessstudio ins gehe

f) mit meinen Am Samstagabend clubben gehe ich Freunden

12. Faulty translation

a. Zum Frühstück esse ich normalerweise Rührei: *For breakfast, I normally eat muesli.*

b. Am Vormittag mache ich meistens nichts: *In the evening, I usually don't do anything.*

c. Ich gehe mit meinem Vater in den Park: *I go to the park with my mother.*

d. Bevor ich ins Bett gehe, lese ich ein Buch: *Before going to bed, I have a shower.*

e. Sonntags besuche ich meine Großeltern: *On Sundays, I visit my uncle and auntie.*

f. Ich gehe in mein Zimmer und ich faulenze: *I go to my room and I watch TV.*

g. Ich mache den Abwasch oder ich räume mein Zimmer auf: *I listen to music or I tidy up my room.*

13. Slalom translation: translate the sentences by selecting the appropriate squares as shown in the example

1. Before I go to bed, I read a novel.		5. I meet up with my girlfriend.	
2. Usually, I get up around 6:30.		6. I have a shower, then I eat eggs for breakfast.	
3. In the evening, I normally don't do anything.		7. On Saturdays, I go clubbing with my friends.	
4. On Fridays I do a lot of sport.		8. On Sundays, I spend the whole day with my boyfriend.	

Bevor ich (1)	treffe	mit meinen Freunden	Sport.
Meistens	**ins Bett gehe (1)**	Eier	auf.
Am Abend	dann esse ich	**lese ich (1)**	clubben.
Freitags	stehe ich	mich	mit meiner Freundin.
Ich	verbringe ich	den ganzen Tag	**einen Roman. (1)**
Ich dusche mich,	mache ich	normalerweise	zum Frühstück.
Samstags	mache ich	viel	mit meinem Freund.
Sonntags	gehe ich	gegen halb sieben	nichts.

14. Match

später	nothing
samstags	later
ich stehe auf	on Saturdays
ich faulenze	I laze about
ich helfe	I get up
ich schlafe	at night
ich lese	I help
nichts	I visit
nachts	I read
ich gehe	I shower
ich verbringe	I sleep
ich dusche mich	I go
ich lerne	around
die Moschee	I spend (time)
das Kino	mosque
ich besuche	I study
gegen	cinema

15. Break the flow and put capital letters where necessary

a) B e v o r i c h s c h l a f e n g e h e , l e s e i c h e i n e n c o m i c

b) A m s a m s t a g g e h e i c h m i t m e i n e n f r e u n d e n a u s

c) A m s a m s t a g n a c h m i t t a g g e h e i c h j o g g e n

d) A m s o n n t a g a b e n d m a c h e i c h h a u s a u f g a b e n

e) A m w o c h e n e n d e s t e h e i c h i m m e r s p ä t a u f

f) N a c h d e m a b e n d e s s e n m a c h e i c h d e n a b w a s c h

g) A m s o n n t a g h e l f e i c h b e i d e r h a u s a r b e i t

16. Translate

a. ich entspanne mich:

b. ich wasche mich:

c. ich dusche mich:

d. ich ziehe mich an:

e. ich helfe ...:

f. ich gehe mit … aus:

g. ich mache den Abwasch:

h. ich mache nichts:

Hallo Leute! Ich heiße Marianne. Was ich am Wochenende mache? Also, passt auf, ich erzähle es euch: Am Samstagmorgen schlafe ich immer aus. Dann frühstücke ich auf der Terrasse in meinem Garten. Ich lasse mir immer viel Zeit am Wochenende, denn unter der Woche muss ich jeden Tag früh aufstehen!

Zum Frühstück esse ich meistens Brötchen mit Nutella und ich trinke einen Becher Kaffee dazu. Das macht mich wach! Danach gehe ich mit meiner Mutter im Supermarkt einkaufen. Ab und zu gehen wir zusammen mittagessen in unserem Lieblingsrestaurant, einem österreichischen Restaurant im Stadtzentrum. Ich bestelle meistens ein Wiener Schnitzel mit Pommes und einen Orangensaft und meine Mutter bestellt etwas Vegetarisches. Als Nachspeise essen wir immer Kaiserschmarrn. Das ist eine echte österreichische Spezialität, sehr süß und mit Rosinen – mmh, lecker!

Am Samstagnachmittag gehe ich oft zu meiner Freundin Ida. Sie wohnt bei mir in der Nähe. Wir quatschen zusammen, hören Musik und spielen Karten. Das macht immer total viel Spaß, denn wir verstehen uns total gut. Am Abend sehe ich normalerweise mit meiner Familie fern. Letzten Samstag haben wir eine Komödie gesehen. Sie war so lustig, wir haben uns krumm und schief gelacht!

Am Sonntagmorgen besuchen wir immer meine Großeltern und danach meinen Onkel und meine Tante. Ich spiele Karten mit meinen Cousins. Ich verliere immer, stell dir vor, aber das macht nichts – sie sind supernett und ich habe immer Spaß mit ihnen! Gegen sechs Uhr sind wir meistens wieder zu Hause. Dann mache ich meine Hausaufgaben und wenn ich damit fertig bin, gibt es Abendessen. Später lese ich ein bisschen und dann gehe ich früh ins Bett, meistens schon gegen halb zehn, denn ich bin immer ziemlich müde.

17. Find the German equivalent	**18. Answer the comprehension questions**
a. I tell (it to) you	a. Why does she take her time at the weekend?
b. on Saturday morning	b. What does she usually have for breakfast? (3 details)
c. I always take my time	c. Where is their favourite restaurant located?
d. during the week	d. What does she usually order there?
e. that makes me awake	e. What does she say about "Kaiserschmarrn" (3 details)?
f. together	f. Where does she often go on Saturday afternoon?
g. I usually order	g. What do Ida and Marianne do together? (3 details)
h. something vegetarian	h. Where does she go on Sunday?
i. as a dessert	i. What does she do with her cousins?
j. very sweet	j. When does she do her homework?
k. she lives close to me	k. Why does she go to bed so early?
l. we get on really well	
m. we split our sides laughing	
n. I always lose	
o. when I am done with that	
p. usually already around 9.30	

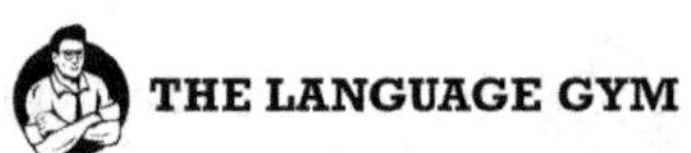

Hallo, na? Ich heiße Emil. Was ich am Wochenende mache? Also, ich erzähle es dir: Am Samstagmorgen stehe ich immer früh auf, denn ich will joggen gehen, bevor es im Park zu viele Leute gibt. Wenn ich zurück bin, frühstücke ich in der Küche und sehe fern. Ich sehe gern Zeichentrickfilme. Danach gehe ich mit meinem Vater und mit meinem Bruder ins Schwimmbad. Ich liebe Schwimmen! Nach dem Schwimmen essen wir eine Kleinigkeit in einem italienischen Restaurant bei mir in der Nähe, zusammen mit meiner Mutter und meiner kleinen Schwester. Meine Schwester möchte nie ins Schwimmbad gehen, weil sie Schwimmen hasst. Am Samstagabend laden wir oft unsere Nachbarn ein und wir grillen. Meine Nachbarn sind total nett – sie sind superlustig und sehr gesellig. Meistens kommt auch meine Freundin – Sofia heißt sie – und zusammen machen wir uns einen schönen Abend. Letzten Samstag waren auch meine beiden Cousins bei uns. Es war total schön! Gegen Mitternacht war ich im Bett, nachdem ich Sofia nach Hause gebracht hatte.

Am Sonntagmorgen gehe ich immer zum Judo-Training. Danach gehe ich mit meiner Familie ins Restaurant. Am Nachmittag besuchen wir meine Großeltern, die bei mir in der Nähe wohnen. Wir quatschen zusammen, essen Kuchen und trinken Kaffee. Das ist immer sehr entspannend. Am Abend sehe ich oft einen Film oder eine Serie im Fernsehen, zusammen mit meinem Bruder nach dem Abendessen. Wir sehen am liebsten Actionfilme. Letzten Sonntag haben wir einen Krimi gesehen. Er war so spannend, dass ich später fast nicht schlafen konnte! Apropos schlafen – ins Bett gehe ich meistens gegen halb zehn. Davor dusche ich mich und ich schreibe meiner Freundin ein paar Nachrichten auf dem Handy. Und du, was machst du am Wochenende?

<table>
<tr><td>

19. Find the German equivalent

a. I tell (it to) you

b. too many people

c. when I am back

d. cartoons

e. afterwards

f. near my house

g. together with my mother

h. our neighbours

i. super-funny and very sociable

j. a nice evening

k. at ours

l. after

m. we chat together

n. last Sunday

o. speaking of sleeping

p. I write some messages to my girlfriend

</td><td>

20. Answer the questions below

a. When does Emil get up on a Saturday?

b. Where does he have breakfast?

c. Where does he go with his father and brother?

d. Why does his sister not join them?

e. Who do they invite to the barbecue?

f. Last Saturday, who else came along?

g. What did he do before going to bed?

h. On Sunday mornings, where does he go?

i. Where do his grandparents live?

j. What three things does he do at his grandparents?

k. How does he describe the film he watched last Sunday?

l. What two things does he do before going to bed?

</td></tr>
</table>

21. Split sentences

Am Nachmittag treffe	ins Bett.
Wir gehen in die	mich.
Ich schlafe bis	ich mich mit Oma.
Ich helfe	Bibliothek.
Ich dusche	ich clubben.
Ich mache einfach	um halb zwölf.
Ich gehe spät	meinem Vater.
Abends gehe	nichts.

22. Complete the words

a. m _ _ _ _ _ _ _ : *usually*

b. ich s _ _ _ _ a _ _ : *I get up*

c. ich fr _ _ _ _ _ _ _ _ : *I have breakfast*

d. n _ _ _ _ _ _ _ _ _ _ : *in the afternoons*

e. a _ _ _ _ _ : *in the evenings*

f. wir g _ _ _ _ : *we go*

On Saturdays, I always sleep in. Then, I have a shower, brush my teeth and have breakfast. Normally, I don't eat much, only a slice of toast. After breakfast, I do my homework for an hour and then I meet up with my best friend. Usually, we go to the shopping centre near my house, or we go into town, go shopping and drink something in a café. In the afternoon, I go to the park or to the cinema with my girlfriend. In the evening, I go clubbing with my friends. **(Leon, 17 years old)**

23. Complete the translation of Leon's text

Samstags schlafe ich ___________ aus. Dann _________ ich mich, __________ mir die Zähne und _____________. Normalerweise _________ ich nicht viel, nur eine Scheibe Toast. Nach dem _____________ mache ich eine Stunde meine _______________ und dann ___________ ich mich mit meinem besten ___________ . Meistens ___________ wir ins Einkaufszentrum bei mir in der ___________ oder wir fahren in die _____________, gehen shoppen und ___________ etwas in einem Café. _______________ gehe ich mit meiner ___________ in den Park oder ins _______. Abends gehe ich mit ___________ Freunden ___________ .

24. Translate into German

a. I get up

b. I wash

c. I have a shower

d. I eat two eggs

e. I drink

f. I wash the dishes

g. I go/drive into town

h. I go to the library

i. I go clubbing

j. I relax

k. I help my father

l. I go to bed

m. I read a novel

n. I don't do anything

o. before going to bed

25. Write a paragraph in the FIRST person singular (ich) including the following:

- On Saturdays I sleep in

- I get up at 11 then I shower

- I have breakfast. I eat eggs and fruit

- Then I meet up with my best friend

- We usually go to the town centre

- We have lunch in an Italian restaurant

- In the afternoon I go out with my girlfriend/boyfriend

- We go to the cinema

- There is dinner at home with my parents at around 8

- I go to bed around 10

- Before going to bed I read a book or listen to music

Key questions

Wie verbringst du normalerweise dein Wochenende?	*How do you normally spend the weekend?*
Was machst du (normalerweise) am Samstag?	*What do you (normally) do on Saturday?*
Was machst du (normalerweise) am Sonntag?	*What do you (normally) do on Sunday?*
Was machst du am Wochenende?	*What do you do at the weekend?*
Was machst du am Vormittag?	*What do you do in the mornings?*
Was machst du am Nachmittag?	*What do you do in the afternoons?*
Was machst du am Abend?	*What do you do in the evenings?*
Was machst du am Samstagabend?	*Where do you go on Saturday evenings?*
Was isst du?	*What do you eat?*
Machst du etwas mit deiner Familie?	*Do you do something with your family?*
Machst du Sport? **Was für Sport machst du?**	*Do you do any sport?* *What kind of sport do you do?*
Wohin gehst du? **Mit wem?** **Warum?**	*Where do you go?* *With whom?* *Why?*

ANSWERS – Unit 6

1. Match: ich esse oft – I often eat   **Eier** – eggs   **Gemüse** – vegetables   **Marmelade** – jam   **Butter** – butter
Honig – honey   **Brot** – bread   **Milch** – milk   **Saft** – juice   **einen Apfel**– an apple   **einen Toast** – a toast
Würstchen – sausages   **Joghurt** - yoghurt

2. Fill in the gaps: a) treffe   b) entspanne   c) fahre   d) esse   e) lese   f) putze   g) gehe   h) helfe   i) höre   j) sehe

3. Gapped translation: a) visit   b) bread   c) church   d) anything   e) room   f) friends   g) my best friend   h) help

4. Complete the words: a) ent**spanne**   b) faul**enze**   c) **nichts**   d) **putze**   e) **clubben**   f) **Zimmer**   g) **Roman**   h) **joggen**
i) bi**sschen**

5. Mystery foods and drinks: a) Eier   b) Apfel   c) Honig   d) Marmelade   e) Orangensaft   f) eine Tasse Tee
g) Schnitzel   h) Zucker   i) Milch   j) Rührei   k) Gemüse   l) Obst

6. Anagrams: a) stehe   b) gehe   c) Abwasch   d) helfe   e) Zimmer   f) nichts   g) Frühstück   h) sehe   i) Schwimmbad
j) Bett

7. Spot and add in the missing word: a) in **die** Kirche   b) Ich **mache** nichts   c) **mit** dem Fahrrad   d) **um** elf Uhr
e) ich treffe **mich**   f) um acht Uhr **auf.**   g) putze **mir**   h) **einen** Becher   i) mit **meiner** Freundin   j) mein Zimmer **auf**

8. Translate: a) in the afternoon   b) I relax   c) I make my bed   d) on Saturday   e) I sleep until 12 o'clock
f) I don't do anything   g) I go to bed   h) I brush my teeth   i) I have breakfast at 9 o'clock   j) I phone my friend
k) I watch my favourite series on Netflix   l) I do the washing-up   m) afterwards   n) before I go to bed

9. Complete: a) stehe   b) dusche / Zähne   c) frühstücke   d) Frühstück / Rührei / Joghurt   e) Becher / Milch
f) Hausaufgaben   g) gehe / aus   h) gehen   h) Buch / lese

10. Multiple choice quiz: I do the washing up (b)   I go to the park (c)   I don't do anything (a)   I get up (b)   I relax (b)
I sleep a little (a)   I go to bed (a)   on Sundays (a)   before I go to bed (b)   I read a novel (b)   I play chess (a)
I go out with my boyfriend (c)   I go to the swimming pool (c)   I have a shower (b)

11. Sentence puzzle:
a) Am Samstag stehe ich um neun Uhr auf.   d) Am Sonntag mache ich meine Hausaufgaben.
b) Danach frühstücke ich mit meiner Schwester.   e) Am Samstagnachmittag gehe ich ins Fitnessstudio.
c) Dann putze ich mir die Zähne.   f) Am Samstagabend gehe ich mit meinen Freunden clubben.

12. Faulty translation: a) scrambled eggs   b) in the morning   c) with my father   d) I read a book   e) my grandparents
f) I laze about   g) I do the washing-up.

13. Slalom translation: 1) Bevor ich ins Bett gehe, lese ich einen Roman.   2) Meistens stehe ich gegen halb sieben auf.
3) Am Abend mache ich normalerweise nichts.   4) Freitags mache ich viel Sport.   5) Ich treffe mich mit meiner Freundin.
6) Ich dusche mich, dann esse ich Eier zum Frühstück.   7) Samstags gehe ich mit meinen Freunden clubben.
8) Sonntags verbringe ich den ganzen Tag mit meinem Freund.

14. Match: später – later   **samstags** – on Saturdays   **ich stehe auf** – I get up   **ich faulenze** – I laze about   **ich helfe** – I help
ich schlafe – I sleep   **ich lese** – I read   **nichts** – nothing   **nachts** – at night   **ich gehe** – I go   **ich verbringe** – I spend (time)
ich dusche mich – I shower   **ich lerne** – I study   **die Moschee** – mosque   **das Kino** – cinema   **ich besuche** – I visit
gegen – around

15. Break the flow:
a) Bevor ich schlafen gehe, lese ich einen Comic.   b) Am Samstag gehe ich mit meinen Freunden aus.
c) Am Samstag gehe ich eine Runde joggen.   d) Am Sonntagabend mache ich Hausaufgaben.
e) Am Wochenende stehe ich immer spät auf.   f) Nach dem Abendessen mache ich den Abwasch.
g) Am Sonntag helfe ich bei der Hausarbeit.

16. Translate: a) I relax   b) I wash myself   c) I take a shower   d) I get dressed   e) I help...   f) I go out with...
g) I do the washing-up   h) I don't do anything

17. Find the German equivalent: a) ich erzähle es euch   b) am Samstagmorgen   c) ich lasse mir immer Zeit
d) unter der Woche   e) das macht mich wach   f) zusammen   g) ich bestelle meistens   h) etwas Vegetarisches
i) als Nachspeise   j) sehr süß   k) sie wohnt bei mir in der Nähe   l) wir verstehen uns total gut   m) wir haben uns krumm
und schief gelacht   n) ich verliere immer   o) wenn ich damit fertig bin   p) meistens schon gegen halb zehn

18. Answer: a) because she gets up early in the week   b) bread roll, Nutella, coffee   c) in the town centre
d) Viennese Schnitzel with chips and orange juice   e) Austrian speciality, very sweet, with raisins
f) to her friend Ida's house   g) chat, listen to music and play cards   h) to see her grandparents   i) play cards
j) before dinner   k) because she is tired

19. Find the German equivalent: a) ich erzähle es dir   b) zu viele Leute   c) wenn ich zurück bin
d) Zeichentrickfilme   e) danach   f) bei mir in der Nähe   g) zusammen mit meiner Mutter   h) unsere Nachbarn
i) superlustig und sehr gesellig   j) einen schönen Abend   k) bei uns   l) davor   m) wir quatschen zusammen
n) letzten Sonntag   o) apropos schlafen   p) ich schreibe meiner Freundin ein paar Nachrichten

20. Answer: a) early   b) in the kitchen   c) to the swimming pool   d) she hates swimming   e) neighbours and girlfriend
f) his two cousins   g) he had taken his girlfriend home   h) to judo class   i) near his house   j) chats, eats cakes, drinks coffee
k) very exciting   l) takes a shower and messages his girlfriend

21. Split sentences: Am Nachmittag treffe ich mich mit Oma. ; **Wir gehen in die** Bibliothek. ;
Ich schlafe bis um halb zwölf. ; **Ich helfe** meinem Vater. ; **Ich dusche** mich. ; **Ich mache einfach** nichts. ;
Ich gehe spät ins Bett ; **Abends gehe** ich clubben.

22. Complete: a) meistens   b) ich stehe auf   c) ich frühstücke   d) nachmittags   e) abends   f) wir gehen

23. Complete: immer ; dusche ; putze ; frühstücke ; esse ; Frühstück ; Hausaufgaben ; treffe ; Freund ; gehen ; Nähe ; Stadt ;
trinken ; Nachmittags ; Freundin ; Kino ; meinen ; clubben

24. Translate: a) ich stehe auf   b) ich wasche mich   c) ich dusche mich   d) ich esse zwei Eier   e) ich trinke
f) ich mache den Abwasch   g) ich gehe/fahre in die Stadt   h) ich gehe zur Bibliothek   i) ich gehe clubben
j) ich entspanne mich   k) ich helfe meinem Vater   l) ich gehe ins Bett   m) ich lese einen Roman   n) ich mache nichts
o) before ich ins Bett gehe

25. Write a paragraph in the FIRST person singular (ich):
Am Samstag schlafe ich aus. Ich stehe um elf Uhr auf und dann dusche ich mich. Ich frühstücke und ich esse Eier und Obst.
Dann treffe ich mich mit meinem besten Freund. Meistens gehen wir ins Stadtzentrum. Wir essen in einem italienischen
Restaurant zu Mittag. Nachmittags gehe ich mit meiner Freundin/mit meinem Freund aus. Wir gehen ins Kino. Gegen acht
Uhr gibt es zu Hause Abendessen mit meinen Eltern. Ich gehe gegen zehn Uhr ins Bett. Bevor ich ins Bett gehe, lese ich ein
Buch oder höre Musik.

Unit 7. Talking about what you did last weekend

Letzten Samstag *[Last Saturday]* Letzten Sonntag *[Last Sunday]* Letztes Wochenende *[Last weekend]*	**bin ich** *[I...]*	**um neun Uhr** *[at nine o'clock]* **spät** *[late]*	**aufgestanden** *[got up]*
	habe ich *[...]*	**ausgeschlafen** *[slept in]*	

Danach *[Afterwards,]*	**habe ich** *[I...]*	**mich geduscht** *[had a shower]* **mir die Haare gewaschen** *[washed my hair]* **mir die Zähne geputzt** *[brushed my teeth]* **gefrühstückt** *[had breakfast]*

Zum Frühstück *[For breakfast,]*	**habe ich** *[I...]*	**Müsli mit Milch gegessen** *[ate muesli with milk]* **eine Tasse Tee getrunken** *[drank a cup of tea]*

Am Samstag-vormittag *[On Saturday morning,]*	**bin ich** *[I...]*	**in die Kirche gegangen** *[went to church]* **ins Einkaufszentrum gefahren** *[went to the shopping centre]*
	habe ich *[I...]*	**bei der Hausarbeit geholfen** *[helped with the house chores]* **mein Zimmer aufgeräumt** *[tidied my room]* **meine Hausaufgaben gemacht** *[did my homework]*

Am Nachmittag *[In the afternoon,]*	**bin ich** *[I...]*	**an den Strand gefahren** *[went to the beach]*	**und** *[and]*	**ich bin** *[I...]*	**im Meer geschwommen** *[swam in the sea]*
	habe ich *[I...]*	**meine Oma besucht** *[visited my granny]* **mich entspannt** *[relaxed]*		**ich habe** *[I...]*	**Comics gelesen** *[read comics]* **Kuchen gegessen** *[ate cake]* **Musik gehört** *[listened to music]* **Schach gespielt** *[played chess]*

Am Abend *[In the evening,]*	**bin ich** *[I...]*	**in die Stadt gefahren** *[went into town.]* **ins Kino gegangen** *[went to the cinema.]* **zu Hause geblieben** *[stayed at home.]*	**Das war (nicht) schön!** *[That was (not) nice!]*
	habe ich *[I...]*	**einen Film gesehen** *[watched a film]* **Freunde getroffen** *[met friends]* **nichts gemacht** *[didn't do anything]*	**Das hat (keinen) Spaß gemacht!** *[That was (no) fun!]*

| **Um Mitternacht** [At midnight,] | **bin ich** [I...] | **ins Bett gegangen.** [went to bed.] **eingeschlafen.** [fell asleep.] | **Davor habe ich** [Before, I...] | **auf Instagram gepostet** [posted on Instagram] **in mein Tagebuch geschrieben** [wrote into my diary] **mir die Zähne geputzt** [brushed my teeth] |

1. Match

Ich bin spät aufgestanden.	I ate an apple.
Ich habe mich gewaschen.	I fell asleep.
Ich habe gefrühstückt.	I read a book.
Ich habe einen Apfel gegessen.	I relaxed.
Ich habe ferngesehen.	I got up late.
Ich habe ein Buch gelesen.	I washed myself.
Ich habe meine Oma besucht.	I played chess.
Ich habe mich entspannt.	I visited my granny.
Ich habe Schach gespielt.	I watched TV.
Ich bin eingeschlafen.	I had breakfast.

2. Complete with the correct word

a. Ich habe m _ _ _ geduscht.

b. Ich habe mir die Z _ _ _ _ geputzt.

c. Ich bin in die S _ _ _ _ gefahren.

d. Ich habe ein B _ _ _ gelesen.

e. Ich habe M _ _ _ _ gehört.

f. Ich habe meine F _ _ _ _ _ _ getroffen.

g. Ich habe Rührei g _ _ _ _ _ _ _ .

h. Ich bin spät ins Bett g _ _ _ _ _ _ _ .

i. Ich bin zu H _ _ _ _ geblieben.

3. Gapped translation

a. Ich habe meinem Vater geholfen: *I _______________ my father.*

b. Am Vormittag bin ich in die Moschee gegangen: *In the _______________, I went to the mosque.*

c. Letzten Sonntag habe ich ausgeschlafen: *Last _______________ I slept in.*

d. Am Nachmittag bin ich an den Strand gefahren: *In the _______________, I went to the beach.*

e. Letzten Samstag bin ich auf eine Party gegangen: *Last Saturday, I went to a _______________.*

f. Danach habe ich den Abwasch gemacht: *Afterwards, I did the _______________.*

g. Später bin ich mit meiner Freundin ausgegangen: *Later, I went out with my _______________.*

h. Ich bin um ein Uhr nachts ins Bett gegangen: *I went to bed at _______________.*

i. Zum Frühstück habe ich Brot mit Nutella gegessen: *For_______________, I ate bread with nutella.*

4. Multiple choice quiz

	a	b	c
ich habe den Abwasch gemacht	I did the washing-up	I did my homework	I did sport
ich habe Eier gegessen	I ate cheese	I ate eggs	I ate jam
ich bin spazieren gegangen	I went swimming	I went climbing	I went for a walk
ich habe ein Buch gelesen	I read comics	I watched TV	I read a book
ich habe nichts gemacht	I ate nothing	I saw nothing	I did nothing
ich bin ausgegangen	I went out	I stayed in	I went clubbing
ich bin auf eine Party gegangen	I went clubbing	I went to a party	I went diving
ich habe zu Hause geholfen	I helped my dad	I helped at home	I helped my granny
ich habe ferngesehen	I watched a film	I met friends	I watched TV
ich habe mir die Haare gewaschen	I washed my teeth	I washed my face	I washed my hair
ich bin im See geschwommen	I swam in the lake	I swam in the sea	I swam in the pool
ich bin Fahrrad gefahren	I rode my bike	I rode my horse	I relaxed

5. Rewrite the words in bold in the correct order

a. Ich habe eine **assTe** Kaffee getrunken.

b. Ich habe den **bshcAwa** gemacht.

c. Ich habe um acht Uhr **ücktgehstfrü**.

d. Ich bin an den **trSand** gefahren.

e. Ich habe mein **mmZrei** aufgeräumt.

f. Ich habe **hictsn** gemacht.

g. Ich habe bei der **uaHarbsiet** geholfen.

h. Ich bin um **reMchatittn** eingeschlafen.

i. Ich habe einen **omaRn** gelesen.

6. Complete the words

a. Ich habe mich ge _ _ _ _ _ . *[I had a shower.]*

b. Ich habe nichts ge _ _ _ _ _ . *[I did nothing.]*

c. Ich habe Brot ge _ _ _ _ _ _ . *[I ate bread.]*

d. Ich habe Tee ge _ _ _ _ _ _ _ . *[I drank tea.]*

e. Ich habe mich e _ _ _ _ _ _ _ _ . *[I relaxed.]*

f. Ich habe fernge _ _ _ _ _ . *[I watched TV.]*

g. Ich habe ausge _ _ _ _ _ _ _ _ . *[I slept in.]*

h. Ich habe Uno ge _ _ _ _ _ _ . *[I played Uno.]*

7. Complete the sentences below with the past participles provided in the grid

a. Am Samstag bin ich spät _________________ .

b. Dann bin ich mit dem Bus in die Stadt _________________ .

c. Am Vormittag bin ich ins Fitnessstudio _________________ .

d. Am Nachmittag habe ich meine Oma _________________ .

e. Wir haben zusammen Karten _________________ , …

f. … und wir haben Kuchen _________________ .

g. Am Samstagabend habe ich meine Freunde _________________ .

h. Am Sonntag bin ich im Meer _________________ .

geschwommen	gegangen
gefahren	gespielt
besucht	aufgestanden
gegessen	getroffen

8. Complete with 'habe' or 'bin'

a. Ich _______ mich entspannt. *[I relaxed.]*

b. Ich _______ Sport gemacht. *[I did sport.]*

c. Ich _______ joggen gegangen. *[I went jogging.]*

d. Ich _______ früh aufgestanden. *[I got up early.]*

e. Ich _______ einen Roman gelesen. *[I read a novel.]*

f. Ich _______ zu Hause geblieben. *[I stayed at home.]*

g. Ich _______ meine Tante besucht. *[I visited my auntie.]*

h. Ich _______ im See geschwommen. *[I swam in the lake.]*

i. Ich _______ auf Instagram gepostet. *[I posted on IG.]*

j. Ich _______ spät eingeschlafen. *[I fell asleep late.]*

9. Split sentences: connect the chunks of language to form logical sentences

Ich bin früh	Stadt gefahren
Ich habe einen Roman	aufgestanden.
Ich habe ein Eis	gemacht.
Ich habe den Abwasch	gespielt.
Ich habe eine Tasse	gegessen.
Ich habe Karten	Tee getrunken.
Ich habe meine	gelesen.
Ich bin in die	Freundin getroffen.

10. Slalom translation: translate the following sentences ticking the relevant boxes in the grid below as shown in the example. Proceed from top to bottom

a. Last Saturday, I went clubbing.

d. In the morning, I went into town.

b. Before lunch, I played on the computer.

e. Later, I met my friends.

c. In the afternoon, I didn't do anything special.

f. Last Sunday, I got up very early.

Letzten Samstag (a)	Vor dem Mittagessen	Am Nachmittag	Am Vormittag	Später	Letzten Sonntag
habe ich			bin ich (a)		
in die Stadt	am Computer	nichts Besonderes	clubben (a)	meine Freunde	sehr früh
gegangen. (a)	getroffen.	aufgestanden.	gemacht.	gefahren.	gespielt.

11. Categories. Ich habe …/ Ich bin …

1. etwas gegessen	2. Krafttraining gemacht	3. *spät aufgestanden*
4. klettern gegangen	5. ein Geschenk gekauft	6. Sport gemacht
7. eine Cola getrunken	*8. ins Bett gegangen*	9. Klamotten gekauft
10. einkaufen gegangen	*11. ein Runde geschwommen*	12. ein Schnitzel bestellt
13. Hausaufgaben gemacht	14. Freunde getroffen	15. mit meinem Computer gespielt

in meinem Zimmer	im Einkaufszentrum	im Sportzentrum	im Restaurant
			1

12. Complete with the missing auxiliary verb

a. Ich __________ spät aufgestanden.

b. Ich __________ den Abwasch gemacht.

c. Ich __________ meinen Opa besucht.

d. Ich __________ in die Stadt gefahren.

e. Ich __________ Schwimmen gegangen.

f. Dann __________ ich Musik gehört …

g. und ich __________ ein Buch gelesen.

h. Später __________ ich ferngesehen.

i. Ich __________ zu Hause geblieben.

13. Translate into English

a. um Mitternacht

b. letzten Samstag

c. ich habe einen Film gesehen

d. ich habe nichts gemacht

e. ich habe im Restaurant gegessen

f. ich bin ins Kino gegangen

g. ich bin ins Bett gegangen

h. ich habe meinen besten Freund getroffen

i. ich habe mich geduscht

j. ich habe das Wohnzimmer aufgeräumt

k. ich bin ins Einkaufszentrum gefahren

l. ich bin zu Hause geblieben

<table>
<tr><td valign="top">

Letzten Samstag habe ich nichts Besonderes gemacht. Ich bin gegen elf Uhr aufgestanden, dann habe ich mit meinem älteren Bruder zusammen gefrühstückt. Ich habe Eier mit Schinken und einen Toast mit Marmelade gegessen. Dazu habe ich Apfelsaft getrunken. Nach dem Frühstück habe ich eine halbe Stunde mit meinem Freund geskypt.

Mittags bin ich ins Einkaufszentrum gefahren, um neue Klamotten zu kaufen. Ich habe eine coole schwarze Bluse gefunden, stell dir vor! Danach habe ich mich mit meiner Freundin Laura in einem Café getroffen. Später, weil das Wetter schön war, sind wir im Park spazieren gegangen. Es gab so viele Leute!

Gegen fünf Uhr war ich wieder zu Hause. Ich habe meine Hausaufgaben gemacht und Musik gehört. Um sieben Uhr gab es Abendessen und danach habe ich meine Lieblingsserie im Fernsehen gesehen. Ich bin sehr spät ins Bett gegangen – es war schon fast Mitternacht! Vor dem Einschlafen habe ich einen Krimi gelesen – das war spannend!

(Kathi, 16 Jahre)

</td><td valign="top">

14. Find the German in Kathi's text

a. nothing special

b. with my older brother

c. with that (1 word)

d. for half an hour

e. around lunchtime (1 word)

f. imagine (3 words)

g. later

h. there were so many people

i. back home (3 words)

j. my favourite series

k. very late

l. before falling asleep (3 words)

</td></tr>
<tr><td valign="top">

15. Answer the questions in English

a. At what time did Kathi get up?

b. Who did she have breakfast with?

c. What did she have for breakfast?

d. Why did she go to the shopping centre?

e. Where did she meet up with her friend?

f. Why did they go to the park?

g. At what time did she get back home?

h. What did she do after dinner?

i. What did she do before falling asleep?

j. What did she think about this?

</td><td valign="top">

16. Complete the statements below based on Kathis's text

a. Last _____________ I didn't do anything special.

b. I had ____________with my older brother.

c. I had _______ with bacon and a toast with ________.

d. I skyped with my boyfriend for ______________.

e. In the shopping centre, I found a black __________.

f. Afterwards, I met up with my ____________.

g. The weather was _________, so we went to the park.

h. Around five, I was back ____________.

i. I did my _____________ and listened to __________.

j. After dinner, I watched my ___________ series.

k. When I went to bed, it was almost ____________!

</td></tr>
</table>

17. Translate the following phrases from Kathi's text into English

a. es gab viele Leute

b. weil das Wetter schön war

c. ich habe nichts Besonderes gemacht

d. vor dem Einschlafen

e. um neue Klamotten zu kaufen

f. es war schon fast Mitternacht

g. Stell dir vor!

h. es gab Abendessen um sieben Uhr

Letzten Sonntag habe ich nichts Besonderes gemacht. Ich bin spät aufgestanden, dann habe ich mit meinem kleinen Bruder gefrühstückt. Ich habe viel gegessen: ein Ei, eine Schale Müsli, eine Banane und ein Brötchen mit Nutella. Dazu habe ich Orangensaft getrunken. Nach dem Frühstück haben wir im Wohnzimmer Zeichentrickfilme gesehen.

Mittags bin ich mit meinem Freund Jan ins Sportzentrum gefahren, um schwimmen zu gehen. Es ist ein supermodernes Sportzentrum mit einem olympischen Pool und einer Kletterwand – sehr cool! Wir waren eine Stunde dort und hatten viel Spaß. Jedoch gab es zu viele Leute! Das war ein bisschen nervig. Nach dem Schwimmen sind wir in die Bar gegangen und wir haben etwas gegessen, ich ein Baguette und Jan einen Salat.

Am Nachmittag, weil das Wetter schön war, sind wir in den Park gegangen, um eine Runde Fahrrad zu fahren. Es gab auch hier superviele Leute. Trotzdem hat es viel Spaß gemacht.

Gegen sechs Uhr war ich wieder zu Hause. Zuerst habe ich mich geduscht und dann habe ich meine Hausaufgaben gemacht. Ich habe fast zwei Stunden gebraucht, stell dir vor! Um acht Uhr gab es Abendessen und danach habe ich ein paar Videos auf YouTube gesehen. Ich bin ziemlich spät ins Bett gegangen, gegen ein Uhr nachts. Vor dem Einschlafen habe ich kurz meine Freundin angerufen und wir haben ein bisschen gequatscht. **(Maik, 15 Jahre)**

---

18. Find the German equivalent for the phrases below in Maik's text

a. I got up late

b. with my little brother

c. I ate a lot

d. a bowl of muesli

e. with that I drank orange juice

f. after breakfast

g. in order to go swimming

h. we were there for an hour

i. we ate something

j. we went to the park

k. there were also

l. despite that (1 word)

m. first, I had a shower

n. I needed almost 2 hours

o. around 1am

p. I quickly rang my girl-friend

---

19. Complete with the options in the grid

a. Letzten Sonntag ist Maik spät _________________.

b. Zum _____________ hat er einen Orangensaft _____________.

c. Es gab zu viele _____________ im Sportzentrum.

d. Maik und Jan haben etwas in der _____________ gegessen.

e. Am _____________ sind Maik und Jan in den Park gegangen.

f. Sie sind eine Runde Fahrrad _____________.

g. Später hat Maik seine Hausaufgaben _____________ und er hat zwei Stunden _____________.

h. Maik ist ziemlich _____________ ins Bett gegangen.

i. Vor dem Einschlafen hat er seine _____________ angerufen und sie haben ein _____________ gequatscht.

Leute	aufgestanden
Bar	gefahren
getrunken	bisschen
gemacht	Freundin
Nachmittag	gebraucht
spät	Frühstück

20. Translate into German

a. *Last Sunday I slept in*: L________ S___________ h______ i____ a______________ .

b. *The weather was very nice*: D_____ W__________ w_____ s________ s___________ .

c. *I went to the sports centre*: I____ b_____ i_____ S________________ g__________ .

d. *Afterwards, I watched a film*: D__________ h______ i____ e________ F______ g___________ .

e. *That was fun*: D___ h____ S_______ g___________ .

f. *In the evening, I stayed at home*: A__ A________ b___ i____ z__ H________ g___________ .

g. *Later, I read a novel*: S________ h______ i____ e________ R________ g__________ .

---

21. Translate into German

a. I got up at seven.

b. I had breakfast.

c. I ate a lot.

d. I took a shower

e. Afterwards, I watched a film.

f. I didn't do anything special.

g. I went to the beach.

h. In the morning, I visited my granny.

i. In the afternoon, I went to the shopping centre.

j. In the evening, I went clubbing.

22. Correct the spelling/grammar errors

a. Ich habe gelesen ein Buch.

b. Ich bin den Abwasch gemacht.

c. Ich habe viel getrinkt.

d. Ich habe miene Oma besucht.

e. Ich hat nichts Besonderes gemacht.

f. Ich habe spät aufgestanden.

g. Ich habe bei der hausarbeit geholfen.

h. Ich habe in das Küche gefrühstückt.

i. Vor dem Einschlafen ich habe gelesen.

---

23. Write a paragraph in the FIRST person (ich) for Patrick and Martina and one in the THIRD person (er) for Hugo using the prompts given in the grid

	Morning	Afternoon	Evening
Patrick	▪ Got up at 10 ▪ Had breakfast ▪ Went jogging	▪ Went to the park ▪ Played frisbee with his friends ▪ Had fun	▪ Went to shopping mall ▪ Bought clothes ▪ Back home at 7pm ▪ Did his homework
Martina	▪ Got up at 11 ▪ Ate some fruit ▪ Did homework	▪ Went to the swimming pool ▪ Then went rock climbing ▪ Had lots of fun	▪ Went to park ▪ Went for a bike ride ▪ Went to the cinema ▪ Had dinner at a restaurant
Hugo	▪ Slept in ▪ Had two eggs and toast with jam ▪ Went to the library	▪ Did the washing-up ▪ Did homework ▪ Listened to music ▪ Watched his favourite series on Netflix	▪ Watched television ▪ Played ukulele ▪ Met girlfriend ▪ Had dinner at 7:30

Key questions

Wie hast du das letzte Wochenende verbracht?	*How did you spend last weekend?*
Was hast du letzten Samstag gemacht?	*What did you do last Saturday?*
Was hast du letzten Sonntag gemacht?	*What did you do last Sunday?*
Was hast du letztes Wochenende gemacht?	*What did you do last weekend?*
Was hast du am Vormittag gemacht?	*What did you do in the morning?*
Was hast du am Nachmittag gemacht?	*What did you do in the afternoon?*
Was hast du am Abend gemacht?	*What did you do at evening?*
Wohin bist du am Samstagabend gegangen?	*Where did you go on Saturday evening?*
Was hast du zu Mittag gegessen?	*Where did you eat for lunch?*
Wo hast du gegessen?	*Where did you eat?*
Wo hast du zu Abend gegessen?	*Where did you have dinner?*
Was hast du gegessen? **Wie war das?**	*What did you eat?* *How was it?*
Hast du Sport gemacht? **Was für einen Sport?**	*Did you do some sport?* *What kind of sport?*
Wohin bist du gegangen? **Mit wem?** **Warum?**	*Where did you go?* *Who with?* *Why?*
Wie war das Wetter?	*What was the weather like?*

ANSWERS – Unit 7

1. Match: **Ich bin spät aufgestanden.** – I got up late. **Ich habe mich gewaschen.** – I washed myself.
Ich habe gefrühstückt. – I had breakfast. **Ich habe einen Apfel gegessen.** – I ate an apple.
Ich habe ferngesehen. – I watched TV. **Ich habe ein Buch gelesen.** – I read a book.
Ich habe meine Oma besucht. – I visited my granny. **Ich habe mich entspannt.** – I relaxed.
Ich habe mein Zimmer aufgeräumt. – I tidied my room. **Ich bin eingeschlafen.** – I fell asleep.

2. Complete: a) mich b) Zähne c) Stadt d) Buch e) Musik f) Freunde g) gegessen h) gegangen i) Hause

3. Gapped translation: a) helped b) morning c) Sunday d) afternoon e) party f) washing-up
g) girlfriend h) 1am i) breakfast

4. Multiple choice quiz: (a) (b) (c) (c) (c) (a) (b) (b) (c) (c) (a) (a)

5. Rewrite the words: a) Tasse b) Abwasch c) gefrühstückt d) Strand e) Zimmer f) nichts g) Hausarbeit
h) Mitternacht i) Roman

6. Complete the words: a) geduscht b) gemacht c) gegessen d) getrunken e) entspannt f) ferngesehen
g) ausgeschlafen h) gespielt

7. Complete the sentences: a) aufgestanden b) gefahren c) gegangen d) besucht e) gespielt f) gegessen g) getroffen
h) geschwommen

8. Complete with 'habe' or 'bin': a) habe b) habe c) bin d) bin e) habe f) bin g) habe h) bin i) habe j) bin

9. Split sentences: Ich bin früh aufgestanden. ; Ich habe einen Roman gelesen. ; Ich habe ein Eis gegessen. ; Ich habe den
Abwasch gemacht. ; Ich habe eine Tasse Tee getrunken. ; Ich habe Karten gespielt. ; Ich habe meine Freundin getroffen. ;
Ich bin in die Stadt gefahren.

10. Slalom translation: a) Letzten Samstag bin ich clubben gegangen.
b) Vor dem Mittagessen habe ich am Computer gespielt. c) Am Nachmittag habe ich nichts Besonderes gemacht.
d) Am Vormittag bin ich in die Stadt gefahren. e) Später habe ich meine Freunde getroffen.
f) Letzten Sonntag bin ich sehr früh aufgestanden.

11. Categories: In meinem Zimmer: 3, 8, 13, 15, Im Einkaufszentrum: 5, 9, 10 Im Sportzentrum: 2, 4, 6, 11
Im Restaurant: 1, 7, 12, 14

12. Complete: a) bin b) habe c) habe d) bin e) bin f) habe g) habe h) habe i) bin

13. Translate: a) at midnight b) last Saturday c) I saw a film d) I didn't do anything e) I ate at the restaurant
f) I went to the cinema g) I went to bed h) I met my best friend i) I had a shower j) I tidied the living room
k) I went to the shopping centre l) I stayed at home

14. Find in the text: a) nichts Besonderes b) mit meinem älteren Bruder c) dazu d) für eine halbe Stunde e) mittags
f) stell dir vor g) später h) es gab so viele Leute i) wieder zu Hause j) meine Lieblingsserie k) sehr spät
l) vor dem Einschlafen

15. Answer: a) around 11am b) her older brother c) eggs, ham, toast with jam and apple juice
d) to buy new clothes e) in a café f) to go for a walk g) around 5pm h) watch her favourite series on TV
i) read a crime novel j) it was exciting

16. Complete: a) Saturday b) breakfast c) eggs/jam d) half an hour e) blouse f) friend g) nice / beautiful
h) home i) homework / music j) favourite k) midnight

17. Translate: a) there were a lot of people b) because the weather was nice c) I did nothing special
d) before falling asleep e) in order to buy new clothes f) it was almost midnight g) Imagine! h) there was dinner at 7
o'clock

18. Find the German equivalent: a) ich bin spät aufgestanden   b) mit meinem kleinen Bruder   c) ich habe viel gegessen
d) eine Schale Müsli   e) dazu habe ich Orangensaft getrunken   f) nach dem Frühstück   g) um schwimmen zu gehen
h) wir waren eine Stunde dort   i) wir haben etwas gegessen   j) wir sind in den Park gegangen   k) es gab auch   l) trotzdem
m) zuerst habe ich mich geduscht   n) ich habe fast zwei Stunden gebraucht   o) gegen ein Uhr nachts
p) ich habe kurz meine Freundin angerufen

19. Complete: a) aufgestanden   b) Frühstück / getrunken   c) Leute   d) Bar   e) Nachmittag   f) gefahren   g) gemacht /
gebraucht   h) spät   i) Freundin / gequatscht

20. Translate: a) Letzten Sonntag habe ich ausgeschlafen.   b) Das Wetter war sehr schön.   c) Ich bin ins Sportzentrum
gegangen / gefahren.   d) Danach habe ich einen Film gesehen.   e) Das hat Spaß gemacht.   f) Am Abend bin ich zu Hause
geblieben.   g) Später habe ich einen Roman gelesen.

21. Translate: a) Ich bin im sieben Uhr aufgestanden.   b) Ich habe gefrühstückt.   c) Ich habe viel gegessen.
d) Ich habe mich geduscht.   e) Danach habe ich einen Film gesehen.   f) Ich habe nichts Besonderes gemacht.
g) Ich bin an den Strand gegangen / gefahren.   h) Am Vormittag habe ich meine Oma besucht.   i) Am Nachmittag bin ich
ins Einkaufszentrum gegangen / gefahren. j) Am Abend bin ich clubben gegangen.

22. Correct the spelling/grammar errors: a) Ich habe ein Buch gelesen.   b) Ich habe den Abwasch gemacht.
c) Ich habe viel getrunken.   d) Ich habe meine Oma besucht.   e) Ich habe nichts Besonderes gemacht.   f) Ich bin spät
aufgestanden.   g) Ich habe bei der Hausarbeit geholfen.   h) Ich habe in der Küche gefrühstückt.   i) Vor dem Einschlafen
habe ich gelesen.

**23. Write a paragraph in the FIRST person (yo) for Liliana and Marina and one in the THIRD person (él) for Hugo
using the prompts given in the grid**

Patrick : Ich bin heute Morgen um zehn Uhr aufgestanden und habe gefrühstückt. Danach bin ich eine Runde joggen
gegangen. Am Nachmittag bin ich in den Park gegangen und habe mit meinen Freunden Frisbee gespielt. Das hat Spaß
gemacht. Am Abend bin ich ins Einkaufszentrum gegangen und habe Klamotten gekauft. Um sieben Uhr war ich wieder zu
Hause und dann habe ich meine Hausaufgaben gemacht.

Martina : Heute Vormittag bin ich um elf Uhr aufgestanden. Zum Frühstück habe ich etwas Obst gegessen und dann habe
ich meine Hausaufgaben gemacht. Am Nachmittag bin ich ins Schwimmbad gegangen und danach bin ich klettern gegangen.
Das hat sehr viel Spaß gemacht. Am Abend bin ich in den Park gegangen und ich bin eine Runde Fahrrad gefahren. Dann bin
ich ins Kino gegangen und habe in einem Restaurant zu Abend gegessen.

Hugo: Hugo hat heute Morgen ausgeschlafen. Zum Frühstück hat er zwei Eier und Toast mit Marmelade gegessen. Am
Vormittag ist er in die Bibliothek gegangen. Am Nachmittag hat Hugo den Abwasch gemacht und danach hat er seine
Hausaufgaben gemacht. Dann hat er Musik gehört und seine Lieblingsserie auf Netflix gesehen. Am Abend hat Hugo
ferngesehen und ein bisschen Ukulele gespielt. Danach hat er seine Freundin getroffen und um halb acht gab es Abendessen.

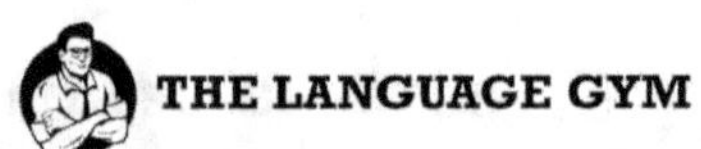

Unit 8. Talking about when you were younger

Vor zehn Jahren *[Ten years ago,]* **Als ich jünger war,** *[When I was younger,]* **Als ich klein war,** *[When I was small,]* **Als ich acht Jahre alt war,** *[When I was eight,]*	**war ich** *[I was]*	**frech** *[cheeky]* **lustig** *[funny]* **nervig** *[annoying]* **pummelig** *[chubby]*	**niedlich** *[cute]* **schüchtern** *[shy]* **sportlich** *[sporty]*

Früher war ich *[In the past, I was]*	**nicht so** *[not as]*	**faul** *[lazy]* **fleißig** *[hard-working]* **schüchtern** *[shy]*	**wie** *[as]*	**jetzt** *[now]*
	fauler *[lazier]* **fleißiger** *[more hard-working]* **schüchterner** *[more shy]*		**als** *[than]*	**heute** *[today]*

Ich bin oft *[I often...]*	**in die Kirche** *[to church]* **in den Park** *[to the park]*	**zum Turnen** *[to gymnastics]* **zu meiner Oma** *[to my nan]*	**gegangen** *[...went]*

Ich habe immer *[I always...]*	**Fußball** *[football]* **Karten** *[cards]*	**Murmeln** *[marbles]* **Trompete** *[the trumpet]*	**gespielt** *[...played]*
	Judo *[judo]* **Karate** *[karate]*	**Hausaufgaben** *[homework]* **nichts** *[nothing]*	**gemacht** *[...did]*
	eine Latzhose *[dungarees]* **eine Mütze** *[a cap]*	**eine Brille** *[glasses]* **ein Kleid** *[a dress]*	**getragen** *[...wore]*

Mein Lieblingssport war *[My favourite sport was]*	**Basketball** *[basketball]* **Radfahren** *[cycling]*	**Reiten** *[horse-riding]* **Schwimmen** *[swimming]*

Ich habe mich immer gut *[I always ... well]*	**mit meinem Bruder** *[with my brother]*	**mit meiner Mutter** *[with my mother]*	**verstanden, ...** *[got along]*
... aber ich habe mich oft *[...but I often...]*	**mit meiner Schwester** *[with my sister]*	**mit meinen Eltern** *[with my parents]*	**gestritten** *[argued]*

In der Schule **war ich** *[At school,* *I was]*	**ziemlich** *[quite]* **sehr** *[very]*	**faul** *[lazy]* **fleißig** *[hard-working]*	**und ich** **habe** *[and I...]*	**immer gern Fremdsprachen gelernt** *[always liked learning languages]* **immer gute/schlechte Noten bekommen** *[always got good/bad grades]* **immer hart im Unterricht gearbeitet** *[always worked hard in lessons.]* **immer meine Hausaufgaben gemacht** *[always did my homework]* **mich oft gut/schlecht benommen** *[often behaved well/badly]* **Deutsch geliebt** *[loved German]*

1. Complete

a. Als ich ______________ war, … - *When I was younger, …*

b. … war ich viel ______________ als jetzt. - *I was a lot cheekier than now.*

c. Ich habe immer eine ______________ getragen. - *I always wore glasses.*

d. Ich bin jeden Tag an den Strand ______________. - *I went to the beach every day.*

e. Früher habe ich jeden ______________ meine Oma besucht. - *In the past, I visited my nan every Sunday.*

f. Ich _________ ziemlich fleißig. - *I was quite hard-working.*

g. Ich habe früher immer hübsche rosafarbene Kleider ______________. - *I used to wear pretty pink dresses.*

h. Ich war viel ______________ als jetzt. - *I was a lot sportier than now.*

i. Ich habe mich gut mit meinen Eltern ______________. - *I used to get along well with my parents.*

j. Mein ______________ war Karate, - *My favourite sport was karate.*

2. Match

niedlich	chubby
fleißig	annoying
gemein	shy
faul	funny
lustig	mean
nervig	hard-working
pummelig	ugly
sportlich	lazy
gutaussehend	sporty
schüchtern	cute
hässlich	selfish
egoistisch	good-looking

3. Complete the words

a. g _ _ _ _ g: *stingy*

b. f _ _ _ _: *cheeky*

c. f _ _ _ _ _ g: *hard-working*

d. h _ _ _ _ _ _ h: *ugly*

e. s _ _ _: *stubborn*

f. n _ _ _ _ g: *annoying*

g. n _ _ _ _ _ _ _: *cute*

h. s _ _ _ _ _ h: *weak*

4. Translate into English

a. jung

b. nett

c. stur

d. niedlich

e. lustig

f. pummelig

g. sportlich

h. nervig

i. launisch

5. Match the opposites

nett	hässlich
lustig	gemein
großzügig	unsensibel
sensibel	schwach
hübsch	ernst
pummelig	fleißig
faul	geizig
stark	dünn

6. Multiple choice quiz

	a	b	c
in meiner Freizeit	in my reading time	in school	in my free time
ich konnte	I wanted	I could	I had to
ich hatte	I was	I had	I did
ich bin … gegangen	I went	I did	I was
ich habe … gemacht	I did	I played	I wore
ich war	I had	there was	I was
ich habe … getragen	I had	I spent	I wore
ich habe … verbracht	I made	I spent (time)	I went/drove
Murmeln	marbles	canines	reading
gute Noten	bad grades	good grades	good notes
ich habe … geliebt	I hated	I loved	I liked
ich habe … gehasst	I loved	I liked	I hated

7. Complete with the missing past participles

a. Ich habe oft Tennis _______________.

b. Ich bin oft an den Strand _______________.

c. Ich habe jeden Tag Trompete_______________.

d. Ich habe oft Zeit mit meinen Freunden _______________.

e. Ich habe immer eine Brille _______________.

f. Ich bin oft joggen _______________.

g. Ich habe mich oft mit meinen Eltern _______________.

h. Ich habe mich gut mit meinem Bruder _______________.

8. Split sentences

Ich habe gute	sehr gut Fußball spielen.
Ich bin jeden	gefahren.
Ich konnte	Schwester gestritten.
Ich habe hart	gehasst.
Ich habe mit Lego	gespielt.
Ich bin Fahrrad	Noten bekommen.
Ich habe mich mit meiner	gearbeitet.
Ich habe mich gut mit meinem	Tag ins Kino gegangen.
Ich habe Mathe	Bruder verstanden.

9. Find and write in

a. A game starting with 'M': _______________

b. A kind of clothing starting with 'K': _______________

c. An adjective starting with 'n': _______________

d. A verb starting with 'k': _______________

e. The opposite of 'groß': _______________

f. A kind of clothing starting with 'L': _______________

g. An adjective starting with 's': _______________

10. Sort the items into the categories below

1. habe	2. gemein	3. hübsch
4. Murmeln	5. war	6. Fahrrad
7. pummelig	8. Vater	9. bin
10. blond	11. Trompete	12. niedlich

Verbs	Adjectives	Nouns
1.		

THE LANGUAGE GYM

11. Faulty translation: spot the errors in the translations below and correct them

a. Als ich jünger war, war ich sehr faul: *When I was younger, I was very annoying.*

b. Als ich zehn Jahre alt war, war ich frecher als jetzt: *When I was ten years old, I was chubbier than now.*

c. Mein Lieblingssport war Schwimmen: *My favourite sport was running.*

d. Vor zehn Jahren war ich nicht so sportlich: *Ten years ago, I was not as musical.*

e. Ich war nicht so fleißig wie heute: *I was not as lazy as today.*

f. Ich habe mich sehr gut mit meinen Eltern verstanden: *I got along well with my siblings.*

g. In der Schule habe ich immer gute Noten bekommen: *I always got bad grades at school.*

h. Ich habe Biologie geliebt: *I hated biology.*

---

12. Translate into English

a. in meiner Freizeit

b. als ich jünger war

c. vor zehn Jahren

d. in der Schule

e. ich habe mich oft gestritten

f. ich bin oft ins Kino gegangen

g. ich hatte einen Pinguin

h. ich habe oft Murmeln gespielt

i. ich bin oft reiten gegangen

13. Complete the paragraph with the missing words

Als ich jünger ________, ________ ich blond. Ich war auch viel niedlicher als __________. Ich habe eine Brille ______________. In meiner ____________ habe ich viel Trompete ____________, Musik __________, und bin oft zum Turnen ____________. Mein ________________ war Basketball. Ich habe mich gut mit meinem Bruder ____________, aber ich habe mich oft mit meiner Schwester ____________.

---

14. Slalom translation: translate the following sentences ticking the relevant boxes in the grid below as shown in the example. Proceed from top to bottom

a. When I was younger, I was cuter than now.

b. Ten years ago, I was much chubbier.

c. When I was little, I was much more annoying.

d. At school, I always got good grades.

e. I often argued with my parents.

f. In my free time, I always did a lot of sport.

Als ich (a)	Vor	Als	In der Schule	Ich habe	In meiner Freizeit habe
ich klein	habe ich	zehn	mich oft	ich	**jünger war, (a)**
war ich (a)	immer viel	immer	Jahren	war, war	mit meinen
Eltern	**niedlicher (a)**	war ich	ich	gute Noten	Sport
als jetzt. (a)	bekommen.	gestritten.	gemacht.	viel pummeliger.	viel nerviger.

Als ich acht Jahre alt war, war ich anders als jetzt. Zum einen war ich pummeliger und ich habe immer eine Brille getragen. Außerdem hatte ich blonde lockige Haare. Ich habe auch jeden Tag Latzhosen und Turnschuhe getragen – ich war so viel niedlicher! Ich bin immer gern in die Schule gegangen: Ich hatte dort viele Freunde und wir haben viel zusammen gespielt. Außerdem habe ich meine Lehrer geliebt, denn sie haben sich super um uns gekümmert, auch wenn wir uns mal nicht so gut benommen haben. Ich habe immer meine Hausaufgaben gemacht und im Unterricht habe ich immer hart gearbeitet. Mein Lieblingsfach war Kunst – am liebsten habe ich Tiere und Blumen gemalt! In meiner Freizeit habe ich viel Sport gemacht. Ich konnte stundenlang Fußball spielen und ich fand auch Basketball und Tennis super. Ab und zu bin ich mit meinem Vater Fahrrad gefahren, und sonntags, wenn das Wetter schön war, bin ich mit dem Hund im Park spazieren gegangen. Das hat immer Spaß gemacht! **(Jens, 16 Jahre)**

16. Complete

a. When he was eight, Jens was much __________ and used to wear ______________ .

b. His hair was blond and ________________ .

c. He always wore ______________ and trainers.

d. He always liked going to school because he had many ________________ there.

e. He ________________ his teachers.

f. The teachers looked after them really well, even when they didn't ______________ so well.

g. His favourite subject was __________________ .

h. He most liked drawing _______________ and flowers.

i. In his free time, he did a lot of sport, such as football, tennis and _________________ .

j. Now and then, he went ________________ with his father.

15. Find in Jens' text the English for

a. when I was eight:

b. different from now:

c. chubbier:

d. I always wore glasses:

e. in addition, I had blond curly hair:

f. I always liked going to school:

g. I had many friends there:

h. they looked after us really well:

i. even though:

j. my favourite subject was art:

k. I could play football for hours:

l. I also found:

m. that was always fun:

17. Translate into English

a. anders als jetzt

b. zum einen war ich

c. viel niedlicher

d. viele Freunde

e. auch wenn

f. im Unterricht

g. in meiner Freizeit

h. stundenlang

i. ich fand Tennis super

j. wenn das Wetter schön war

k. ich bin spazieren gegangen

Als ich acht Jahre alt war, war ich anders als jetzt. Zum einen war ich viel dünner und ich hatte auch lange blonde Haare. Ich denke, ich war vielleicht ein bisschen hübscher als heute, aber meine Freunde sagen, dass das nicht stimmt. Ich habe immer schöne Kleider getragen, meistens rote oder rosafarbene, stell dir vor! Ich bin nicht so gern in die Schule gegangen, denn ich hatte nicht viele Freunde in meiner Klasse, und meine Lehrer waren sehr streng. Nur eine Lehrerin hat mir gefallen, Frau Müller – sie war immer sehr nett und hat sich super um uns gekümmert. Ich habe immer meine Hausaufgaben gemacht und gut im Unterricht mitgemacht. Mein Lieblingsfach war Französisch und auch Musik fand ich toll. In meiner Freizeit habe ich mich mit meinen Freundinnen getroffen und wir haben oft Murmeln gespielt oder wir sind Fahrrad gefahren. Ich konnte auch stundenlang mit meinen Puppen spielen, oder Lego mit meiner besten Freundin. Wir hatten immer viel Spaß zusammen! **(Julia, 15 Jahre)**

18. Find the German equivalent for the following words/phrases

a. different from now

b. for one

c. much thinner

d. I also had

e. I think

f. my friends say

g. I didn't have many friends

h. my teachers

i. only one teacher I liked

j. she was always very kind

k. I always participated well in lessons

l. music I found great

m. I met up with my friends

n. we went cycling

o. I could also

p. with my best friend

q. we always had

r. a lot of fun together

19. True, False or Not mentioned? Correct any wrong statements you identify

a. Julia hasn't changed much compared to when she was 8.

b. Her hair was straighter.

c. She was uglier.

d. She liked going to school.

e. Her teachers were very strict.

f. She only liked Miss Müller.

g. In her free time she met up with her friends.

h. They rarely played marbles.

i. With her best friend she often played cards.

j. They had a lot of fun together.

20. Translate into English

a. ich war anders als jetzt

b. ich war vielleicht

c. meine Freunde sagen, dass das nicht stimmt

d. ich bin nicht gern in die Schule gegangen

e. sehr streng

f. in meiner Klasse

g. mit meinen Freundinnen

h. wir haben oft Murmeln gespielt

i. Französisch

j. nur eine Lehrerin hat mir gefallen

k. wir sind Fahrrad gefahren

l. stundenlang

m. wir hatten viel Spaß

21. Find in the text

a. An adjective starting with 'r': _______________

b. A noun starting with 'K': _______________

c. A verb starting with 's': _______________

d. An adjective starting with 's': _______________

e. A conjunction starting with 'o': _______________

f. A preposition starting with 'm': _______________

22. Complete with the missing word

a. in meiner _________ *[in my free time]*

b. als ich acht Jahre alt _________ *[when I was eight]*

c. ich war _________ *[I was cuter]*

d. ich habe eine _________ getragen *[I used to wear glasses]*

e. ich war _________ klein *[I was very short]*

f. ich _________ auch *[I also had]*

g. ich konnte _________ singen *[I could sing for hours]*

h. ich war _________ hübscher *[I was much prettier]*

i. ich war _________ *[I was sporty]*

j. ich habe _________ getanzt *[I liked dancing]*

k. ich war _________ *[I was cheekier]*

l. ich hatte _________ Haare *[I had long hair]*

m. ich war _________ *[I was funnier]*

n. _________ heute *[than today]*

o. nicht so _________ *[not as shy]*

p. viel _________ *[much smaller]*

---

23. Translate into German

a. not as funny as

b. my favourite sport

c. I was

d. lazier

e. always

f. with my sister

g. often

h. hard-working

i. sportier

j. good grades

k. I worked hard

l. I played marbles

m. I went to church

n. I wore dungarees

o. annoying

p. much chubbier

q. quite

r. cute

---

24. Translate into German

a. Ten years ago, I was much cuter.

b. When I was eight, I was not as chubby.

c. At school, I always got good grades.

d. I got along well with my parents.

e. In my free time, I often played marbles.

f. I often argued with my sister.

g. I often went to the park with my dad.

h. I was more hard-working than today.

i. When I was little, I was very funny.

---

25. Write a short paragraph about each of the young people below in the FIRST person singular (ich) of the verbs provided. Feel free to add in any connective words or phrases you feel fit

	When	What I looked like and wore	My character	How I related to my family	What I was like in school
Ingo	10 years ago	I was very chubby and cute and I always wore dungarees and trainers	I was funny and a bit shy	I got along well with my parents but I often argued with my brother	I was hard-working and I always got good grades
Aline	When I was younger	I was much blonder and prettier. I always wore a cap and pretty pink dresses	I was very annoying and noisy	I got along very well with my father but I always argued with my mother because she was too strict	I was very lazy and always got bad grades, especially in maths
Patrizia	When I was 13	I was much thinner, I had long hair and I always wore glasses	I was very mean and stubborn	I got along well with my mother but I argued a lot with my father because he was too strict	I got along with my French teacher but I hated the other teachers

USEFUL VOCABULARY

Here you will find vocabulary that you can use to talk about how you were as a young person.

Physical	Character
Ich war … *[I was]*	**Ich war …** *[I was]*
… **groß für mein Alter** *[tall for my age]*	… **ernst** *[serious]*
… **klein für mein Alter** *[small for my age]*	… **gemein** *[mean]*
… **dünn** *[skinny]*	… **geizig** *[stingy]*
… **gutaussehend** *[good-looking]*	… **launisch** *[moody]*
… **hässlich** *[ugly]*	… **lustig** *[funny]*
… **immer krank** *[always sick]*	… **mutig** *[brave]*
… **schwach** *[weak]*	… **nett** *[kind]*
… **sportlich** *[sporty]*	… **nervig** *[annoying]*
… **stark** *[strong]*	… **sensibel** *[sensitive]*
… **süß** *[cute]*	… **stur** *[stubborn]*

Other hobbies	
Ich bin oft *[I often…]*	**Fahrrad gefahren** *[went cycling]* **ins Fitnessstudio gegangen** *[went to the gym]* **klettern gegangen** *[went climbing]* **schwimmen gegangen** *[went swimming]* **zu meinem Freund Max nach Hause gegangen** *[to my (boy-)friend Max' house]* **zu meiner Freundin Mia nach Hause gegangen** *[to my (girl-)friend Mia's house]*
Ich habe oft *[I often…]*	**mit Lego gespielt** *[played with Lego]* **mit meinem Hund gespielt** *[played with my dog]* **mit meiner Holzeisenbahn gespielt** *[played with my wooden train]* **mit meinen Puppen gespielt** *[played with my dolls]* **mit meinen Spielzeugsoldaten gespielt** *[played with my toy soldiers]* **Sport gemacht** *[did sport]* **Zeit mit meinen Eltern verbracht** *[spent time with my parents]*

Pets I used to have				
Ich hatte *[I had]*	**einen Hund** *[a dog]* **einen Papagei** *[a parrot]* **einen Pinguin** *[a penguin]* **einen Wellensittich** *[a budgie]*	**der** *[who…]*	**Caspar** **Hannelore** **Madonna** **Murphy** **Peperoni** **Rabbat** **Schoki**	**hieß** *[…was called]*
	eine Katze *[a cat]* **eine Schildkröte** *[a turtle]*	**die**		
	ein Meerschweinchen *[a guinea pig]* **ein Pferd** *[a horse]*	**das**		

Key questions

Wie warst du, als du zehn Jahre alt warst?	*What were you like when you were ten?*
Wie warst du, als du klein alt warst?	*What were you like when you were small?*
Wie warst du, als du jünger warst?	*What were you like when you were younger?*
Wie warst du im Vergleich zu heute?	*What were you like compared to now?*
Wo hast du früher gewohnt?	*Where did you live in the past?*
Was für Klamotten hast du getragen?	*What clothes did you wear?*
Was hast du in deiner Freizeit gemacht?	*What did you do in your free time?*
Was war dein Lieblingssport?	*What was your favourite sport?*
Was hast du früher am Wochenende gemacht?	*What did you do at the weekend in the past?*
Wer war dein bester Freund/ deine beste Freundin?	*Who was your best friend (m/f)?*
Wie hast du dich mit deinen Eltern verstanden?	*How did you get along with your parents?*
Wie hast du dich mit deinem Bruder/ deiner Schwester verstanden?	*How did you get along with your brother/sister?*
Warum hast du dich mit deinen Eltern gestritten?	*Why did you argue with your parents?*
Warst du ein guter Schüler? **Warst du eine gute Schülerin?**	*Were you a good student? (masc)* *Were you a good student? (fem)*
Wie hast du dich in der Schule benommen?	*How did you behave at school?*
Was war dein Lieblingsfach?	*What was your favourite subject?*

ANSWERS – Unit 8

1. Complete: a) jünger b) frecher c) Brille d) gefahren/gegangen e) Sonntag f) war g) getragen h) sportlicher
i) verstanden j) Lieblingssport

2. Match: niedlich – cute **fleißig** – hard-working **gemein** – mean **faul** – lazy **lustig** – funny
nervig – annoying **pummelig** – chubby **sportlich** – sporty **gutaussehend** – good-looking **schüchtern** – shy
hässlich – ugly **egoistisch** - selfish

3. Complete the words: a) geizig b) frech c) fleißig d) hässlich e) stur f) nervig g) niedlich h) schwach

4. Translate: a) young b) nice/kind c) stubborn d) cute e) funny f) chubby g) sporty h) annoying i) moody

5. Match the opposites: nett – gemein lustig – ernst großzügig – geizig sensibel – unsensibel hübsch – hässlich
pummelig – dünn faul – fleißig stark – schwach

6. Multiple choice quiz: in meiner Freizeit (c) ich konnte (b) ich hatte (b) ich bin gegangen (a) ich habe gemacht (a)
ich war (c) ich habe getragen (c) ich habe verbracht (b) Murmeln (a) gute Noten (b) ich habe geliebt (b) ich habe
gehasst (c)

7. Complete with the missing verbs: a) gespielt b) gegangen/gefahren c) gespielt d) verbracht e) getragen f) gegangen
g) gestritten h) verstanden

8. Split sentences: Ich habe gute Noten bekommen ; Ich bin jeden Tag ins Kino gegangen. ;
Ich konnte sehr gut Fussball spielen. ; Ich habe hart gearbeitet. ; Ich habe mit Lego gespielt. ; Ich bin Fahrrad gefahren. ;
Ich habe mich mit meiner Schwester gestritten. ; Ich habe mich gut mit meinem Bruder verstanden. ; Ich habe Mathe gehasst.

9. Find and write in: a) Murmeln b) Kleid c) niedlich / nett d) kommen / können / kennen e) klein f) Latzhose g)
sportlich / schüchtern

10. Sort the items below in the categories: Verbs: 1, 5, 9 Adjectives: 2, 3, 7, 10, 12 Nouns: 4, 6, 8, 11

11. Faulty translation: a) very lazy b) I was cheekier c) swimming d) not as sporty e) not as hard-working f) parents
g) good grades h) loved

12. Translate: a) in my free time b) when I was younger c) 10 years ago d) at school
e) I often argued f) I often went to the cinema g) I had a penguin h) I often played marbles i) I often went horse riding

13. Complete the paragraph: war ; war ; jetzt / heute ; getragen ; Freizeit ; gespielt ; gehört ; gegangen ; Lieblingssport ;
verstanden ; gestritten

14. Slalom translation: a) Als ich Jünger war, war ich süßer als jetzt. b) Vor zehn Jahren war ich viel pummeliger.
c) Als ich klein war, war ich viel nerviger.   d) In der Schule habe ich immer gute Noten bekommen.
e) Ich habe mich oft mit meinen Eltern gestritten.   f) In meiner Freizeit habe ich immer viel Sport gemacht.

15. Find in Jens' text: a) als ich acht Jahre alt war b) jetzt c) pummeliger d) ich habe immer eine Brille getragen
e) außerdem hatte ich blonde lockige Haare i) Ich bin immer gern in die Schule gegangen g) ich hatte dort viele Freunde
h) sie haben sich super um uns gekümmert i) auch wenn j) mein Lieblingsfach war Kunst
k) ich konnte stundenlang Fußball spielen l) ich fand auch m) das hat immer Spaß gemacht

16. Complete: a) chubbier/glasses b) curly c) dungarees d) friends e) loved f) behave g) art h) animals i) basketball
j) cycling

17. Translate: a) different from now b) for one I was… c) a lot cuter d) many friends e) even if/when
f) in lessons g) in my free time h) for hours i) I found tennis super j) when the weather was nice k) I went for a walk

18. Find the German: a) anders als jetzt b) zum einen c) viel dünner d) ich hatte auch e) ich denke
f) meine Freunde sagen g) ich hatte nicht viele Freunde h) meine Lehrer i) nur eine Lehrerin hat mir gefallen

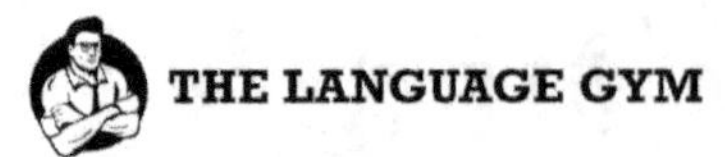

j) sie war immer sehr nett   k) ich habe immer gut im Unterricht mitgemacht   l) Musik fand ich toll
m) ich habe mich mit meinen Freundinnen getroffen   n) wir sind Fahrrad gefahren   o) ich konnte auch
p) mit meiner besten Freundin   q) wir hatten immer   r) viel Spaß zusammen

19. True, False or Not mentioned?   a) false   b) not mentioned   c) false   d) false   e) true   f) true   g) true   h) false
i) not mentioned   j) true

20. Translate: a) I was very different from now   b) I was maybe   c) my friends say that that's not true   d) I did not like
going to school   e) very strict   f) in my class   g) with my (female) friends   h) we often played marbles   i) French
j) I only liked one teacher   k) we went cycling   l) for hours   m) we had a lot of fun

21. Find in the text: a) rote / rosafarbene   b) Kleider   c) stimmt / spielen   d) schön(e) / streng   e) oder   f) mit

22. Complete: a) Freizeit   b) war   c) niedlicher / süßer   d) Brille   e) sehr   f) hatte   g) stundenlang   h) viel   i) sportlich
j) gern   k) frecher   l) lange   m) lustiger   n) als   o) schüchtern   p) kleiner

23. Translate: a) nicht so lustig wie   b) mein Lieblingssport   c) ich war   d) fauler   e) immer   f) mit meiner Schwester
g) oft   h) fleißig   i) sportlicher   j) gute Noten   k) ich habe hart gearbeitet   l) ich habe Murmeln gespielt
m) ich bin in die Kirche gegangen   n) ich habe Latzhosen getragen   o) nervig   p) viel pummeliger   q) ziemlich
r) niedlich / süß

24. Translate: a) Vor zehn Jahren war ich viel niedlicher/süßer.   b) Als ich acht war, war ich nicht so pummelig.
c) In der Schule habe ich immer gute Noten bekommen.   d) Ich habe mich gut mit meinen Eltern verstanden.
e) In meiner Freizeit habe ich oft Murmeln gespielt.   f) Ich habe mich oft mit meiner Schwester gestritten.
g) Ich bin oft mit meinem Vater in den Park gegangen.   h) Ich war fleißiger als heute.
i) Als ich klein war, war ich sehr lustig.

**25. Write a short paragraph about each of the young people below in the FIRST person singular (ich) of the verbs
provided. Feel free to add in any connective words or phrases you feel fit**

Ingo: Vor zehn Jahren war ich sehr pummelig und niedlich und ich habe immer Latzhosen und Sportschuhe getragen. Ich
war lustig und ein bisschen schüchtern. Ich habe mich gut mit meinen Eltern verstanden, aber ich habe mich oft mit meinem
Bruder gestritten. Ich war fleißig und habe immer gute Noten bekommen.

Aline: Als ich jünger war, war ich viel blonder und hübscher. Ich habe immer eine Mütze und hübsche rosafarbene Kleider
getragen. Ich war sehr nervig und laut. Ich habe mich sehr gut mit meinem Vater verstanden, aber ich habe mich immer mit
meiner Mutter gestritten, weil sie zu streng war. Ich war sehr faul und habe immer schlechte Noten bekommen, besonders in
Mathe.

Patrizia: Als ich 13 war, war ich viel dünner. Ich hatte lange Haare und habe immer eine Brille getragen. Ich war sehr
gemein und stur. Ich habe mich gut mit meiner Mutter verstanden, aber ich habe mich oft mit meinem Vater gestritten, weil
er zu streng war. Ich habe mich mit meinem Französischlehrer verstanden, aber ich habe die anderen Lehrer gehasst.

Unit 9. Discussing the qualities of a good friend

Meiner Meinung nach *[In my opinion]*	**muss** *[must…]*	**ein guter Freund** *[a good -masc- friend]* **eine gute Freundin** *[a good -fem- friend]*	**aufgeschlossen** *[open-minded]* **bescheiden** *[humble]* **ehrlich** *[honest]* **großzügig** *[generous]* **hilfsbereit** *[helpful]* **treu** *[loyal]* **verständnisvoll** *[understanding]* **vertrauenswürdig** *[trustworthy]* **zuverlässig** *[reliable]*	**sein** *[…be]*

Das Wichtigste *[The most important thing]*	**an einem guten Freund** *[in a good friend -m-]* **an einer guten Freundin** *[in a good friend -f-]*	**ist** *[is]*	**Bescheidenheit** *[humility]* **Ehrlichkeit** *[honesty]* **Hilfsbereitschaft** *[helpfulness]* **Treue** *[loyalty]* **Zuverlässigkeit** *[reliability]* **ein guter Sinn für Humor** *[a good sense of humour]*

Ein echter Freund *[A true friend -m-]* **Eine echte Freundin** *[A true friend -f-]*	**akzeptiert dich so, wie du bist** *[accepts you the way you are]* **denkt an dich, wenn kein anderer es tut** *[thinks about you when no-one else does]* **freut sich für dich, wenn du Erfolg hast** *[is happy for you when you succeed]* **freut sich für dich, wenn du glücklich bist** *[is happy for you when you are happy]* **geht mit dir durch dick und dünn** *[goes with you through thick and thin]* **ist immer für dich da** *[is always there for you]* **muntert dich auf, wenn du traurig bist** *[cheers you up you when you are sad]* **respektiert deine Meinung** *[respects your opinion]* **versucht, dich glücklich zu machen** *[tries to make you happy]* **versucht, deinen Standpunkt zu verstehen** *[tries to understand your point of view]* **vertraut dir** *[trusts you]*

Ich habe *[I have]*	**viele echte Freunde** *[many true friends]* **wenige echte Freunde** *[few true friends]*

Mein bester Freund *[My best friend -m-]* **Meine beste Freundin** *[My best friend -f-]*	**heißt** *[is called]*	Andreas Bibi	Elena Ingo	Max Nele	Sarah Tim

Er/Sie ist *[He/She is]*	**immer** *[always]* **sehr** *[very]*	**geduldig** *[patient]* **freundlich** *[friendly]* **lustig** *[funny]* **nett** *[kind]* **sympathisch** *[likeable]*	**und** *[and]*	**akzeptiert mich so, wie ich bin** *[accepts me the way I am]* **geht mit mir durch dick und dünn** *[goes with me through thick and thin]* **ist immer für mich da** *[is always there for me]*

1. Match

meiner Meinung nach	helpful
eine gute Freundin	in my opinion
jemand	honest
ein guter Freund	someone
verständnisvoll	a good friend (masc)
großzügig	generous
treu	loyal
aufgeschlossen	understanding
bescheiden	likeable
sympathisch	reliable
ehrlich	a good friend (fem)
hilfsbereit	humble
geduldig	open-minded
zuverlässig	patient

2. Complete with the missing words

a. n _ _ _   *[kind]*

b. zuverl _ _ _ _ _ _   *[reliable]*

c. aufge _ _ _ _ _ _ _ _ _   *[open-minded]*

d. eine e _ _ _ _ Fr _ _ _ _ _ _ _ *[a true friend -f-]*

e. meiner Me _ _ _ _ _ _ n _ _ _ *[in my opinion]*

f. ged _ _ _ _ _ _   *[patient]*

g. je _ _ _ _ _   *[someone]*

h. besc _ _ _ _ _ _ _   *[humble]*

i. t _ _ _   *[loyal]*

3. Complete

a. Ein guter Freund ist ___________________.   *[A good friend is reliable.]*

b. Eine gute Freundin ist ___________________.   *[A good friend is open-minded.]*

c. Ein guter ____________ muss großzügig sein.   *[A good friend has to be generous.]*

d. Eine gute Freundin muss ____________ sein.   *[A good friend has to be loyal.]*

e. Ein echter Freund ________________ dir.   *[A true friend trusts you.]*

f. Eine echte Freundin ist immer ____________ zu dir.   *[A true friend is always kind to you.]*

g. Ein ____________ Freund ist verständnisvoll und ehrlich.   *[A true friend is understanding and honest.]*

h. Das ________________ ist Ehrlichkeit.   *[The most important thing is honesty.]*

4. Spot the 6 wrong translations and correct them

a. bescheiden: *loyal*

b. lustig: *funny*

c. sympathisch: *likeable*

d. aufgeschlossen: *friendly*

e. großzügig: *generous*

f. ehrlich: *helpful*

g. zuverlässig: *reliable*

h. geduldig: *friendly*

i. vertrauenswürdig: *kind*

j. nett: *mean*

5. Match the opposites

bescheiden	kaltherzig
ehrlich	arrogant, angeberisch
treu	unzuverlässig
großzügig	verlogen, unehrlich
warmherzig	gemein
nett	untreu
aufgeschlossen	pessimistisch
zuverlässig	geizig, egoistisch
optimistisch	engstirnig, verschlossen
geduldig	faul
fleißig	ungeduldig

6. Positive or negative?

verständnisvoll	bescheiden	ehrlich	nett	egoistisch	kaltherzig
großzügig	sympathisch	geduldig	launisch	gemein	freundlich
pessimistisch	hilfsbereit	unehrlich	treu	unzuverlässig	ruhig

Positiv	Negativ
verständnisvoll,	

7. Anagrams: rewrite the words correctly and translate them into English

a. ichelhr: ehrlich

b) tugisl

c) mpihtschyas

d) hrleifteibs

e) zügßogrig

f) tnet

g) schbeeiden

8. Translate into English

a. egoistisch

b. geizig

c. unehrlich

d. aufgeschlossen

e. sympathisch

f. ehrlich

g. untreu

h. ungeduldig

i. lustig

j. warmherzig

9. Spot the missing letter and correct

a. meine Meinung nach: meiner Meinung nach

b. eine gute Frendin:

c. hilsbereit:

d. gedudig:

e. ehrich:

f. verstndnisvoll:

g. lustg:

h. aufgeschlosen:

i. tru:

j. beschiden:

k. fleßig:

l. zuverlässg:

10. For each noun write the corresponding adjective (see example)

Adjektiv	Substantiv (noun)
ehrlich	Ehrlichkeit
	Treue
	Großzügigkeit
	Bescheidenheit
	Zuverlässigkeit
	Geduld
	Warmherzigkeit
	Aufgeschlossenheit
	Hilfsbereitschaft

<table>
<tr><td colspan="2">

11. Match

</td><td colspan="2">

12. Guess the word

</td></tr>
</table>

11. Match

die Zuverlässigkeit	optimism
die Treue	generosity
die Güte	sense of humour
die Ehrlichkeit	tolerance
die Geduld	reliability
die Toleranz	loyalty
die Großzügigkeit	kindness
die Bescheidenheit	open-mindedness
der Optimismus	patience
der Sinn für Humor	honesty
die Aufgeschlossenheit	humility

12. Guess the word

a) die T _ _ _ e

b) die T _ _ _ _ _ _ z

c) der Op _ _ _ _ _ _ us

d) die G _ _ _ _ d

e) der S _ _ _ f _ _ H _ _ _ _

f) die Bes _ _ _ _ _ _ _ heit

g) die Zuv _ _ _ _ _ _ _ _ keit

h) die Auf _ _ _ _ _ _ _ _ _ _ _ heit

i) die E _ _ _ _ _ _ _ _ t

j) die G _ _ e

13. Complete

a. Meine größte Stärke ist mein _ _ _ _ _ _ _ _ _ _ _ _ . *[My greatest strength is my sense of humour.]*

b. Meine beste Freundin ist sehr _ _ _ _ . *[My best friend is very kind.]*

c. Ich bin sehr _ _ _ _ _ _ _ _ _ _ _ _ _ _ _ . *[I am very open-minded.]*

d. Die größte Stärke meines Freundes Jan ist seine _ _ _ _ _ _ _ _ _ _ _ _ _ .

[The greatest strength of my friend Jan is his generosity.]

e. _ _ _ _ _ _ ist eine sehr wichtige Eigenschaft. *[Patience is a very important quality.]*

f. Die _ _ _ _ _ _ Stärke meines Freundes ist sein Optimismus.

[The greatest strength of my boyfriend is his optimism.]

g. Eine Stärke meiner besten Freundin ist ihre _ _ _ _ _ . *[A strength of my best friend is her loyalty.]*

h. Das Beste an meiner besten Freundin ist ihre _ _ _ _ _ _ _ _ _ _ _ .

[The best thing about my best friend is her honesty.]

14. Sentence puzzle: rewrite the sentences in the correct order

a) Meine ist größte Treue Stärke *[My greatest strength is loyalty.]*

b) Freund echter Ein dir vertraut *[A true friend trusts you.]*

c) Meiner Optimismus Meinung ist Wichtigste das an Freund einem nach und Geduld

[In my opinion the most important thing in a friend is their patience and optimism.]

d) meiner Stärke ihre Freundin Silvia größte die ist Aufgeschlossenheit

[The greatest strength of my friend Silvia is her open-mindedness.]

e) Meinung nach guter muss sein verständnisvoll Freund meiner ein

[In my opinion a good friend has to be understanding.]

f) Humor Das Freundin ihr an Sinn für meiner ist Beste *[The best thing in my friend is her sense of humour.]*

15. Complete

Eine echte Freundin / Ein echter Freund … *[A true friend (f/m)…]*

a. … ist immer für dich _ _ , wenn du ein Problem hast. *[…is always there for you when you have a problem.]*

b. … geht mit dir durch dick und _ _ _ _ . *[…goes with you through thick and thin.]*

c. … akzeptiert dich so, wie du _ _ _ _ . *[…accepts you the way you are.]*

d. … versucht, deinen Standpunkt zu _ _ _ _ _ _ _ _ _ _ . *[…tries to understand your point of view.]*

e. … denkt an dich, wenn kein anderer es _ _ _ . *[… thinks about you, when no-one else does.]*

f. … muntert dich _ _ _ , wenn du traurig bist. *[… cheers you up when you are sad.]*

g. … respektiert deine _ _ _ _ _ _ _ . *[…respects your opinion.]*

h. … freut sich für dich, wenn du _ _ _ _ _ _ hast. *[… is happy for you when you succeed.]*

i. … freut sich für dich, wenn du _ _ _ _ _ _ _ _ _ bist. *[…is happy for you when you are happy.]*

j. … vertraut _ _ _ . *[…trusts you.]*

k. … hat einen guten _ _ _ _ für Humor. *[…has a good sense of humour.]*

---

16. Spot and supply the missing word

a. Eine echte Freundin akzeptiert so, wie du bist.

b. Ein echter Freund vertraut.

c. Eine echte Freundin ist immer dich da.

d. Ein echter Freund versucht, dich glücklich machen.

e. Eine echte Freundin freut sich, wenn du glücklich.

f. Eine gute Freundin muss zuverlässig.

g. Eine guter Freund denkt an dich, wenn es kein tut.

h. Sie versucht, deinen Standpunkt verstehen.

---

17. Correct the translations

a. Ein echter Freund vertraut dir.

[A true friend helps you.]

b. Eine gute Freundin muntert dich auf.

[A bad friend cheers you up.]

c. Eine echte Freundin ist immer bereit, dir zu helfen.

[A true friend is never willing to help you.]

d. Ein echter Freund denkt an dich.

[A true friend thinks about themselves.]

e. Sie freut sich, wenn du glücklich ist.

[She is angry when you are happy.]

f. Eine echte Freundin hört dir immer zu.

[A true friend doesn't listen to you.]

18. Match German and English

Ein guter Freund ...	A good friend ...
vertraut dir	is happy for you
kümmert sich um dich	makes you happy
freut sich für dich	helps you
muntert dich auf	looks after you
macht dich glücklich	is loyal
hört dir zu	thinks about you
denkt an dich	is always there for you
hilft dir	respects you
ist treu	listens to you
respektiert dich	supports you
akzeptiert dich	cheers you up
ist immer für dich da	trusts you
unterstützt dich	accepts you

19. Gapped translation

a. Eine <u>echte</u> Freundin ist immer für dich <u>da</u>. - *A _______ friend is always _________ for you.*

b. Eine gute Freundin <u>denkt an</u> dich. - *A good friend ___________ ____________ you.*

c. Ich habe nicht <u>viele Freunde</u>. - *I don't have ___________ __________.*

d. Eine gute Freundin <u>akzeptiert</u> dich so, wie du bist. - *A good friend________________ you the way you are.*

e. Sie <u>geht</u> mit dir durch <u>dick und dünn</u>. – *She _______ with you through _________ _______ ________.*

f. Ein guter Freund <u>respektiert</u> deine <u>Meinung</u>. - *A good friend ________________ your ____________.*

g. Eine gute Freundin <u>vertraut</u> dir. - *A good friend ______________ you.*

h. Eine gute Freundin ist immer <u>zuverlässig</u>. - *A good friend is always ________________.*

i. Er <u>muntert dich auf</u>, wenn du traurig bist. – *He ____________ _________ ______, when you are sad.*

20. Slalom translation: translate the sentences below into German by selecting the correct square in the grid below, as shown in the example for sentence *a*

a. A good friend (m) is happy for you when you are happy.	e. My best friend (m) is always there for me when I have a problem.
b. The most important thing in a good friend is honesty.	f. A good friend (f) goes with you through thick and thin.
c. My best friend (f) accepts me the way I am.	g. My friend Laura always cheers me up when I am sad.
d. A good friend (m) tries to make you happy.	h. A true friend (f) respects your opinion.

Ein guter Freund (a)	akzeptiert mich	ist	**glücklich bist. (a)**
Das Wichtigste	geht	wenn ich	durch dick und dünn.
Mein bester Freund	**freut sich für dich, (a)**	dich	wenn ich traurig bin.
Meine Freundin Laura	respektiert	immer auf,	bin.
Meine beste Freundin	an einem guten Freund	**wenn du (a)**	ein Problem habe.
Ein guter Freund	ist immer für mich da,	so, wie ich	glücklich zu machen.
Eine echte Freundin	muntert mich	deine	Ehrlichkeit
Eine gute Freundin	versucht	mit dir	Meinung.

Hallo Leute! Wie ein guter Freund sein muss? Also, meiner Meinung nach muss ein guter Freund unbedingt verständnisvoll sein. Er muss auch jemand sein, der dir immer zuhört und der immer versucht, deinen Standpunkt zu verstehen. Das ist sehr wichtig für mich. Außerdem ist ein guter Freund immer für dich da, wenn du ihn brauchst: Er ist immer bereit, dir zu helfen und er geht mit dir durch dick und dünn. Das finde ich superwichtig! Natürlich ist ein echter Freund auch bescheiden und er respektiert immer deine Meinung. Jedoch ist Treue für mich das Wichtigste an einem guten Freund. Ja, ein guter Freund steht immer zu mir, egal was passiert! Mein bester Freund heißt Ingo. Er ist supernett, aufgeschlossen und sehr lustig. Außerdem ist er ehrlich, hilfsbereit und sehr großzügig. Das finde ich klasse. Seine größten Stärken? Sein Sinn für Humor und seine Treue. **(Anton, 16 Jahre)**

21. Gapped sentences

a. A good friend has absolutely got to be ______________.

b. He also has to be someone who always __________ to you and tries to understand your __________________.

c. He is always there for you when__________________.

d. He is always __________ and he goes with you through __________________.

e. Of course, a true friend is also __________________ …

f. …and always respects your __________________.

g. However, __________________ is the most important thing in a good friend.

h. A good friend always stands by you, no matter __________________!

i. Ingo is super-__________, __________________, and very __________________.

j. Furthermore, he is __________, __________ and very __________________

j. His greatest strengths are his __________________ and his __________________.

22. Find the German equivalent

a. how a good friend has got to be

b. it has to be someone

c. who always listens to you

d. that is very important for me

e. when you need him

f. he is always ready…

g. …to help you

h. of course, a real friend is also

i. however

j. the most important thing (2 words)

k. his greatest strengths

l. his sense of humour

m. open-minded

23. Translate the following phrases taken from Anton's text into English

a. meiner Meinung nach

b. er versucht, deinen Standpunkt zu verstehen

c. er ist für dich da

d. er geht mit dir durch dick und dünn

e. er respektiert deine Meinung

f. natürlich ist er auch

g. das Wichtigste an einem guten Freund

h. er ist supernett

i. egal was passiert

j. sehr großzügig

k. sein Sinn für Humor

Wie eine gute Freundin sein muss? Also, meiner Meinung nach ist das Wichtigste an einer guten Freundin ihre Treue. Ja, eine gute Freundin ist immer treu, egal was passiert! Sie geht mit dir durch dick und dünn: Vor allem, wenn du mal eine ganz schwierige Zeit hast, wenn du traurig und deprimiert bist, dann ist sie für dich da und hält zu dir. Eine gute Freundin denkt immer an dich: Sie vergisst nie deinen Geburtstag! Und wenn du krank bist, ruft sie dich jeden Tag an und fragt, wie es dir geht. Das finde ich auch sehr wichtig. Außerdem ist eine gute Freundin natürlich immer ehrlich. Sie versucht immer, deinen Standpunkt zu verstehen und sie respektiert immer deine Meinung, aber sie sagt auch immer, was sie denkt. Meine beste Freundin heißt Karo. Sie ist sehr sympathisch, bescheiden, lustig und immer hilfsbereit. Ihre größten Stärken sind Treue, Großzügigkeit und Hilfsbereitschaft. Karo ist immer für mich da, wenn ich sie brauche. **(Lena, 17 Jahre)**

24. Find the German equivalent

a. the most important thing

b. is always loyal

c. no matter what happens

d. when you have a really difficult time

e. when you are sad and depressed

f. (she) always thinks about you

g. very important

h. furthermore, a real friend is of course

i. she always tries

j. she always respects

k. her greatest strengths

l. helpfulness/willingness to help

26. Find in the text the following

a. An adjective starting with 'h':

b. An adjective starting with 't':

c. An adjective starting with 'b':

d. A conjunction starting with 'a':

e. A noun starting with 'G':

f. A verb starting with 'v':

g. An adjective starting with 'k':

h. An adjective starting with 'l':

i. A frequency adverb starting with 'i':

25. Answer the questions on the text

a. What is the most important quality of a good friend according to Lena?

b. What does a good friend do when have a really difficult time?

c. What does a good friend do when you are ill?

d. What does an honest friend do?

e. What 4 adjectives does Lena use to describe Karo?

1   3

2   4

f. What are Karo's best qualities?

1

2

3

g. What does the last sentence in Lena's text mean?

27. Translate into English

a. meiner Meinung nach	h. er hilft mir	o. hilfsbereit
b. ein guter Freund	i. er unterstützt mich	p. er ist treu
c. treu	j. Ehrlichkeit	q. Bescheidenheit
d. zuverlässig	k. das ist wichtig für mich	r. Erfolg
e. aufgeschlossen	l. er akzeptiert mich	s. wichtig
f. lustig	m. er freut sich für mich	t. deine Entscheidungen
g. großzügig	n. er hört mir zu	u. eine schwierige Zeit

28. Complete

a. E_____ g________ F__________ v____________, d______ g____________ z___ m____________.
[A good friend -m- tries to make you happy.]

b. E_____ e_______ F__________ i____ i__________ f___ d______ d____.
[A true friend -f- is always there for you.]

c. E____ g_______ F__________ i____ i__________ t______ . *[A good friend -m- is always loyal.]*

d. S____ a___________ m_______ s___, w_____ i____ b_____. *[She accepts me the way I am.]*

e. E___ r__________ i__________ m_______ M_________. *[He always respects my opinion.]*

f. M________ b________ F__________ i___ s_______ l__________. *[My best friend -m- is very funny.]*

g. M________ b________ F___________ v___________ m______. *[My best friend -f- trusts me.]*

29. Translate the following paragraphs into German

(a) I do not have a lot of friends, but a good friend is really important, I think. In my opinion, a true friend has to be understanding, loyal, open-minded and honest. He is always there for you, he always thinks about you, and is happy when you succeed and are happy. My best friend, Leo, is very generous, honest, patient and very funny.

(b) I have a lot of friends. A good friend is so important! In my opinion, a good friend is someone who goes with you through thick and thin. When you have a problem, he is there for you! He also cheers you up when you feel down and he is happy for you, when you are happy. A true friend always accepts you the way you are and respects your opinion. My best friend is very kind, funny and open-minded.

(c) I have one true friend. She is called Anna. She is very important for me. She is very kind, funny, loyal and always reliable. She also has a good sense of humour. That is very important to me. Furthermore, Anna accepts me the way I am. She always tries to understand my point of view and she respects my opinion. She is also very honest and she always says what she thinks. The best thing in my friend Anna is her willingness to help. She is always there for me when I need her. She goes with me through thick and thin!

Key questions

Erzähl mir etwas über deine Freunde/ Freundinnen.	*Tell me something about your friends (m/f)*.*
Hast du viele Freunde/ Freundinnen?	*Do you have many friends?*
Was machst du mit deinen Freunden/ Freundinnen?	*What do you do with your friends?*
Was habt ihr gemacht, als ihr das letzte Mal zusammen ausgegangen seid?	*What did you do when you last went out together.*
Was ist für dich das Wichtigste an einem guten Freund/ an einer guten Freundin?	*What are for you the most important qualities in a good friend (m/f)?*
Bist du ein guter Freund/ eine gute Freundin?	*Are you a good friend?*
Wer ist dein bester Freund/ deine beste Freundin?	*Who is your best friend?*
Beschreibe deinen besten Freund/ deine beste Freundin.	*Describe your best friend.*
Was macht ihr, wenn ihr zusammen seid?	*What do you do when you are together?*
Warum versteht ihr euch gut?	*Why do you get along well?*
Streitest du dich auch manchmal mit ihm/ihr? Warum?	*Do you sometimes argue with him/her? Why?*

**Author's note:*

*"**Freunde**" is still most commonly used when talking about either a group of male friends or a mixed group of male and female friends (regardless of the ratio... which isn't really very fair if you think about it).*

*"**Freundinnen**" is only used for a group of female friends. To refer to a group of friends in a gender neutral way – to refer to all genders while also including non-binary people – the use of what is called "das Gendersternchen" (= the gender star) has recently become more common. It is formed by placing an asterisk after the stem of the noun, followed by the feminine plural suffix "-innen": "**die Freund*innen**".*

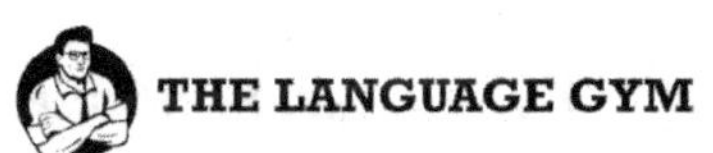

ANSWERS – Unit 9

1. Match: **meiner Meinung nach** – in my opinion   **eine gute Freundin** – a good friend (fem)   **jemand** – someone
ein guter Freund – a good friend (masc)   **verständnisvoll** – understanding   **großzügig** – generous   **treu** – loyal
aufgeschlossen – open-minded   **bescheiden** – humble   **sympathisch** – likeable   **ehrlich** – honest   **hilfsbereit** – helpful
geduldig – patient   **zuverlässig** – reliable

2. Complete: a) nett   b) zuverlässig   c) aufgeschlossen   d) eine echte Freundin   e) meiner Meinung nach   f) geduldig
g) jemand   h) bescheiden   i) treu

3. Complete: a) zuverlässig   b) aufgeschlossen   c) Freund   d) treu   e) vertraut   f) nett   g) echter   h) Wichtigste

4. Spot the 5 wrong translations and correct them
a) humble   b) -   c) -   d) open-minded   e) -   f) honest   g) -   h) patient   i) trustworthy   j) kind/nice

5. Match the opposites: bescheiden – arrogant, angeberisch   **ehrlich** – verlogen, unehrlich   **treu** – untreu   **großzügig** –
geizig, egoistisch   **warmherzig** – kaltherzig   **nett** – gemein   **aufgeschlossen** – engstirnig, verschlossen
zuverlässig – unzuverlässig   **optimistisch** – pessimistisch   **geduldig** – ungeduldig   **fleißig** – faul

6. Positive or negative?
Positiv: verständnisvoll, bescheiden, ehrlich, nett, großzügig, sympathisch, geduldig, freundlich, hilfsbereit, treu, ruhig
Negativ: egoistisch, kaltherzig, launisch, gemein, pessimistisch, unehrlich, unzuverlässig

7. Anagrams: a) ehrlich   b) lustig   c) sympathisch   d) hilfsbereit   e) großzügig   f) nett   g) bescheiden

8. Translate: a) selfish   b) stingy   c) dishonest   d) open-minded   e) likeable   f) honest   g) disloyal, unfaithful
h) impatient   i) funny   j) affectionate

9. Spot the missing letter: a) meiner Meinung nach   b) eine gute Freundin   c) hilfsbereit   d) geduldig   e) ehrlich
f) verständnisvoll   g) lustig   h) aufgeschlossen   i) treu   j) bescheiden   k) fleißig l) zuverlässig

10. For each noun write the corresponding adjective: ehrlich   treu   großzügig   bescheiden   zuverlässig   geduldig
warmherzig   aufgeschlossen   hilfsbereit

11. Match: die Zuverlässigkeit – reliability   **die Treue** – loyalty   **die Güte** – kindness   **die Ehrlichkeit** – honesty
die Geduld – patience   **die Toleranz** – tolerance   **die Großzügigkeit** – generosity   **die Bescheidenheit** – humility
der Optimismus – optimism   **der Sinn für Humor** – sense of humour   **die Aufgeschlossenheit** – open-mindedness

12. Guess the word: a) die Treue   b) die Toleranz   c) der Optimismus   d) die Geduld   e) der Sinn für Humor   f) die
Bescheidenheit g) die Zuverlässigkeit   h) die Aufgeschlossenheit i) die Ehrlichkeit   j) die Güte

13. Complete: a) Sinn für Humor   b) nett   c) aufgeschlossen   d) Großzügigkeit   e) Geduld   f) größte   g) Treue
h) Ehrlichkeit

14. Sentence puzzle: a) Meine größte Stärke ist Treue.   b) Ein echter Freund vertraut dir.
c) Meiner Meinung nach ist das Wichtigste an einem Freund Geduld und Optimismus.
d) Die größte Stärke meiner Freundin Silvia ist ihre Aufgeschlossenheit.
e) Meiner Meinung nach muss ein guter Freund verständnisvoll sein.
f) Das Beste an meiner Freundin ist ihr Sinn für Humor.

15. Complete: a) da   b) dünn   c) bist   d) verstehen   e) tut   f) auf   g) Meinung   h) Erfolg i) glücklich   j) dir   k) Sinn

16. Spot and write in the missing word: a) akzeptiert **dich**   b) vertraut **dir**   c) **für** dich   d) **zu** machen   e) glücklich **bist**
f) zuverlässig **sein**   g) kein **anderer**   h) **zu** verstehen

17. Correct the translations: a) trusts you   b) a good friend   c) is always willing to help you   d) thinks about you
e) is happy when you are happy   f) always listens to you

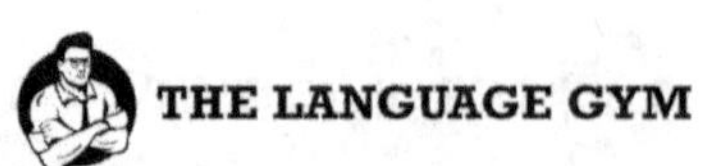

18. Match: vertraut dir – trusts you   **kümmert sich um dich** – looks after you   **freut sich für dich** – is happy for you
muntert dich auf – cheers you up   **macht dich glücklich** – makes you happy   **hört dir zu** – listens to you
denkt an dich – thinks about you   **hilft dir** – helps you   **ist treu** – is loyal   **respektiert dich** – respects you
akzeptiert dich – accepts you   **ist immer für dich da** – is always there for you   **unterstützt dich** – supports you

19. Gapped translation: a) true/there   b) thinks about   c) many friends   d) accepts   e) goes/thick and thin
f) respects/opinion   g) trusts   h) reliable   i) cheers you up

20. Slalom translation: a) Ein guter Freund freut sich für dich, wenn du glücklich bist.   b) Das Wichtigste an einem guten
Freund ist Ehrlichkeit. c) Meine beste Freundin akzeptiert mich so, wie ich bin. d) Ein guter Freund versucht dich glücklich
zu machen. e) Mein bester Freund ist immer für mich da, wenn ich ein Problem habe. f) Eine gute Freundin geht mit dir
durch dick und dünn. g) Meine Freundin Laura muntert mich immer auf, wenn ich traurig bin.   h) Eine echte Freundin
respektiert deine Meinung.

21. Gapped sentences: a) understanding   b) listens/point of view   c) you need him   d) thick and thin   e) humble
f) opinion   g) loyalty   h) what happens   i) kind / funny / generous   j) sense of humour / loyalty

22. Find the German: a) wie ein guter Freund sein muss   b) es muss jemand sein   c) der dir immer zuhört   d) das ist sehr
wichtig für mich   e) wenn du ihn brauchst   f) er ist immer bereit   g) dir zu helfen   h) natürlich ist ein echter Freund auch
i) jedoch   j) das Wichtigste   k) seine größten Stärken   l) sein Sinn für Humor   m) aufgeschlossen

23. Translate: a) in my opinion   b) he tries to understand your point of view   c) he is there for you   d) he goes with you
through thick and thin   e) he respects your opinion   f) of course he is also   g) the most important thing about a good friend
h) he is super-kind   i) no matter what happens   j) very generous   k) his sense of humour

24. Find the German: a) das Wichtigste   b) ist immer treu   c) egal was passiert   d) wenn du mal eine ganz schwierige Zeit
hast   e) wenn du traurig und deprimiert bist   f) denkt immer an dich   g) sehr wichtig   h) außerdem ist eine echte Freundin
natürlich   i) sie versucht immer   j) sie respektiert immer   k) ihre größten Stärken   l) Hilfsbereitschaft

25. Answer: a) loyalty   b) she is there for you and stands by you   c) she calls you every day to ask how you are feeling
d) she tells you what she thinks   e) likeable, humble, funny, helpful   f) loyalty, generosity, helpfulness   g) she is always
there for me when I need her

26. Find in the text: a) hilfsbereit   b) traurig   c) bescheiden   d) aber   e) Großzügigkeit   f) vergessen (vergisst) / versuchen
(versucht) / verstehen (versteht)   g) krank   h) lustig   i) immer

27. Translate: a) in my opinion   b) a good friend   c) loyal   d) reliable   e) open-minded   f) funny   g) generous
h) he helps me   i) he supports me   j) honesty   k) that's important to me   l) he accepts me   m) he is happy for me
n) he listens to me   o) helpful   p) he is loyal   q) humility   r) success   s) important   t) your choices   u) a difficult time

28. Complete: a) Ein guter Freund versucht, dich glücklich zu machen.   b) Eine echte Freundin ist immer für dich da.
c) Ein guter Freund ist immer treu.   d) Sie akzeptiert mich so, wie ich bin.   e) Er respektiert immer meine Meinung.
f) Mein bester Freund ist sehr lustig.   g) Meine beste Freundin vertraut mir.

29. Translate the following paragraphs into German
   a) Ich habe nicht viele Freunde aber ein guter Freund ist total wichtig, denke ich. Meiner Meinung nach muss ein
   echter Freund verständnisvoll, treu, aufgeschlossen und ehrlich sein. Er ist immer für dich da, er denkt immer an
   dich und ist glücklich, wenn du Erfolg hast und glücklich bist. Mein bester Freund Leo ist sehr großzügig, ehrlich,
   geduldig und sehr lustig.
   b) Ich habe viele Freunde. Ein guter Freund ist so wichtig! Meiner Meinung nach ist ein guter Freund jemand, der mit
   dir durch dick und dünn geht. Wenn du ein Problem hast, ist er für dich da! Er muntert dich auch auf, wenn du
   traurig bist und er freut sich für dich, wenn du glücklich bist. Ein echter Freund akzeptiert dich immer so, wie du bist
   und respektiert deine Meinung. Mein bester Freund ist sehr nett, lustig und aufgeschlossen.
   c) Ich habe eine echte Freundin. Sie heißt Anna. Sie ist sehr wichtig für mich. Sie ist sehr nett, lustig, treu und immer
   zuverlässig. Sie hat auch einen guten Sinn für Humor. Das ist sehr wichtig für mich. Außerdem akzeptiert mich
   Anna so, wie ich bin. Sie versucht immer, meinen Standpunkt zu verstehen und sie respektiert meine Meinung. Sie
   ist auch sehr ehrlich und sie sagt immer, was sie denkt. Das Beste an meiner Freundin Anna ist ihre
   Hilfsbereitschaft. Sie ist immer für mich da, wenn ich sie brauche. Sie geht mit mir durch dick und dünn!

Unit 10. Describing the qualities of a good partner

Mein idealer Partner *[My ideal partner -m-]* **Meine ideale Partnerin** *[My ideal partner -f-]*	**ist jemand, der/die** *[is someone who (m/f)]*	**abenteuerlustig** *[adventurous]* **aufgeschlossen** *[open-minded]* **ehrlich** *[honest]* **einfühlsam** *[empathetic]* **fröhlich** *[cheerful]* **gefühlvoll** *[sensitive]* **klug** *[clever, wise]* **liebevoll** *[loving]*	**lustig** *[funny]* **nett** *[kind]* **romantisch** *[romantic]* **treu** *[faithful]* **verständnisvoll** *[understanding]* **warmherzig** *[warm-hearted]* **zuverlässig** *[reliable]*

Er *[He]* **Sie** *[She]*	**behandelt mich gut** *[treats me well]* **gibt mir Geschenke** *[gives me gifts]* **hört mir zu, wenn ich ein Problem habe** *[listens to me when I have a problem]* **muntert mich auf, wenn ich traurig bin** *[cheers me up when I am sad]* **steht zu mir, egal was passiert** *[stands by me, no matter what happens]* **umarmt mich** *[hugs me]* **vertraut mir** *[trusts me]* **versucht, mich zu verstehen** *[tries to understand me]* **versucht, mich glücklich zu machen** *[tries to make me happy]* **belügt mich nicht** *[doesn't lie to me]* **betrügt mich nicht** *[doesn't cheat on me]* **versucht nicht, mich zu kontrollieren** *[doesn't try to control me]* **will nicht immer Recht haben** *[doesn't want to always be right]*	
	hat *[has]*	**die gleichen Interessen wie ich** *[the same interests as me]* **den gleichen Musikgeschmack wie ich** *[the same musical taste as me]*

Wir *[We]*	**haben viel Spaß zusammen** *[have a lot of fun together]* **streiten uns selten** *[rarely argue]*

Seine/Ihre größte Stärke ist *[His/Her greatest strength is]*	**sein** *[his]* **ihr** *[her]*	**Einfühlungsvermögen** *[empathy]* **Sinn für Humor** *[sense of humour]*
	seine *[his]* **ihre** *[her]*	**Ehrlichkeit** *[honesty]* **Selbstlosigkeit** *[selflessness]* **Treue** *[loyalty]*

Was ich an meinem Partner/ an meiner Partnerin <u>**nicht**</u> **mag, ist** *[What I <u>don't</u> like in my partner (m/f) is]*	**sein** *[his]* **ihr** *[her]*	**Egoismus** *[selfishness]* **Neid** *[envy]*
	seine *[his]* **ihre** *[her]*	**Arroganz** *[arrogance]* **Eifersucht** *[jealousy]* **Faulheit** *[laziness]* **Ungeduld** *[impatience]*

1. Match up

lustig	faithful, loyal
einfühlsam	generous
romantisch	adventurous
großzügig	open-minded
treu	cheerful
abenteuerlustig	jealous
liebevoll	romantic
aufgeschlossen	clever, wise
geduldig	empathetic
eifersüchtig	loving
ehrlich	patient
fröhlich	honest
klug	funny

2. Missing letters

a. lu__tig

b. fr__hlich

c. k__ug

d. li__bevoll

e. groß__ügig

f. tre__

g. e__rlich

h. warm__erzig

i. zuverl__ssig

j. aufgeschlo__sen

3. Complete

a. _ _ _ _ _ _ _ _ [cheerful]

b. _ _ _ _ [kind, nice]

c. _ _ _ _ [clever, wise]

d. _ _ _ _ _ _ _ _ _ _ [reliable]

e. _ _ _ _ _ _ _ [honest]

f. _ _ _ _ _ _ [funny]

g. _ _ _ _ _ _ _ _ _ [loving]

h. _ _ _ _ _ _ _ _ _ _ [sensitive]

i. _ _ _ _ [faithful, loyal]

4. For each noun write the corresponding adjective (see example)

Adjektiv	Substantiv (noun)
eifersüchtig	Eifersucht
	Abenteuerlust
	Treue
	Zuverlässigkeit
	Bescheidenheit
	Ehrlichkeit
	Fröhlichkeit
	Faulheit
	Ungeduld

USEFUL VOCABULARY

meine Frau/Ehefrau: my wife

mein Mann/Ehemann: my husband

meine Verlobte: my fiancée (female)

mein Verlobter: my fiancé (male)

meine Partnerin: my partner (female)

mein Partner: my partner (male)

meine Freundin: my girlfriend

mein Freund*: my boyfriend

** "meine Freundin/mein Freund" also just means "my friend". When used in that way, the name of that friend is often added, as in "mein Freund Dieter", to make clear that Dieter is just a friend and not someone you are dating.*

5. Translate into English

a. Mein Freund ist sehr einfühlsam und treu.

b. Meine Partnerin ist nett und immer fröhlich.

c. Meine Mutter ist sehr warmherzig und klug.

d. Mein Mann ist nie eifersüchtig.

e. Mein Freund ist total aufgeschlossen.

f. Mein Verlobter ist abenteuerlustig und romantisch.

g. Meine Freundin ist sehr liebevoll.

h. Meine Verlobte ist immer ehrlich und zuverlässig.

i. Mein Mann ist sehr lustig und sehr fleißig.

j. Mein Freund ist sehr klug für sein Alter.

6. Match the opposites

klug (1)	traurig
treu	geizig
nett	**dumm (1)**
geduldig	verschlossen
fröhlich	untreu
ehrlich	gemein
aufgeschlossen	verlogen
warmherzig	ungeduldig
großzügig	unromantisch
romantisch	kaltherzig

USEFUL VOCABULARY

Er/Sie	**behandelt mich gut** *[treats me well]*
[He/She]	**geht mit mir durch dick und dünn** *[goes with me through thick and thin]*
	gibt mir Geschenke *[gives me gifts]*
	hat die gleichen Interessen wie ich *[has the same interests as me]*
	hat den gleichen Musikgeschmack wie ich *[has the same taste of music as me]*
	hört mir zu, wenn ich ein Poblem habe *[listens to me when I have a problem]*
	muntert mich auf, wenn ich traurig bin *[cheers me up when I am sad]*
	respektiert meine Meinung *[respects my opinion]*
	steht zu mir, egal was passiert *[stands by me, no matter what happens]*
	umarmt mich *[gives me hugs]*
	versucht, mich zu verstehen *[tries to understand me]*
	versucht, mich glücklich zu machen *[tries to make me happy]*
	vertraut mir *[trusts me]*

belügt mich <u>nicht</u> *[doesn't lie to me]*

betrügt mich <u>nicht</u> *[doesn't cheat on me]*

ist <u>nicht</u> eifersüchtig *[is not jealous]*

versucht <u>nicht</u>, mich zu kontrollieren *[doesn't try to control me]*

will <u>nicht</u> immer Recht haben *[doesn't want to always be right]*

---

7. Complete based on the vocabulary above

a. Er hat die gleichen _______________ wie ich.

b. Sie _____________ meine Meinung.

c. Sie will nicht immer ___________ haben.

d. Er _____________ mich nicht.

e. Er _____________ zu mir, egal was passiert.

f. Sie _____________ mich auf, wenn ich traurig bin.

g. Er _____________ nicht, mich zu kontrollieren.

h. Sie __________ mir zu, wenn ich ein Problem habe.

8. Spot and write in the missing word

a. Er will nicht immer Recht.

b. Er behandelt gut.

c. Sie respektiert Meinung.

d. Er geht mit mir dick und dünn.

e. Er hat die Interessen wie ich.

f. Sie muntert auf, wenn ich traurig.

g. Er versucht, mich verstehen.

h. Sie belügt nicht.

---

9. Select from the 'useful vocabulary' box above the top 5 traits of your ideal partner and list them here

1.

2.

3.

4.

5.

10. Six of the eight sentences below have been translated incorrectly. Spot and fix them

a. Mein Partner versucht nicht, mich zu kontrollieren: *My partner doesn't try to cheer me up.*

b. Mein Freund belügt mich nie: *My husband never lies to me.*

c. Mein Freund hat die gleichen Interessen wie ich: *My boyfriend has the same interests as me.*

d. Meine Freundin behandelt mich gut: *My girlfriend trusts me.*

e. Meine Freundin steht zu mir, egal was passiert: *My girlfriend listens to me, no matter what happens.*

f. Meine Frau hört mir zu, wenn ich ein Problem habe: *My wife listens to me when I have a problem.*

g. Meine ideale Freundin würde mich nie betrügen: *My ideal partner would probably cheat on me.*

h. Mein Verlobter gibt mir teure Geschenke: *My fiancé gives me cheap gifts.*

Martina: Mein Freund respektiert mich und versucht nicht, mich zu kontrollieren.

Susanne: Mein idealer Partner muss jemand sein, der mich glücklich macht! Und er darf mich nie betrügen!

Alex: Mein Freund belügt mich nie. Das ist sehr, sehr wichtig für mich!

Paula: Mein Partner steht immer zu mir, egal was ich mache. Das ist das Wichtigste für mich.

Philipp: Meine Frau ist geduldig, verständnisvoll und sie vertraut mir. Ich finde das toll!

Oliver: Meine ideale Partnerin hört mir immer zu, wenn ich ein Problem habe, und sie ist nie eifersüchtig.

Corinna: Ich hätte gern einen Partner, der großzügig ist. Mein Freund muntert mich auf, wenn ich traurig bin.

Esme: Mein Partner ist selten böse mit mir. Ich finde das sehr wichtig.

---

11. Answer the questions from the sentences above

a. Who thinks that not telling lies is very important?

b. What does Philipp like about his wife? (3 details)

c. Who wants a partner who is not jealous?

d. What two things must Susanne's partner do?

e. Who has a partner who cheers them up when they are sad?

f. Who appreciates feeling respected?

g. Who has a partner that always stands by them?

h. Who has a partner that rarely gets angry with them?

12. Gapped translation

a. Mein Mann _ _ _ _ _ _ mich immer: *My husband always hugs me.*

b. Mein Freund _ _ _ _ _ _ mich nie: *My boyfriend never cheats on me.*

c. Meine ideale Partnerin _ _ _ _ immer zu mir: *My ideal partner (f) always stands by me.*

d. Meine Frau _ _ _ _ mir immer zu: *My wife always listens to me.*

e. Meine Freundin hat die _ _ _ _ _ _ _ _ Interessen: *My girlfriend has the same interests.*

f. Sie versucht, mich _ _ _ _ _ _ _ _ _ _ zu machen: *She tries to make me happy.*

g. Mein Mann ist immer für _ _ _ _ da: *My husband is always there for me.*

h. Mein Freund ist nicht _ _ _ _ _ _ _ _ _ _ _ _ _: *My girlfriend is not jealous.*

i. Meine Freundin gibt mir schöne _ _ _ _ _ _ _ _ _: *My boyfriend gives me beautiful gifts.*

---

13. Sentence puzzle: rewrite the sentences in the correct order

a) idealer Partner mich belügt nie mein

b) Frau immer steht meine zu mir, egal passiert was

c) mein nicht ist eifersüchtig Mann

d) meine ideale nicht will Partnerin haben Recht immer

e) muntert sie auf mich, wenn traurig bin ich

f) vertraut meine mir Frau

g) Partner mich verstehen zu versucht mein idealer

h) meine umarmt immer mich Freundin

---

14. Match

Er ist immer treu.	He never gets angry with me for no reason.
Er umarmt mich immer.	He doesn't always want to be right.
Er ist nie ohne Grund böse mit mir.	He always tries to make me happy.
Er hat die gleichen Interessen wie ich.	He always hugs me.
Er will nicht immer Recht haben.	He never lies to me.
Er versucht immer, mich glücklich zu machen.	He treats me well.
Er steht zu mir, egal was passiert.	He has the same interests as me.
Er belügt mich nie.	He often gives (makes) me expensive gifts.
Er vertraut mir.	He is always faithful.
Er behandelt mich gut.	He listens to me when I have a problem.
Er macht mir oft teure Geschenke.	He trusts me.
Er hat die gleichen Interessen wie ich.	He stands by me, no matter what happens.
Er hört mir zu, wenn ich ein Problem habe.	He respects my opinion.

Meine ideale Partnerin ist jemand, die attraktiv und klug ist, und die einen guten Sinn für Humor hat. Sie hat auch viel Geduld und ist immer sehr verständnisvoll. Sie steht immer zu mir, egal was passiert, und sie respektiert auch immer meine Meinung. Ein gutes Einfühlungsvermögen ist das Wichtigste, denke ich. **(Conni)**

Mein idealer Partner ist jemand, der liebevoll und romantisch ist, und der immer für mich da ist, wenn ich ihn brauche. Er vertraut mir und ist treu, und er versucht immer, meinen Standpunkt zu verstehen. Außerdem ist er offen für neue Ideen und will nicht immer Recht haben. Für mich sind Bescheidenheit und Großzügigkeit das Wichtigste an einem Partner. Was denkst du? **(Andrea)**

Ich hätte gern eine Freundin, die gutaussehend, fleißig und zuverlässig ist. Sie sollte auch klug und aufgeschlossen sein, das fände ich sehr wichtig. Sie sollte mir gut zuhören können und immer bereit sein, mir zu helfen. Außerdem sollte sie immer meine Meinung respektieren. Vor allem sollte sie immer treu sein. Treue ist für mich das Wichtigste in einer Beziehung. **(Maxi)**

15. Find someone who…

a. …believes empathy is the most important quality of a good partner.

b. …wants an attractive partner with a good sense of humour.

c. …thinks an ideal partner always tries to understand their other half's point of view.

d. …thinks loyalty is the most important quality of a good partner.

e. …wants a partner who is a good listener and is always ready to help.

f. …believes that generosity is a very important quality of a good partner.

g. …says that her ideal partner is someone who supports her whatever she does.

h. …seeks a partner who is attractive, hard-working and reliable.

16. Find in Maxi's text the German equivalent of the following

a. open-minded

b. She should…

c. …be able to listen to me well.

d. be ready

e. respect my opinion

f. above all

g. in a relationship

17. Complete the translation of Maxi's text below

I'd like a girlfriend who is __________________, hard-working and ________________. She should also be

____________ and open-minded, I'd find that very important. She should be able to listen to me well and always

be ready to __________ me. ______________, she should always respect my ______________. Above all, she

should always be ____________. Loyalty is for me the most ____________ thing in a ________________.

18. Translate into English the following phrases/sentences taken from Andrea's text

a. jemand, der liebevoll ist

b. der immer für mich da ist

c. wenn ich ihn brauche

d. er vertraut mir

e. er will nicht immer Recht haben

f. offen für neue Ideen

g. für mich

h. Bescheidenheit

THE LANGUAGE GYM

19. Complete with an appropriate word

a. Er macht mir teure _______________.

b. Er respektiert meine _______________.

c. Eine gute Freundin ist immer _______________.

d. Er versucht nicht, mich zu _______________.

e. Er hat die gleichen _______________ wie ich.

f. Sie _______________ zu mir, egal was passiert.

g. Sie _______________ mich nicht.

h. Sie ist nie _______________.

i. Sie will nicht immer _______________ haben.

j. _______________ ist das Wichtigste an ihr.

20. Slalom translation: translate the sentences below selecting and numbering off the appropriate boxes as shown in the example

1. My partner (f) always trusts me.	2. My husband never lies to me.	3. My boyfriend doesn't try to control me.	4. My girlfriend always stands by me.
5. My wife respects my opinion.	6. My partner (m) cheers me up when I am sad.	7. My fiancé is always ready to help me.	8. She has the same interests as me.

Meine Partnerin (1)	ist immer	immer	nie.
Meine Frau	**vertraut (1)**	meine	zu kontrollieren.
Mein Mann	versucht	**mir (1)**	zu mir.
Sie hat	respektiert	mich	traurig bin.
Mein Freund	belügt	nicht, mich	mir zu helfen.
Mein Verlobter	muntert mich auf,	Interessen	**immer. (1)**
Mein Partner	steht	bereit,	wie ich.
Meine Freundin	die gleichen	wenn ich	Meinung.

21. Translate into German

a. my (female) partner

b. my husband

c. my wife

d. my girlfriend

e. my boyfriend

f. my (male) partner

g. my fiancée

22. Match up

die Eifersucht	sense of humour
der Sinn für Humor	selfishness
die Großzügigkeit	envy
die Treue	untruthfulness
der Egoismus	love
die Ehrlichkeit	open-mindedness
die Aufgeschlossenheit	honesty
die Liebe	loyalty
der Neid	generosity
die Verlogenheit	jealousy

23. Translate from memory

a. Mein Mann vertraut mir.

b. Mein Partner belügt mich nicht.

c. Meine Freundin behandelt mich gut.

d. Meine Frau versucht, mich zu verstehen.

e. Mein Freund betrügt mich nicht.

f. Mein idealer Partner ist immer fröhlich.

g. Mein Mann ist selten böse mit mir.

h. Mein Freund ist für mich da, wenn ich ihn brauche.

i. Mein idealer Partner will nicht immer Recht haben.

j. Er respektiert immer meine Meinung.

k. Sie ist immer bereit, mir zu helfen.

l. Sie hat die gleichen Interessen wie ich.

m. Mein Freund muntert mich auf, wenn ich traurig bin.

n. Meine Freundin steht immer zu mir, egal was passiert.

24. Translate into German

a. My girlfriend is understanding and empathetic:

b. My boyfriend is very patient:

c. My husband is warm-hearted and open-minded:

d. My ideal partner should be cheerful, funny and clever:

e. My (male) partner is rarely angry with me:

f. My wife always respects my opinion:

g. My husband always treats me well:

h. My (male) partner is always ready to help me:

i. My boyfriend cheers me up when I am sad:

j. My (female) partner always tries to make me happy:

25. Write a paragraph for each of the people below in the FIRST person singular (ich)

Anke	Nils	Fatima
Her ideal partner is someone loving, honest, reliable, open-minded and with a good sense of humour. She treats her well, rareley gets angry with her and always tries to understand her point of view. She is always loyal and he often cuddles her. Her greatest strength is her honesty. Loyalty is also important.	His ideal partner is someone loyal, honest, reliable, kind and patient. She can listen well, always respects his opinion and always stands by him, no matter what happens. She treats him well and often gets him nice gifts. Her greatest strengths are loyalty and honesty.	Her ideal partner is someone friendly, kind, funny, and empathetic. He has the same interests as her. He is smart and good-looking, and always tries to understand her point of view. He doesn't always want to be right. He is open-minded and is always ready to help her. His greatest strength is his empathy.

Key questions

Wie ist dein idealer Partner/ deine ideale Partnerin?	*What is your ideal partner (m/f) like?*
Wie ist die Beziehung zwischen dir und deiner Freundin/deinem Freund	*What is your relationship like between you and your boyfriend/girlfriend?*
Streitest du oft mit ihm/ihr?	*Do you argue often with him/her?*
Warum streitet ihr?	*Why do you argue?*
Was ist der häufigste Grund für einen Streit?	*What is the most frequent cause of an argument?*
Wie könntest du Streit vermeiden?	*How could you avoid arguments?*
Bist du ein guter oder ein schlechter Freund/ eine gute oder eine schlechte Freundin, deiner Meinung nach? **Warum?**	*Are you a good or bad boyfriend/a good or bad girlfriend, in your opinion?* *Why?*
Wie könntest du die Beziehung mit deinem Freund/ deiner Freundin verbessern?	*How could you improve your relationship with your boyfriend/girlfriend?*

ANSWERS – Unit 10

1. Match: **lustig** – funny   **einfühlsam** – empathetic   **romantisch** – romantic   **großzügig** – generous   **treu** – loyal
abenteuerlustig – adventurous   **liebevoll** – loving   **aufgeschlossen** – open-minded   **geduldig** – patient
eifersüchtig – jealous   **ehrlich** – honest   **fröhlich** – cheerful   **klug** – clever, wise

2. Missing letters: a) lustig   b) fröhlich   c) klug   d) liebevoll   e) großzügig   f) treu   g) ehrlich   h) warmherzig
i) zuverlässig   j) aufgeschlossen

3. Complete: a) fröhlich   b) nett   c) klug   d) zuverlässig   e) ehrlich   f) lustig   g) liebevoll   h) gefühlvoll   i) treu

4. Complete the table: einfersüchtig ; abenteuerlustig ; treu ; zuverlässig ; bescheiden ; ehrlich ; fröhlich ; faul ; geduldig

5. Translate: a) My boyfriend is very empathetic and loyal.   b) My partner is kind and always cheerful.   c) My mother is warm-hearted and clever.   d) My husband is never jealous.   e) My boyfriend is really open-minded.   f) My fiancé is adventurous and romantic.   g) My girlfriend is very loving.   h) My fiancé is always honest and reliable. i) My husband is very funny and very hard-working. j) My boyfriend is very clever/wise for his age.

6. Match the opposites: **klug** – dumm   **treu** – untreu   **nett** – gemein   **geduldig** – ungeduldig   **fröhlich** – traurig
ehrlich – verlogen   **aufgeschlossen** – verschlossen   **warmherzig** – kaltherzig   **großzügig** – geizig
romantisch – unromantisch

7. Complete based on the vocabulary above: a) Interessen   b) respektiert   c) Recht   d) belügt/betrügt   e) steht   f) muntert
g) versucht   h) hört

8. Spot and write in the missing word: a) Recht **haben**   b) **mich** gut   c) **meine** Meinung   d) durch **dick**   e) die **gleichen**
f) muntert **mich**   g) **zu** verstehen   h) belügt **mich**

9. Select from the 'Useful Vocabulary' box above the top 5 traits of your ideal partner and list them here
-Student chooses from the "Useful Vocabulary" box

10. Six of the eight sentences below have been translated incorrectly: a) to control me   b) My boyfriend   c) -
d) treats me well   e) stands by me   f) -   g) would never   h) expensive gifts

11. Answer: a) Alex   b) she is patient, understanding and she trusts him   c) Oliver   d) make her happy, never cheat on her
e) Corinna   f) Martina   g) Paula   h) Esme

12. Gapped translation: a) umarmt   b) betrügt   c) steht   d) hört   e) gleichen   f) glücklich   g) mich   h) eifersüchtig
i) Geschenke

13. Sentence puzzle: a) Mein idealer Partner belügt mich nie.   b) Meine Frau steht immer zu mir, egal was passiert.
c) Mein Mann ist nicht eifersüchtig.   d) Meine ideale Partnerin will nicht immer Recht haben.
e) Sie muntert mich auf, wenn ich traurig bin.   f) Meine Frau vertraut mir.
g) Mein idealer Partner versucht mich zu verstehen.   h) Meine Freundin umarmt mich immer.

14. Match:
Er ist immer true. – He is always faithful.   Er umarmt mich immer. – He always hugs me.
Er ist nie ohne Grund böse mit mir. – He never gets angry with me for no reason.
Er hat die Gleichen Interessen wie ich. – He has the same interests as me.
Er will nicht immer Recht haben. – He does not always want to be right.
Er versucht immer mich glücklich zu machen. – He always tries to make me happy.
Er steht zu mir, egal was passiert. – He stands by me, no matter what happens.
Er belügt mich nie. – He never lies to me.
Er vertraut mir. – He trusts me.
Er behandelt mich gut. – He treats me well.
Er macht mir oft teure Geschenke. – He gives (makes) me expensive gifts.
Er respektiert meine Meinung. – He respects my opinion.
Er hört mir zu, wenn ich ein Problem habe. – He listens to me when I have a problem.

15. Find someone who: a) Conni   b) Conni   c) Andrea   d) Maxi   e) Maxi   f) Andrea   g) Conni   h) Maxi

16. Find in Maxi's text the German equivalent of the following: a) aufgeschlossen   b) Sie sollte …
c) ... mir gut zuhören können.   d) bereit sein   e) meine Meinung respektieren   f) vor allem   g) in einer Beziehung

17. Complete the translation: good-looking, reliable, clever, help, Furthermore, opinion, faithful/loyal, important, relationship

18. Translate: a) someone who is loving   b) who is always there for me   c) when I need him   d) he trusts me
e) he does not always want to be right   f) open for new ideas   g) for me   h) humility

19. Complete: a) Geschenke   b) Meinung   c) (any positive adjective)   d) kontrollieren   e) Interessen   f) steht   g) belügt
/betrügt   h) (any negative adjective)   i) Recht   j) (any positive characteristic)

20. Slalom translation: 1) Meine Partnerin vertraut mir immer.   2) Mein Mann belügt mich nie.
3) Mein Freund versucht nicht, mich zu kontrollieren.   4) Meine Freundin steht immer zu mir.
5) Meine Frau respektiert meine Meinung.   6) Mein Partner muntert mich auf, wenn ich traurig bin.
7) Mein Verlobter ist immer bereit, mir zu helfen.   8) Sie hat die gleichen Interessen wie ich.

21. Translate: a) meine Partnerin   b) mein Mann/Ehemann   c) meine Frau/Ehefrau   d) meine Freundin   e) mein Freund
f) mein Partner   g) meine Verlobte

22. Match: die Eifersucht – jealousy   **der Sinn für Humor** – sense of humour   **die Großzügigkeit** – generosity
die Treue – loyalty   **der Eogismus** – selfishness   **die Ehrlichkeit** - honesty   **die Aufgeschlossenheit** – open-mindedness
die Liebe – love   **der Neid** - envy   **die Verlogenheit** – untruthfulness

23. Translate: a) My husband trusts me.   b) My partner doesn't lie to me.   c) My girlfriend treats me well.
d) My wife tries to understand me.   e) My boyfriend doesn't cheat on me.   f) My ideal partner is always cheerful.
g) My husband is rarely angry with me.   h) My boyfriend is there for me when I need him.
i) My ideal partner doesn't always want to be right.   j) He always respects my opinion.   k) She is always ready to help me.
l) She has the same interests as me.   m) My boyfriend cheers me up when I am sad.
n) My girlfriend always stands by me, no matter what happens.

24. Translate: a) Meine Freundin ist verständnisvoll und einfühlsam.   b) Mein Freund ist sehr geduldig.
c) Mein Mann ist warmherzig und aufgeschlossen.   d) Mein idealer Partner sollte fröhlich, lustig und klug sein.
e) Mein Partner ist selten böse mit mir.   f) Meine Frau respektiert immer meine Meinung.
g) Mein Mann behandelt mich immer gut.   h) Mein Partner ist immer bereit, mir zu helfen.
i) Mein Freund muntert mich auf, wenn ich traurig bin.   j) Meine Partnerin versucht immer, mich glücklich zu machen.

25. Write a paragraph for each of the people below in the FIRST person singular (ich)

Anke: Meine ideale Partnerin ist jemand, die liebevoll, ehrlich, zuverlässig und aufgeschlossen ist, und die einen guten Sinn für Humor hat. Sie behandelt mich gut, ist selten böse mit mir und versucht immer, meinen Standpunkt zu verstehen. Sie ist immer treu und umarmt mich oft. Ihre größte Stärke ist Ehrlichkeit. Treue ist auch wichtig.

Nils: Meine ideale Partnerin ist jemand, die treu, ehrlich, zuverlässig, nett und geduldig ist. Sie kann gut zuhören, respektiert immer meine Meinung und sie steht immer zu mir, egal was passiert. Sie behandelt mich gut und sie macht mir oft schöne Geschenke. Ihre größten Stärken sind Treue und Ehrlichkeit.

Fatima: Mein idealer Partner ist jemand, der freundlich, nett, lustig und einfühlsam ist. Er hat die gleichen Interessen wie ich. Außerdem ist er klug und gutaussehend, und er versucht immer, meinen Standpunkt zu verstehen. Er will nicht immer Recht haben und er ist aufgeschlossen und immer bereit, mir zu helfen. Seine größte Stärke ist sein Einfühlungsvermögen.

Unit 11. Saying why you don't get along with people

Ich verstehe mich nicht gut *[I do not get along well]*	**mit meiner Freundin Lisa** *[with my friend Lisa]*
	mit meiner großen Schwester *[with my big sister]*
	mit meiner Mutter *[with my mother]*
	mit meinem Freund Max *[with my friend Max]*
	mit meinem kleinen Bruder *[with my little brother]*
	mit meinem Vater *[with my father]*
	mit meinen Klassenkameraden *[with my classmates]*
	mit meinen Eltern *[with my parents]*
	mit meinen Lehrern *[with my teachers]*

Ich kann sie nicht leiden, *[I can't stand her]*	**denn sie ist** *[because she is]*	**ein bisschen** *[a bit]*	**anstrengend** *[exhausting]*
			arrogant *[arrogant]*
			eingebildet *[conceited]*
Ich kann ihn nicht leiden, *[I can't stand him]*	**denn er ist** *[because he is]*	**sehr** *[very]*	**egoistisch** *[selfish]*
			gemein *[mean]*
			launisch *[moody]*
		super- *[super]*	**nachtragend** *[unforgiving]*
			nervig *[annoying]*
Ich finde sie unerträglich, *[I find them unbearable]*	**denn sie sind** *[because they are]*	**total** *[really]*	**pingelig** *[fussy]*
			rechthaberisch *[bossy]*
		zu *[too]*	**stur** *[stubborn]*
			unhöflich *[rude]*
			verlogen *[dishonest]*

und er/sie *[and he/she]*	**und sie** *[and they]*
behandelt mich schlecht *[treats me badly]*	**behandeln mich schlecht** *[treat me badly]*
belügt mich die ganze Zeit *[lies to me all the time]*	**belügen mich die ganze Zeit** *[lie to me all the time]*
hilft mir nie *[never helps me]*	**helfen mir nie** *[never help me]*
hört mir nie zu *[never listens to me]*	**hören mir nie zu** *[never listen to me]*
kritisiert mich immer *[always criticises me]*	**kritisieren mich immer** *[always criticise me]*
macht sich über mich lustig *[mocks me]*	**machen sich über mich lustig** *[mock me]*
regt sich über alles auf *[gets upset at everything]*	**regen sich über alles auf** *[get upset at everything]*
schimpft mit mir *[tells me off]*	**schimpfen mit mir** *[tell me off]*
schreit mich an *[shouts at me]*	**schreien mich an** *[shout at me]*
unterstützt mich nie *[never supports me]*	**unterstützen mich nie** *[never support me]*
versteht mich nicht *[doesn't understand me]*	**verstehen mich nicht** *[don't understand me]*

Außerdem *[Furthermore,]*	**haben wir nicht die gleichen Interessen** *[we don't have the same interests]*
	kann ich ihm/ihr nicht vertrauen *[I cannot trust him/her]*
	kann ich ihnen nicht vertrauen *[I cannot trust them]*
	streiten wir uns die ganze Zeit *[we argue the whole time]*

1. Match

launisch	moody
egoistisch	stubborn
anstrengend	selfish
unhöflich	rude
verlogen	bossy
pingelig	exhausting
gemein	stupid
rechthaberisch	mean
stur	arrogant
eingebildet	dishonest
arrogant	conceited
dumm	fussy

2. Missing letters challenge

a. Ich bin ein bisschen pi _ _ _ _ _ _

b. Meine Mutter ist st _ _

c. Meine Schwester ist ge _ _ _ _

d. Meine Eltern sind lau _ _ _ _ _

e. Mein Nachbar ist ar _ _ _ _ _ _

f. Meine Brüder sind total d _ _ _

g. Mein Vater ist sehr ner _ _ _

5. Break the flow [capitalize letters where needed]

a) meinbruderbelügtmichdieganzezeit

b) meineelternregensichüberallesauf

c) meingroßerbruderisttotalgemein

d) meinefreundinistsehreingebildet

e) meineschwesterbehandeltmichschlecht

f) meinfreundmachtsichlustigübermich

7. Anagrams

a. Mein Bruder ist **aunlsich**

b. Mein Vater ist **gendenanstr**

c. Meine Freundin ist **egmein**

d. Meine Schwester ist **bilgedetein**

e. Mein Englischlehrer ist **liggepin**

f. Mein Freund Dieter ist **ruts**

3. Translate into English

a. Mein kleiner Bruder ist supernervig.

b. Meine Schwester ist total rechthaberisch.

c. Mein Vater regt sich über alles auf.

d. Meine Mutter ist viel zu pingelig.

e. Meine große Schwester ist ein bisschen gemein.

f. Mein Nachbar *(neighbour)* ist arrogant und dumm.

g. Meine Eltern sind superanstrengend.

h. Meine Mutter hört mir nie zu.

i. Meine große Schwester hilft mir nie.

4. Rewrite in the correct order

a) haben wir Interessen gleichen nicht die

b) großer Bruder total ist mein verlogen

c) Vater über alles sich auf regt mein

d) Mutter behandelt schlecht mich meine

e) ich mich streite meinen Eltern mit oft

f) verstehen meine mich Eltern nicht

6. Complete with the missing words

a. Wir haben nicht die __________ Interessen.
[We don't have the same interests.]

b. Mein Bruder __________ sich immer lustig über mich.
[My brother always mocks me.]

c. Mein Freund __________ mich die ganze Zeit.
[My boyfriend lies to me all the time.]

d. Meine Schwester __________ mir nie bei meinen Hausaufgaben. *[My older sister never helps me with my homework.]*

e. Mein Vater _________ sich immer über meine Haare auf.
[My father always gets upset about my hair.]

f. Meine Eltern schimpfen mit ______ wegen meiner Noten.
[My parents tell me off because of my grades.]

g. Meine große Schwester ____________ mich schlecht.
[My older sister treats me badly.]

8. Split words

a. lau-	-gant *[arrogant]*
b. du-	-haberisch *[bossy]*
c. ge-	-bildet *[conceited]*
d. pin-	-nisch *[moody]*
e. arro-	-höflich *[rude]*
f. einge-	-ur *[stubborn]*
g. ver-	-mm *[stupid]*
h. anstr-	-agend *[unforgiving]*
i. recht-	-gelig *[fussy]*
j. un-	-mein *[mean]*
k. st-	-logen *[dishonest]*
l. nachtr-	-engend *[exhausting]*

9. Match

Er behandelt mich schlecht.	He is really annoying.
Er hört mir nicht zu.	He is mean.
Wir streiten uns oft.	He treats me badly.
Wir haben nicht die gleichen Interessen.	He gets upset at everything.
Er ist total nervig.	He doesn't listen to me.
Er unterstützt mich nicht.	I can't trust him.
Er ist gemein.	He doesn't support me.
Er hilft mir nie.	We often argue.
Ich kann ihm nicht vertrauen.	He never helps me.
Er regt sich über alles auf.	We don't have the same interests.

10. Multiple choice quiz

	a	b	c
Er hilft mir nie.	He never helps me.	He never talks to me.	He never praises me.
Er regt sich über alles auf.	He never listens to me.	He never helps me.	He gets upset at everything.
Sie hört mir nie zu.	She never helps me.	She never listens to me.	She never treats me well.
Sie ist verlogen.	She is moody.	She is dishonest.	She is mean.
Wir streiten uns.	We argue.	We disagree.	We hate each other.
Ich verstehe mich nicht gut mit ihm.	I don't get along well with him.	I don't share things with him.	I can't stand him.
Er behandelt mich schlecht.	He treats me badly.	He criticises me.	He ignores me.
Er schimpft mit mir.	He is mean to me.	He tells me off.	He punishes me.
Er belügt mich.	He shouts at me.	He lies to me.	He beats me up.
Sie macht sich lustig über mich.	She criticises me.	She grounds me.	She mocks me.
Sie ist launisch.	She is nasty.	She is stubborn.	She is moody.
Ich kann ihr nicht vertrauen.	I cannot trust her.	She shouts at me.	She belittles me.
Ich kann sie nicht leiden.	I can't stand her.	I don't talk to her.	I don't get along with her.

11. Spot the missing word in the German sentence and add it in

a. Meine Mutter mich schlecht: *[My mother treats me badly.]*

b. Meine Eltern sehr rechthaberisch: *[My parents are very bossy.]*

c. Mein Bruder belügt die ganze Zeit: *[My brother lies to me all the time.]*

d. Meine Klassenkameraden machen lustig über mich: *[My classmates mock me.]*

e. Mein großer Bruder hilft nie: *[My older brother never helps me.]*

f. Meine ist gemein: *[My sister is mean.]*

g. Mein Vater schreit mich an: *[My father always shouts at me.]*

h. Mein Chemielehrer mit mir die ganze Zeit: *[My science teacher tells me off all the time.]*

---

12. Split sentences (negative qualities)

Sie unterstützt …	**… nicht leiden.** *[I can't stand her.]*
Sie belügt mich …	**… mir nie.** *[She never helps me.]*
Sie regt sich …	**… die ganze Zeit.** *[She lies to me all the time.]*
Sie hilft …	**… mich.** *[She hits me.]*
Ich kann sie …	**… lustig über mich.** *[She mocks me.]*
Sie ist total …	**…über alles auf.** *[She gets upset at everything.]*
Sie schlägt …	**…gemein.** *[She is really mean.]*
Sie macht sich …	**…mich nicht.** *[She doesn't support me.]*

13. Translate into English

a. Ich kann meinen Biolehrer nicht leiden.

b. Ich verstehe mich gut mit meinem Spanischlehrer.

c. Meine Mutter schimpft immer mit mir.

d. Mein Bruder ist sehr stur und arrogant.

e. Meine Eltern helfen mir nie.

f. Meine Bruder belügt mich die ganze Zeit.

g. Ich streite mich oft mit meiner Freundin.

h. Meine große Schwester ist eingebildet.

i. Mein kleiner Bruder ist total nervig, er quasselt *(=he babbles)* die ganze Zeit!

j. Mein Vater regt sich über alles auf und manchmal schlägt er mich.

k. Mein Freund ist sehr egoistisch.

---

14. Spot and correct the spelling or grammar mistake. HINT: there is only one per sentence

a. Miene Mutter ist egoistisch.

b. Mein Vater oft schimpft mit mir.

c. Mein Eltern sind gemein.

d. Mein Freund belügt mir die ganze Zeit.

e. Ich kann meine eltern nicht leiden.

f. Meine Freunde mache sich lustig über mich.

g. Mein Vater regt über alles auf.

h. Ich verstehe mich nicht gut mit meine Eltern.

i. Meine große Schwester helfen mir nie.

j. Sie ist stur und ich kann ihm nicht vertrauen.

k. Meine Eltern mich unterstützen nicht.

l. Meine Freundin ist superlaunish.

Nina: Ich verstehe mich nicht gut mit meinen Eltern. Sie sind viel zu pingelig! Sie kritisieren alles, was ich mache. Sie machen sich immer über meine Haare lustig.

Paul: Meine Schwester ist superanstrengend. Sie regt sich über alles auf! Manchmal schlägt sie mich, stell dir vor!

Emma: Ich kann meinen kleinen Bruder nicht leiden. Er ist laut, er quasselt die ganze Zeit und manchmal schlägt er mich.

Gabi: Ich streite mich sehr oft mit meinem Mathelehrer. Er ist sehr arrogant, unhöflich, und er will immer Recht haben. Außerdem hilft er mir nie, wenn ich etwas nicht verstehe.

Lukas: Mein großer Bruder und ich streiten uns oft, weil er immer meinen Computer benutzt, ohne mich zu fragen.

Valentina: Meine kleine Schwester ist eingebildet und egoistisch. Sie will immer Recht haben und sie nimmt immer meine Sachen, ohne mich zu fragen. Außerdem belügt sie mich die ganze Zeit!

Jo: Ich kann meinen Bruder nicht leiden. Er ist total frech und unhöflich: Er beleidigt mich die ganze Zeit und er versteckt immer mein Handy. Außerdem kritisiert er immer meinen Freund.

16. Find the German equivalent for the words/phrases below

a. far too fussy

b. everything I do

c. my hair

d. she gets upset at everything

e. he always wants to be right

f. without asking me

g. when I don't understand something

h. he always hides my mobile

i. he insults me

j. he babbles the whole time

15. Answer the questions below about the texts on the left

a. How does Nina describe her parents?

b. What does Lukas' brother do?

c. What is the problem with Paul's sister? (2 details)

d. What two adjectives does Valentina use to describe her sister?

e. Who has a sibling who criticises her boyfriend?

f. What does Valentina's sister do that annoys her?

g. Why does Gabi dislike her maths teacher? (4 details)

h. Who always hides their sister's mobile phone?

i. Who can't stand their younger brother?

j. Who has a sibling who insults them all the time?

k. Who is noisy and babbles the whole time?

l. Who is cheeky and rude?

m. Who wants to be right all the time? (2 people)

Ich bin ziemlich ruhig, aufgeschlossen und geduldig, deshalb streite ich mich selten. Wenn ich mich mal streite, dann meistens mit meinem kleinen Bruder oder mit meiner Mutter. Mein kleiner Bruder ist echt nervig – er quasselt die ganze Zeit und er ist unordentlich, stur und eingebildet. Was mich am meisten nervt: Er nimmt immer meine Sachen, ohne mich zu fragen! Letzte Woche hat er mein Handy genommen und er hat es kaputt gemacht. Unglaublich! Außerdem belügt er mich die ganze Zeit. Er ist so anstrengend!

Und meine Mutter? Wir streiten uns, weil sie mich die ganze Zeit kritisiert. Sie kritisiert meine Kleidung, meine Frisur und sogar die Musik, die ich höre. Außerdem ist sie nie zufrieden mit meinen Noten und sie kritisiert ständig meinen Freund, Gianfranco (er ist aus Italien und er ist sehr muskulös). Das Schlimmste ist, dass sie mir nie zuhört, und dass sie mir nie hilft, wenn ich ein Problem habe.

Zum Glück streite ich mich nie mit meinem Vater und mit meinem großen Bruder. Sie sind geduldig, großzügig und immer nett zu mir. **(Bea, 18 Jahre)**

17. Find in the text the German for the following

a. calm: r_____________

b. with someone: m_____ j___________

c. nevertheless: t_____________

d. really annoying: e______ n___________

e. messy: u_____________

f. my things: m_____ S__________

g. the whole time: d___ g________ Z______

h. my clothes: m________ K__________

i. my hairstyle: m________ F___________

j. results/grades: N____________

k. the worst is: d___ S___________ i_____

l. never: n_____________

m. fortunately: z______ G___________

18. Answer the questions below on Bea's text

a. How does Bea describe herself? (3 details)

b. Who does Bea argue with?

c. How does she describe her younger brother? (4 details)

d. What annoys her the most?

e. What did her brother do last week?

f. What does her brother do all the time?

g. Name three things her mother criticises about her.

h. What three adjectives does she use to describe her father and her older brother?

19 Find the German for the phrases below in Bea's text

a. that is why I rarely argue (5 words)

b. my little brother

c. he is really annoying

d.what annoys me the most

e. without asking me

f. last week, he took my mobile

g. he broke it

h. Unbelievable!

i. he is so exhausting (=annoying)

j. we argue

k. she criticises my clothes

l. the worst thing is

m. that she never helps me

n. fortunately, I never argue

o. they are generous

p. always nice to me

Ich streite mich oft – mit meinen Eltern, meinen beiden Schwestern, meinen Freunden, meinen Klassenkameraden, meinen Lehrern – mit der ganzen Welt! Ich streite mich mit meinen Eltern, weil sie alles kontrollieren wollen, was ich mache. Sie wollen immer alles wissen und immer Recht haben und sie sind superpingelig. Ich kann sie nicht leiden!

Ich streite mich auch mit meinen Schwestern, weil sie arrogant und eingebildet sind, und weil sie mich immer schlecht behandeln. Sie kritisieren meine Kleidung, meine Haare und alles, was ich sage. Sie sind so anstrengend!

Ich habe nicht viele Freunde, aber ich streite mich auch mit ihnen. Sie quasseln viel zu viel, hören langweilige Musik, tragen langweilige Klamotten und haben eine Frisur wie mein Opa. Der Schlimmste ist mein Klassenkamerad Manuel, ein echter Verlierer! Wir streiten uns, weil er dumm und stur ist.

Auch die anderen Klassenkameraden streiten sich mit mir. Sie sagen, dass ich zu stur und zu aggressiv bin, und dass ich immer Recht haben will. Meiner Meinung nach sind sie nur eifersüchtig, weil ich größer, stärker und attraktiver bin als sie. Sie sind so dumm. Sie haben keine Ahnung!

Meine Lehrer sind auch genervt von mir. Sie schimpfen immer mit mir, weil ich nie meine Hausaufgaben mache, und weil ich immer zu spät komme. Sie sagen, dass ich arrogant, faul und unhöflich bin. Der Schlimmste ist mein Geschichtslehrer, Herr Schmidt. Wir streiten uns, weil er langweilig ist und weil ich in seiner Klasse nichts lerne. Er sagt, dass ich sehr ungezogen und frech bin. **(Mo, 16 Jahre)**

21. Answer the questions below

a. Who does Mo argue with? (5 details)

b. Give three reasons why he argues with his parents.

c. What do his sisters criticise about him? (3 details)

d. How does he describe them? (4 details)

e. What does he not like about his friends? (4 details)

f. What do his classmates say about him? (3 details)

g. Why are they jealous of him, in his opinion? (3 details)

h. Why does his history teacher not like him? (2 details)

i. Why does he dislike his history teacher? (2 details)

20. Complete

a. with my parents: m__ m______ E______

b. everything: a________

c. to know: w________

d. super-fussy: s________________

e. conceited: e______________

f. badly: s__________

g. my clothing: m______ K____________

h. also: a______

i. far too much: v_____ z__ v_____

j. my grandad: m_____ O____

k. the worst one is: d___ S_________ i__

l. with me: m__ m____

m. jealous: e____________

n. annoyed by me: g_________ v___ m___

o. naughty: u____________

22. Find the German equivalent

a. with the whole world

b. because they want to control everything

c. I cannot stand them

d. because they always treat me badly

e. everything I say

f. I argue also with them

g. they have a hairstyle like my grandad

h. a real loser

i. they say that

j. in my opinion they are only jealous

k. they have no idea

l. they always tell me off

m. because I don't learn anything in his class

23. Complete with the options provided below	
a. Sie ___________ mir nie:	*[She never helps me.]*
b. Er ______________ mich nicht:	*[He doesn't understand me.]*
c. Sie ist _______________ :	*[She is mean.]*
d. Er ___________ sich über alles auf:	*[He gets upset at everything.]*
e. Er macht sich ___________ über mich:	*[He mocks me.]*
f. Sie __________ meine Sachen, ohne mich zu fragen:	*[She takes my things without asking me.]*
g. Ich streite mich mit _________ :	*[I argue with them.]*
h. Er __________ immer mit mir:	*[He always tells me off.]*
i. Sie __________ mein Geld:	*[She steals my money.]*
j. Ich kann ihm nicht _____________ :	*[I cannot trust him.]*
k. Sie kritisiert meine _____________ :	*[She criticises my hair-style.]*
l. Sie kritisieren meine_____________ :	*[They criticise my clothes.]*

vertrauen	Kleidung	gemein	versteht	lustig	nimmt
schimpft	hilft	klaut	regt	Frisur	ihnen

24. Translate into English

a. Ich streite mich oft mit meinen Eltern.

b. Meine Mutter kritisiert immer meine Kleidung.

c. Sie sagt, dass ich faul und ungezogen bin.

d. Ich verstehe mich nicht gut mit meinem Vater.

e. Er ist stur und will immer Recht haben.

f. Mein Vater schimpft immer mit mir.

g. Er klaut mein Geld.

h. Er nimmt meine Sachen, ohne mich zu fragen

i. Meine Schwester ist gemein und egoistisch.

j. Sie macht sich immer lustig über mich.

k. Sie hilft mir nie bei meinen Hausaufgaben.

l. Meine Klassenkameraden sagen, dass ich dumm bin.

m. Ich kann meine Lehrer nicht leiden.

n. Mein Freund versucht immer, mich zu kontrollieren.

25. Translate into German

a. My mother is bossy.

b. She never helps me.

c. My father wants to control everything I do.

d. He never listens to me.

e. I can't stand my parents.

f. My big brother mocks me.

g. He criticises my clothes and my hairstyle.

h. He hits me.

i. My little brother steals my money.

j. He takes my things without asking me.

k. I don't get along with my teachers.

l. The worst one is my History teacher.

m. He says that I am rude and lazy.

n. I can't stand him.

Key questions (Units 11 & 12)

Wie bist du? Beschreibe deinen Charakter.	*What are you like? Describe your character.*
Hast du viele Freunde? **Warum? Warum nicht?**	*Do you have many friends?* *Why? Why not?*
Wer ist dein bester Freund/ deine beste Freundin?	*Who is your best friend (m/f)?*
Warum verstehst du dich gut mit ihm/ ihr?	*Why do you get on well with him/her?*
Verstehst du dich mit den meisten Leuten gut? **Warum? Warum nicht?**	*Do you get on well with most people?* *Why? Why not?*
Verstehst du dich gut mit deiner Familie? **Warum? Warum nicht?**	*Do you get on well with your family?* *Why? Why not?*
In deiner Familie, mit wem verstehst du dich am besten? Warum?	*In your family, who do you get on with best?* *Why?*
Mit wem verstehst du dich nicht gut? **Warum?**	*Who do you not get on well with?* *Why?*
Verstehst du dich gut mit deinen Klassenkameraden? **Warum? Warum nicht?**	*Do you get on well with your classmates?* *Why? Why not?*
Mit wem von ihnen verstehst du dich gut? **Warum?**	*Which of them do you get on well with?* *Why?*
Mit wem von ihnen verstehst du dich nicht gut? **Warum?**	*Which of them do you not get on well with?* *Why?*
Verstehst du dich gut mit deinen Lehrern? **Warum? Warum nicht?**	*Do you get on well with your teachers?* *Why? Why not?*
Mit wem von ihnen verstehst du dich gut? **Warum?**	*Which of them do you get on well with?* *Why?*
Mit wem von ihnen verstehst du dich nicht gut? **Warum?**	*Which of them do you not get on well with?* *Why?*

ANSWERS – Unit 11

1. Match: launisch – moody **egoistisch** – selfish **anstrengend** – exhausting **unhöflich** – rude **verlogen** – dishonest **pingelig** – fussy **gemein** – mean **rechthaberisch** – bossy **stur** – stubborn **eingebildet** – conceited **arrogant** – arrogant **dumm** – stupid

2. Missing letters challenge: a) pingelig b) stur c) gemein d) launisch e) arrogant f) dumm g) nervig

3. Translate: a) My little brother is super-annoying. b) My sister is really bossy. c) My father gets upset at everything. d) My mother is much too fussy. e) My big sister is a little mean. f) My neighbour is arrogant and stupid. g) My parents are super-exhausting. h) My mother never listens to me. j) My big sister never helps me.

4. Rewrite: a) Wir haben nicht die gleichen Interessen. b) Mein großer Bruder ist total verlogen. c) Mein Vater regt sich über alles auf. d) Meine Mutter behandelt mich schlecht. e) Ich streite mich oft mit meinen Eltern. f) Meine Eltern verstehen mich nicht.

5. Break the flow: a) Mein Bruder belügt mich die ganze Zeit. b) Meine Eltern regen sich über alles auf. c) Mein großer Bruder ist total gemein. d) Meine Freundin ist sehr eingebildet. e) Meine Schwester behandelt mich schlecht f) Mein Freund macht sich lustig über mich.

6. Complete with the missing words: a) gleichen b) macht c) belügt d) hilft e) regt f) mir g) behandelt

7. Anagrams: a) launisch b) anstrengend c) gemein d) eingebildet e) pingelig f) stur

8. Split words: a) launisch b) dumm c) gemein d) pingelig e) arrogant f) eingebildet g) verlogen h) anstrengend i) rechthaberisch j) unhöflich k) stur l) nachtragend

9. Match: Er behandelt mich schlecht. – He treats me badly. **Er hört mir nicht zu.** – He doesn't listen to me. **Wir streiten uns oft.** – We often argue. **Wir haben nicht die gleichen Interessen.** – We don't have the same interests. **Er ist total nervig.** – He is really annoying. **Er unterstützt mich nicht.** – He doesn't support me. **Er ist gemein.** – He is mean. **Er hilft mir nie.** – He never helps me. **Ich kann ihm nicht vertrauen.** – I can't trust him. **Er regt sich über alles auf.** – He gets upset at everything.

10. Multiple choice quiz: Er hilft mir nie. (a) Er regt sich über alles auf. (c) Sie hört mir nie zu. (b) Sie ist verlogen. (b) Wir streiten uns. (a) Ich verstehe mich nicht gut mit ihm. (a) Er behandelt mich schlecht. (a) Er schimpft mit mir. (b) Er belügt mich. (b) Sie macht sich lustig über mich. (c) Sie ist launisch. (c) Ich kann ihr nicht vertrauen. (a) Ich kann sie nicht leiden. (a)

11. Spot the missing word and add it in: a) **behandelt** mich b) **sind** sehr c) belügt **mich** d) machen **sich** e) hilft **mir** f) meine **Schwester** g) schreit mich **immer** h) **schimpft** mit mir

12. Split sentences: Sie unterstützt mich nicht. ; Sie belügt mich die ganze Zeit. ; Sie regt sich über alles auf. ; Sie hilft mir nie. ; Ich kann sie nicht leiden. ; Sie ist total gemein. ; Sie schlägt mich. ; Sie macht sich lustig über mich.

13. Translate: a) I can't stand my Biology teacher. b) I get on well with my Spanish teacher. c) My mother always tells me off. d) My brother is very stubborn and arrogant. e) My parents never help me. f) My brother lies to me all the time. g) I often argue with my girlfriend. h) My big sister is conceited. i) My little brother is really annoying; he babbles the whole time. j) My father gets upset at everything and sometimes he hits me. k) My boyfriend is very selfish.

14. Spot and correct the spelling or grammar mistake: a) M**ei**ne Mutter b) Mein Vater **schimpft oft** c) Meine Eltern d) belügt **mich** e) meine Eltern f) Meine Freunde mache**n** g) regt **sich** h) mit meine**n** Eltern i) **hilft** j) ich kann **ihr** k) Meine Eltern unterstützen **mich** l) superlaunisch

15. Answer: a) too fussy b) he uses his computer without asking c) she is super-exhausting, gets upset at everything and sometimes hits him d) conceited and selfish e) Jo f) she always wants to be right, takes her things without asking, lies all to her the time g) he is arrogant, impolite, always wants to be right and never helps her h) Jo's brother i) Emma j) Jo k) Emma's brother l) Jo's brother m) Gabi's maths teacher and Valentina's sister

16. Find the German: a) viel zu pingelig   b) alles, was ich mache   c) meine Haare   d) sie regt sich über alles auf
e) er will immer Recht haben   f) ohne mich zu fragen   g) wenn ich etwas nicht verstehe   h) er versteckt immer mein
Handy   i) er beleidigt mich   j) er quasselt die ganze Zeit

17. Find the German: a) ruhig   b) mit jemandem   c) trotzdem   d) echt nervig   e) unordentlich   f) meine Sachen
g) die ganze Zeit   h) meine Kleidung   i) meine Frisur   j) Noten   k) das Schlimmste ist   l) nie   m) zum Glück

18. Answer the questions: a) calm, open-minded, patient   b) her little brother and her mother
c) babbles the whole time, messy, stubborn, conceited   d) he always takes her things without asking
e) he took her mobile phone and broke it   f) lie to her   g) clothes, hairstyle, and the music she listens to
h) patient, generous, nice/kind (to her)

19. Find the German : a) weshalb ich mich selten mit jemandem streite   b) mein kleiner Bruder   c) er ist echt nervig
d) was mich am meisten nervt   e) ohne mich zu fragen   f) letzte Woche hat er mein Handy genommen
g) er hat es kaputt gemacht   h) unglaublich!   i) er ist so anstrengend   j) wir streiten uns   k) sie kritisiert meine Kleidung
l) das Schlimmste ist   m) dass sie mir nie hilft   n) zum Glück streite ich mich nie   o) sie sind großzügig
p) immer nett zu mir

20. Complete: a) mit meinen Eltern   b) alles   c) wissen   d) superpingelig   e) eingebildet   f) schlecht   g) meine Kleidung
h) auch   i) viel zu viel   j) mein Opa   k) der Schlimmste ist   l) mit mir   m) eifersüchtig   n) genervt von mir   o) ungezogen

21. Answer: a) parents, sisters, friends, classmates, teachers, the whole world   b) they want to control everything he does,
they want to know everything, they want to always be right and they are super-fussy   c) his clothes, his hairstyle and
everything he says   d) arrogant, conceited, always treat him badly, so exhausting   e) they babble far too much, they listen to
boring music, they wear boring clothes, and they have a hairstyle like his grandad   f) stubborn, aggressive, always wants to
be right   g) he is taller, stronger, more attractive than them   h) naughty and cheeky   i) he is boring, and Mo doesn't learn
anything in his class

22. Find the German equivalent: a) mit der ganzen Welt   b) weil sie alles kontrollieren wollen
c) ich kann sie nicht leiden   d) weil sie mich immer schlecht behandeln   e) alles, was ich sage
f) ich streite mich auch mit ihnen   g) sie haben eine Frisur wie mein Opa   h) ein echter Verlierer   i) sie sagen, dass
j) meiner Meinung nach sind sie nur eifersüchtig   k) sie haben keine Ahnung   l) sie schimpfen immer mit mir
m), weil ich in seiner Klasse nichts lerne

23. Complete: a) hilft   b) versteht   c) gemein   d) regt   e) lustig   f) nimmt   g) ihnen   h) schimpft   i) klaut   j) vertrauen
k) Frisur   l) Kleidung

24. Translate: a) I often argue with my parents.   b) My mother always criticises my clothes.
c) She says that I am lazy and naughty.   d) I don't get on well with my father.
e) He is stubborn and always wants to be right.   f) My father always tells me off.   g) He steals my money.
h) He takes my things without asking me.   i) My sister is mean and selfish.   j) She always mocks me.
k) She never helps me with my homework.   l) My classmates say that I am stupid.   m) I can't stand my teachers.
n) My boyfriend always tries to control me.

25. Translate: a) Meine Mutter ist rechthaberisch.   b) Sie hilft mir nie.
c) Mein Vater will alles kontrollieren, was ich mache.   d) Er hört mir nie zu.   e) Ich kann meine Eltern nicht leiden.
f) Mein großer Bruder macht sich lustig über mich.   g) Er kritisiert meine Kleidung und meine Frisur.   h) Er schlägt mich.
i) Mein kleiner Bruder klaut mein Geld.   j) Er nimmt meine Sachen, ohne mich zu fragen.
k) Ich verstehe mich nicht gut mit meinen Lehrern.   l) Der Schlimmste ist mein Geschichtslehrer.
m) Er sagt, dass ich unhöflich und faul bin.   n) Ich kann ihn nicht leiden.

Unit 12. Why I get along with people

Ich verstehe mich gut *[I get along well]*	**mit meiner Freundin Lisa** *[with my friend Lisa]* **mit meiner großen Schwester** *[with my big sister]* **mit meiner Mutter** *[with my mother]* **mit meinem Freund Max** *[with my friend Max]* **mit meinem kleinen Bruder** *[with my little brother]* **mit meinem Vater** *[with my father]* **mit meinen Klassenkameraden** *[with my classmates]* **mit meinen Eltern** *[with my parents]* **mit meinen Lehrern** *[with my teachers]*

Ich mag sie sehr gern, *[I like her very much]*	**denn sie ist** *[because she is]*	**immer** *[always]*	**aufgeschlossen** *[open-minded]* **bescheiden** *[humble]* **ehrlich** *[honest]* **geduldig** *[patient]* **großzügig** *[generous]*
Ich mag ihn sehr gern, *[I like him very much]*	**denn er ist** *[because he is]*	**sehr** *[very]* **super-** *[super]*	**hilfsbereit** *[helpful]* **höflich** *[polite]* **intelligent** *[intelligent]* **nett zu mir** *[nice to me]*
Ich mag sie sehr gern, *[I like them very much]*	**denn sie sind** *[because they are]*	**total** *[really]*	**humorvoll** *[humorous]* **rücksichtsvoll** *[considerate]* **verständnisvoll** *[understanding]* **zuverlässig** *[reliable]*

und er/sie *[and he/she]*	**und sie** *[and they]*
behandelt mich gut *[treats me well]*	**behandeln mich gut** *[treat me well]*
belügt mich nie *[never lies to me]*	**belügen mich nie** *[never lie to me]*
bringt mich zum Lachen *[makes me laugh]*	**bringen mich zum Lachen** *[make me laugh]*
ermutigt mich *[encourages me]*	**ermutigen mich** *[encourage me]*
hat immer Zeit für mich *[always has time for me]*	**haben immer Zeit für mich** *[always have time for me]*
hilft mir immer *[always helps me]*	**helfen mir immer** *[always help me]*
hört mir immer zu *[always listens to me]*	**hören mir immer zu** *[always listen to me]*
macht sich nie lustig über mich *[never mocks me]*	**machen sich nie lustig über mich** *[never mock me]*
schätzt mich *[values me]*	**schätzen mich** *[value me]*
schimpft nicht mit mir *[doesn't tell me off]*	**schimpfen nicht mit mir** *[don't tell me off]*
unterstützt mich *[supports me]*	**unterstützen mich** *[support me]*
versteht mich *[understands me]*	**verstehen mich** *[understand me]*

Außerdem *[Furthermore,]*	**haben wir die gleichen Interessen** *[we have the same interests]* **haben wir immer viel Spaß zusammen** *[we always have lots of fun together]* **können wir immer über alles reden** *[we can always talk about everything]* **streiten wir uns selten** *[we rarely argue]*

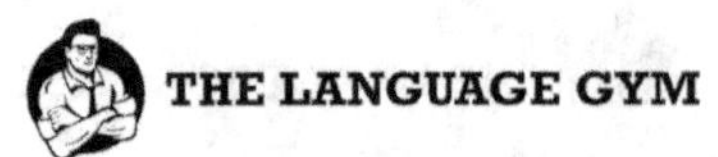

1. Match up

Er hilft mir.	He values me.
Er ermutigt mich.	He always has time for me.
Er schätzt mich.	He doesn't tell me off.
Er unterstützt mich.	He never lies to me.
Er hat immer Zeit für mich.	He supports me.
Er schimpft nicht mit mir.	He treats me well.
Er behandelt mich gut.	He helps me.
Er versteht mich.	He understands me.
Er belügt mich nie.	He listens to me.
Er hört mir zu.	He encourages me.

2. Complete

a. Sie hi _ _ _ mir immer.

b. Sie unterstü _ _ _ mich.

c. Sie beha _ _ _ _ _ mich g _ _ .

d. Sie h _ _ _ mir immer z _ .

e. Sie sch _ _ _ _ mich.

f. Sie hat immer Z _ _ _ f _ _ mich.

g. Sie verst _ _ _ m _ _ _ _ .

h. Sie bel _ _ _ mich n _ _ .

i. Sie erm _ _ _ _ _ mich.

j. Sie brin _ _ mich zum La _ _ _ _ _ .

3. Break the flow

a) erhatimmerZeitfürmich

b) erschimpftnichtmitmir

c) erhilftmirimmer

d) siebringtmichzumLachen

e) siebelügtmichnie

f) wirstreitenunsselten

g) wirkönnenüberallesreden

h) sieermutigtmich

4. Translate into English

a. Sie hilft mir immer.

b. Er behandelt mich gut.

c. Mein Vater unterstützt mich immer.

d. Ich streite mich nie mit meinen Eltern.

e. Meine Schwester und ich habe die gleichen Interessen.

f. Meine Freundin Maria und ich können über alles reden.

g. Sie hat immer Zeit für mich.

h. Mein Freund belügt mich nie.

i. Wir haben immer viel Spaß zusammen.

5. Complete

a. *He listens to me*: E__ h_______ m____ z___ .

b. *We rarely argue*: W___ s_________ u____ s_______ .

c. *She treats me well*: S___ b_________ m______ g_____ .

d. *He values me*: E__ s__________ m_______ .

e. *She encourages me*: S____ e____________ m______ .

f. *She never lies to me*: S____ b________ m_____ n_____ .

g. *He supports me*: E__ u______________ m______ .

h. *She makes me laugh*: S__ b_____ m___ z___ L________ .

i. *He always helps me*: E__ h______ m____ i________ .

6. Complete the translation

a. Sie schimpft nie mit mir: *[She never _________________ .]*

b. Wir haben die gleichen Interessen: *[We have the same _________________ .]*

c. Wir können immer über alles reden: *[We can always talk_________________ .]*

d. Wir haben oft Spaß zusammen: *[We often have fun _________________ .]*

e. Meine Freundin belügt mich nie: *[My girlfriend never _________________ to me.]*

f. Sie hilft mit immer, wenn ich es brauche: *[She always _________________ me when I need it.]*

g. Sie ist für mich da, wenn ich ein Problem habe: *[She is _________ for me when I have a problem.]*

h. Wir streiten uns selten: *[We rarely _________________ .]*

---

7. Complete the sentences with the options below

a. Ich kann mit ihr über _________________ reden: *[I can talk to her about everything.]*

b. Ich kann ihr _____________: *[I can trust her.]*

c. Sie ist sehr _______________ und nett: *[She is very considerate and nice.]*

d. Er _______________ mich immer: *[He always supports me.]*

e. Wir haben die _______________ Interessen: *[We have the same interests.]*

f. Sie ist immer für mich ____________, wenn ich traurig bin: *[She is always there for me when I am sad.]*

g. Wir _______________ uns selten: *[We rarely argue.]*

h. Wir haben viel Spaß _______________: *[We have a lot of fun together.]*

i. Sie macht sich nie _______________ über mich: *[She never mocks me.]*

j. Sie _______________ mir, wenn ich ein Problem habe: *[She helps me when I have a problem.]*

rücksichtsvoll	zusammen	gleichen	vertrauen	streiten
lustig	unterstützt	alles	da	hilft

---

8. Missing letters challenge

a. M _ _ _ B _ _ _ _ _ _ i _ _ n _ _ n _ _ _ _ z _ m _ _ _: *[My brother is never nice to me.]*

b. M _ _ _ _ M _ _ _ _ _ h _ _ _ _ m _ _ i _ _ _ _: *[My mother always helps me.]*

c. W _ _ s _ _ _ _ _ _ _ _ u _ _ _ i _ _ _ _: *[We always argue.]*

d. S _ _ u _ _ _ _ _ _ _ _ _ _ _ _ _ _ m _ _ _ i _ _ _ _: *[They always support me.]*

e. I _ _ k _ _ _ i _ _ n _ _ _ _ v _ _ _ _ _ _ _: *[I cannot trust him.]*

f. W _ _ h _ _ _ _ o _ _ S _ _ _ z _ _ _ _ _ _ _: *[We often have fun together.]*

g. S _ _ s _ _ _ _ _ _ _ _ _ n _ _ m _ _ m _ _: *[She never tells me off.]*

h. S _ _ i _ _ n _ _ f _ _ m _ _ _ d _: *[She is never there for me.]*

9. Positive (P) or negative (N)?

a. Sie schimpft oft mit mir.	
b. Wir streiten uns immer.	
c. Sie unterstützen mich.	
d. Er regt sich über alles auf.	
e. Er ist sehr hilfsbereit.	
f. Wir haben Spaß zusammen.	
g. Ich kann ihm vertrauen.	
h. Sie behandelt mich schlecht.	
i. Wir können über alles reden.	
j. Sie akzeptieren mich.	
k. Sie ermutigen mich immer.	

10. Spot and correct the spelling/grammar mistakes

a. Meine Mutter oft ist nett zu mir.

b. Sie hilft mir immer, wenn ich brauche es.

c. Ich kann sie vertrauen.

d. Wir haben immer spaß zusammen.

e. Wir strieten uns nie.

f. Sie akzeptieren mich so, wie ich bin.

g. Wir haben die gliechen Interessen.

h. Sie behandelt mir schlecht.

i. Meine Eltern unterstutzen mich immer.

j. Meine Mutter schimpft selten mit mich.

11. Slalom translation: translate the sentences in the grey box below ticking the relevant words/phrases in the table

1. We have the same interests.	2. My parents often tell me off.	3. My mother tries to understand me.	4. My girlfriend and I never argue.
5. My boyfriend is very helpful.	6. My friends helps me when I have a problem.	7. We always have a lot of fun together.	8. I get along well with them.

Wir (1)	und ich	oft	ein Problem habe.
Mein Freund	**haben (1)**	wenn ich	zu verstehen.
Meine Eltern	verstehe mich	**die gleichen (1)**	mit ihnen.
Meine Freunde	schimpfen	viel Spaß	hilfsbereit.
Ich	ist	streiten uns	**Interessen. (1)**
Meine Freundin	helfen mir,	mich	mit mir.
Meine Mutter	haben immer	gut	zusammen.
Wir	versucht,	sehr	nie.

12. Translate into German

a. He helps me.

b. She listens to me.

c. They support me.

d. We don't argue.

e. We have fun together.

f. I get along well with them.

g. We have the same interests.

h. She is understanding and kind.

i. She encourages me.

j. He understands me.

<table>
<tr><td colspan="4" align="center">**USEFUL VOCABULARY**</td></tr>
<tr>
<td>**Er** *[He]*
Sie *[She]*</td>
<td>**versucht**
[tries]</td>
<td>**mich aufzumuntern,** *[to cheer me up]*
mich zu beruhigen, *[to calm me down]*
mich zu unterstützen, *[to support me]*</td>
<td>**wenn ich ein Problem habe**
[when I have a problem]</td>
</tr>
<tr>
<td>**Sie**
[They]</td>
<td>**versuchen**
[try]</td>
<td>**mich zu verstehen,** *[to understand me]*
mich zum Lachen zu bringen,
[to make me laugh]
mir zu helfen, *[to help me]*</td>
<td>**wenn ich traurig bin**
[when I am said]
wenn ich unglücklich bin
[when I am unhappy]</td>
</tr>
</table>

Beziehungen: Wie verstehst du dich mit deiner Familie?

Eva: Ich verstehe mich gut mit meinen Eltern, weil sie nett und verständnisvoll sind. Sie hören mir zu, wenn ich ein Problem habe und sie versuchen immer meinen Standpunkt zu verstehen.

Sofie: Ich komme nicht gut mit meiner Mutter aus. Sie regt sich über alles auf und sie will immer Recht haben. Auf der anderen Seite ist mein Vater sehr entspannt und aufgeschlossen. Er akzeptiert mich so, wie ich bin und versucht immer mir zu helfen, wenn ich ein Problem habe.

Daniel: Ich verstehe mich gut mit meinen Eltern. Sie sind ziemlich tolerant und offen, aber manchmal sind sie zu streng und versuchen mich zu kontrollieren. Meistens respektieren sie meine Meinung, aber manchmal sind sie anstrengend, zum Beispiel darf ich nicht mit meiner Freundin abends ausgehen, und sie kritisieren die Art, wie ich mich kleide.

Veronika: Ich komme gut mit meinen Eltern aus. Sie sind wirklich nett. Sie schimpfen fast nie mit mir und sie unterstützen mich immer, wenn ich ein Problem habe. Wenn ich traurig bin, versucht meine Mutter immer mich aufzumuntern. Sie ist sehr intelligent und sie findet immer eine Lösung für meine Probleme.

Paul: Ich verstehe mich gut mit meinen Eltern, obwohl sie manchmal zu streng sind. Insgesamt sind sie nett und sie schätzen mich sehr, aber leider lassen sie mich nicht mehr als einmal pro Woche ausgehen. Skandal! Trotzdem mag ich sie, weil sie mich lieben und immer versuchen mir zu helfen, vor allem, wenn ich traurig oder deprimiert bin.

13. Find in the text the German equivalent for the following

a. they always try to understand my point of view

b. she gets upset at everything

c. he accepts me the way I am

d. (they) try to control me

e. sometimes they are exhausting

f. for example I am not allowed to

g. they criticise the way I dress

h. they almost never tell me off

i. when I have a problem

j. she always finds a solution

k. I get along well with my parents

l. they value me a lot

m. nevertheless, I like them

n. when I am feeling down or sad

14. Answer the questions below

a. How does Eva describe her parents? (2 details)

b. Why does Sofie not get along with her mother? (2 details)

c. What is Daniel not allowed to do?

d. List four things which make Veronika like her parents.

e. List one thing Paul doesn't like about his parents and three things he does like.

	a	b	c
sie helfen mir	they help me	they understand me	they value me
sie akzeptieren mich	they mock me	they argue	they accept me
sie ermutigen mich	they listen to me	they encourage me	they understand me
sie hören mir zu	they neglect me	they listen to me	they support me
sie unterstützen mich	they support me	they encourage me	they understand me
sie verstehen mich	they judge me	they understand me	they help me
sie streiten sich	they argue	they get angry	they neglect me
sie ärgern sich	they get angry	they try	they mock me
sie ignorieren mich	they love me	they support me	they ignore me
sie vertrauen mir	they listen to me	they trust me	they value me

Ich verstehe mich total gut mit meinen Eltern. Sie versuchen immer, mich glücklich zu machen und sie sind immer für mich da. Außerdem versuchen sie immer meinen Standpunkt zu verstehen und sie respektieren meine Entscheidungen. Obwohl sie ziemlich streng sind, ärgern sie sich selten. Sie sind sehr aufgeschlossen und sie akzeptieren mich so, wie ich bin. Sie kritisieren nie meine Kleidung oder meine Frisur und auch nie meine Freunde.

Mit meiner Schwester dagegen verstehe ich mich nicht gut. Sie ist immer schlecht gelaunt und total egoistisch. Außerdem lügt sie die ganze Zeit und klaut meine Klamotten und mein Geld. Ich kann sie nicht leiden! Mein Bruder dagegen ist viel netter. Auch wenn er etwas stur und ungeschickt ist – ich mag ihn. Er ist freundlich, großzügig, und wenn ich Hilfe brauche, ist er für mich da. Wenn ich mich ärgere, versucht er mich zu beruhigen. Und wenn ich traurig bin, versucht er mich mit Witzen aufzumuntern. **(Maja, 16 Jahre)**

16. Find the German equivalent	**17. Answer the following questions**
a. I get along really well	a. List four good things Maja says about her parents
b. they always try to make me happy	b. What is her sister like?
c. they respect my choices	c. What does her sister do all the time?
d. they rarely get angry	d. What two things does she steal from Maja?
e. my clothes or hairstyle	e. What are the two negative and the two positive adjectives she uses to describe her brother?
f. always in a bad mood	
g. she lies all the time	f. What does he try to do when Maja is angry?
h. I cannot stand her	
i. when I need help	g. What does he do when Maja is sad?
j. he tries to calm me down	

Ich verstehe mich gut mit meinen Eltern. Sie sind sehr nett, aufgeschlossen, sehr geduldig und sie schimpfen nur selten mit mir. Mein Vater ist auch sehr lustig – er erzählt immer die besten Witze! Am besten finde ich an meinen Eltern, dass sie mir immer zuhören, wenn ich ein Problem habe, und dass sie mich ermutigen und unterstützen, wenn ich deprimiert bin. Das finde ich sehr wichtig.

Ich komme auch sehr gut mit meinem kleinen Bruder David aus. Er ist ein bisschen faul und albern, aber er ist sehr süß. Manchmal nimmt er meine Sachen, ohne mich zu fragen, aber abgesehen davon ist er ein netter Junge. Ich verstehe mich auch gut mit meiner großen Schwester Sarah. Sie ist sehr großzügig und hilfsbereit. Zum Beispiel hilft sie mir oft bei den Hausaufgaben und, wenn ich Probleme mit meiner Freundin habe, gibt sie mir gute Ratschläge. Das Gute ist, dass ich mit ihr über alles reden kann. Ich mag sie wirklich sehr!

Ich habe eine Freundin. Sie heißt Laura und sie ist älter als ich. Wir verstehen uns okay miteinander. Wir haben den gleichen Musikgeschmack und wir mögen die gleichen Sportarten. Wir haben immer viel Spaß zusammen! Jedoch ist Laura ziemlich stur und ungeduldig und sie will immer Recht haben. Außerdem ist sie sehr eifersüchtig und vertraut mir nie. Ab und zu streiten wir uns, wenn ich mit meinen Freunden ausgehe.

Was meine Lehrer angeht, verstehe ich mich mit den meisten von ihnen gut. Sie sind hilfsbereit und freundlich und geben uns nicht zu viele Hausaufgaben. Sie schimpfen fast nie mit uns. Am besten finde ich, dass sie uns nicht wie kleine Kinder behandeln, sondern immer versuchen, unseren Standpunkt zu verstehen. Das ist meiner Meinung nach das Wichtigste! Ich mag Leute nicht, die immer Recht haben wollen!   **(Martin, 17 Jahre)**

18. Answer the following questions on Martin's text	**19. Find the German equivalent for**
a. What adjectives does he use to describe his parents?	a. he always tells the best jokes
b. What does he like the most about them? (3 details)	b. when I am feeling down
	c. he is very cute
	d. without asking me
c. What does his little brother sometimes do?	e. she gives me good advice
	f. she is older than me
d. List at least 3 positive things he says about his sister.	g. we get along alright with one another
	h. she always wants to be right
e. When does he sometimes argue with his girlfriend?	i. when I go out with my friends
	j. with most of them
f. Why does he like his teachers? (4 details)	k. they don't give us too much homework
	l. they hardly ever tell us off
g. What does Martin most appreciate about his teachers?	m. that they don't treat us like little children

20. Gapped translation

a. Sie sind __________________: *[They are kind.]*

b. Sie versuchen mir zu _________________: *[They try to help me.]*

c. Sie _________________ mich: *[They support me.]*

d. Sie _________________ meine Meinung: *[They respect my opinion.]*

e. Meine Schwester will immer ______________ haben: *[My sister always wants to be right.]*

f. Ich ____________ mich gut mit meinen Lehrern: *[I get along well with my teachers.]*

g. Wir _________________ uns nie: *[We never argue.]*

h. Wir haben _________________ zusammen: *[We have fun together.]*

i. Wir haben die gleichen _________________: *[We have the same interests.]*

j. Sie _________________ nur selten mit mir: *[They only rarely tell me off.]*

k. Wir _________________ über alles reden: *[We can talk about everything.]*

l. Meine Lehrer sind _______________ und ______________: *[My teachers are friendly and helpful.]*

21. Translate into German

a. I get on well with my parents because they are kind, open-minded and understanding.

b. My parents always help me, when I need it, and I can talk about everything with them. I love them!

c. Even though my mother can be moody from time to time, she is very nice and positive.

d. My sister and I have a lot of fun together. We have the same interests.

e. I get on well with my brother because he is very generous and helpful.

f. I don't like my older sister because she often lies to me and she always wants to be right.

g. I get along well with my teachers because they don't treat us like children and respect our opinions.

22. Write a paragraph for each person in the FIRST person singular (ich)

	Why they get along with father	Why they get along with mother	Why they get along with girlfriend/boyfriend
Julia	- open-minded - generous - trusts her	- understanding - listens to her - helps her when she needs it	- kind - supports her - understands her
Paul	- kind - doesn't treat him like a child	- supports him - rarely tells him off - gives good advice	- calm - funny - they have the same interests
Jasmin	- listens to her - gives good advice - respects her opinion	- patient - helpful - tries to understand her point of view	- nice - supports her - can talk about everything with her

ANSWERS – Unit 12

1. Match: Er hilft mir. – He helps me.   **Er ermutigt mich.** – He encourages me.   **Er schätzt mich.** – He values me.
Er unterstützt mich. – He supports me.   **Er hat immer Zeit für mich.** – He always has time for me.
Er schimpft nicht mit mir. – He doesn't tell me off.   **Er behandelt mich gut.** – He treats me well.
Er versteht mich. – He understands me.   **Er belügt mich nie** – He never lies to me.   **Er hört mir zu.** – He listens to me.

2. Complete: a) hil**ft** b) unterstü**tzt** c) beha**ndelt** mich g**ut** d) h**ört** mit immer **zu**   e) sch**ätzt**   f) **Z**eit **für**
g) verst**eht** m**ich** h) bel**ügt** mich n**ie** i) erm**utigt** j) brin**gt** mich zum La**chen**

3. Break the flow: a) er hat immer Zeit für mich   b) er schimpft nicht mit mir   c) er hilft mir immer
d) sie bringt micht zum Lachen   e) sie belügt mich nie   f) wir streiten uns selten   g) wir können über alles reden
h) sie ermutigt mich

4. Translate: a) She always helps me.   b) He treats me well.   c) My father always supports me.
d) I never argue with my parents.   e) My sister and I have the same interests.
f) My friend Maria and I can talk about everything.   g) She always has time for me.
h) My friend never lies to me.   i) We always have a lot of fun together.

5. Complete: a) Er hört mit zu.   b) Wir streiten uns selten.   c) Sie behandelt mich gut.   d) Er schätzt mich.
e) Sie ermutigt mich.   f) Sie belügt mich nie.   g) Er unterstützt mich.   h) Sie bringt mich zum Lachen.
i) Er hilft mir immer.

6. Complete the translation: a) tells me off   b) interests   c) about everything   d) together   e) lies   f) helps   g) there
h) argue

7. Complete: a) alles   b) vertrauen   c) rücksichtsvoll   d) unterstützt   e) gleichen   f) da   g) streiten   h) zusammen
i) lustig   j) hilft

8. Missing letters challenge: a) Mein Bruder ist nie nett zu mir.   b) Meine Mutter hilft mir immer.
c) Wir streiten uns immer.   d) Sie unterstützen mich immer.   e) Ich kann ihm nicht vertrauen.
f) Wir haben oft Spaß zusammen.   g) Sie schimpft nie mit mir.   h) Sie ist nie für mich da.

9. Positive (P) or negative (N): a) N   b) N   c) P   d) N   e) P   f) P   g) P   h) N   i) P   j) P   k) P

10. Spot and correct the spelling/grammar mistakes: a) Meine Mutter **ist oft** nett zu mir.   b) Sie hilft mit immer, wenn
ich es **brauche**.   c) Ich kann **ihr** vertrauen.   d) S**p**aß   e) str**ei**ten   f) a**kz**eptieren   g) gl**ei**chen   h) **mich**
i) unterst**üt**zen   j) mit **mir**

11. Slalom translation:
1) Wir haben die gleichen Interessen.   2) Meine Eltern schimpfen oft mit mir.   3) Meine Mutter versucht mich zu verstehen.
4) Meine Freundin und ich streiten uns nie.   5) Mein Freund ist sehr hilfsbereit.   6) Meine Freunde helfen mir, wenn ich ein
Problem habe.   7) Wir haben immer viel Spaß zusammen.   8) Ich verstehe mich gut mit ihnen.

12. Translate: a) Er hilft mir.   b) Sie hört mir zu.   c) Sie unterstützten mich.   d) Wir streiten uns nicht.   e) Wir haben Spass
zusammen.   f) Ich verstehe mich gut mit ihnen.   g) Wir haben die gleichen Interessen.   h) Sie ist verständnisvoll und nett.
i) Sie ermutigt mich.   j) Er versteht mich.

13. Find the German: a) sie versuchen immer meinen Standpunkt zu verstehen   b) sie regt sich über alles auf
c) er akzeptiert mich so, wie ich bin   d) sie versuchen mich zu kontrollieren   e) manchmal sind sie anstrengend
f) zum Beispiel darf ich nicht   g) sie kritisieren die Art, wie ich mich kleide   h) sie schimpfen fast nie mit mir
i) wenn ich ein Problem habe   j) sie findet immer eine Lösung   k) ich verstehe micht gut mit meinen Eltern
l) sie schätzen mich sehr   m) trotzdem mag ich sie   n) wenn ich traurig oder deprimiert bin

14. Answer: a) kind and understanding   b) she gets upset about everything and she always wants to be right
c) go out with his girlfriend at night   d) they are kind, they almost never tell her off, they always support her and they always
try to cheer her up when she is sad   e) doesn't like: too strict; likes: very kind, love him, try to help him when he is sad

15. Multiple choice quiz: sie helfen mir (a)   sie akzeptieren mich (c)   sie ermutigen mich (b)   sie hören mir zu (b)
sie unterstützen mich (a)   sie verstehen mich (b)   sie streiten sich (a)   sie ärgern sich (a)   sie ignorieren mich (c)
sie vertrauen mir (b)

16. Find the German: a) ich verstehe mich total gut   b) sie versuchen immer mich glücklich zu machen
c) sie respektieren meine Entscheidungen   d) sie ärgern sich selten   e) meine Kleidung oder meine Frisur
f) immer schlecht gelaunt   g) sie lügt die ganze Zeit   h) ich kann sie nicht leiden   i) wenn ich Hilfe brauche
j) er versucht mich zu beruhigen

17. Answer: a) they always try to make her happy, they are always there for her, they try to understand her point of view,
they respect her choices, they rarely get angry, they are open-minded, they accept her the way she is, they don't criticise her
hair, clothes nor her friends (allow any four) b) she is always in a bad mood, selfish   c) she lies   d) clothes and money
e) negative: stubborn and clumsy, positive: friendly, generous   f) calm her   g) he tries to cheer her up with jokes

18. Answer: a) kind, open-minded and patient   b) they are good listeners, they encourage him up and support him
c) he sometimes takes his things without asking   d) generous, helpful, helps him with his homework, gives good advice
when he has problems with his girlfriend, he can talk to her about everything (any 3)   e) when he goes out with his friends
f) they are helpful, friendly, they don't give too much homework, they almost never tell them off   g) they don't treat them
like kids and they try to understand their point of view

19. Find the German: a) er erzählt immer die besten Witze   b) wenn ich deprimiert bin   c) er ist sehr süß
d) ohne mich zu fragen   e) sie gibt mir gute Ratschläge   f) sie ist älter als ich   g) wir verstehen uns okay miteinander
h) sie will immer Recht haben   i) wenn ich mit meinen Freunden ausgehe   j) mit den meisten von ihnen
k) sie geben uns nicht zu viele Hausaufgaben   l) sie schimpfen fast nie mit uns
m) dass sie uns nicht wie kleine Kinder behandeln

20. Gapped translation: a) nett   b) helfen   c) unterstützen   d) respektieren   e) Recht   f) verstehe   g) streiten   h) Spaß
i) Interessen   j) schimpfen   k) können   l) freundlich / hilfsbereit

21. Translate into German:
a) Ich verstehe mich gut mit meinen Eltern, weil sie nett, aufgeschlossen und verständnisvoll sind.
b) Meine Eltern helfen mir immer, wenn ich es brauche und ich kann mit ihnen über alles sprechen. Ich liebe sie!
c) Obwohl meine Mutter von Zeit zu Zeit launisch sein kann, ist sie sehr nett und positiv.
d) Meine Schwester und ich haben viel Spaß zusammen. Wir haben die gleichen Interessen.
e) Ich verstehe mich gut mit meinem Bruder, weil er sehr großzügig und hilfsbereit ist.
f) Ich mag meine ältere Schwester nicht, weil sie mich oft belügt und immer Recht haben will.
g) Ich verstehe mich gut mit meinen Lehrern, weil sie uns nicht wie Kinder behandeln und unsere Meinungen respektieren.

22. Write a paragraph for each person in the FIRST person singular (ich)

Julia: Ich verstehe mich gut mit meinem Vater, weil er sehr großzügig und aufgeschlossen ist und mir vertraut. Ich komme
auch gut mit meiner Mutter aus, weil sie verständnisvoll ist, mir immer zuhört und mir hilft, wenn ich es brauche. Ich
verstehe mich auch gut mit meinem Freund. Er ist nett und unterstützt mich. Außerdem versteht er mich.

Paul: Ich verstehe mich gut mit meinem Vater, weil er nett ist und weil er mich nicht wie ein Kind behandelt. Ich verstehe
mich gut mit meiner Mutter, weil sie mich unterstützt, nur selten mit mir schimpft und mir immer gute Ratschläge gibt. Ich
verstehe mich auch gut mit meiner Freundin, denn sie ist ruhig und lustig. Wir haben auch die gleichen Interessen.

Jasmin: Ich verstehe mich gut mit meinem Vater, denn er hört mir zu und gibt mir gute Ratschläge. Er respektiert auch
meine Meinung. Ich verstehe mich auch gut mit meiner Mutter. Sie ist geduldig, hilfsbereit und sie versucht immer, meinen
Standpunkt zu verstehen. Ich komme auch gut mit meinem Freund aus. Er ist nett und unterstützt mich. Ich kann mit ihm
über alles sprechen.

Unit 13. Saying why I argue with my parents

Ich streite mich *[I argue]*	ab und zu *[from time to time]* oft *[often]*	mit meinen Eltern *[with my parents]*

Meistens *[Usually]* Normalerweise *[Normally]*	geht es um *[it is about]*	meinen Freund/meine Freundin *[my boyfriend/girlfriend]* meine Noten in der Schule *[my grades at school]* mein Verhalten *[my behaviour]* die Leute, mit denen ich abhänge *[the people I hang out with]*

Meine Eltern *[My parents]*	sagen, dass ich *[say that I...]* beschweren sich, dass ich *[complain that I...]* ärgern sich über mich, wenn ich *[get angry with me when I...]*	faul *[lazy]* laut *[noisy]* nervig *[annoying]* schmutzig *[dirty]* ungeduldig *[impatient]* ungeschickt *[clumsy]* unhöflich *[rude]* unordentlich *[messy]*	bin *[...am]*

und dass *[and that]*	ich mein Handy zu viel benutze *[I use my mobile phone too much]* ich meine Hausaufgaben nicht mache *[I don't do my homework]* ich nicht genug für die Prüfungen lerne *[I don't study enough for the exams]* ich nie bei der Hausarbeit helfe *[I never help with the house chores]* ich nie den Tisch decke *[I never lay the table]* ich nie mein Zimmer aufräume *[I never tidy up my room]* ich rauche und trinke *[I smoke and drink]* ich zu oft ausgehe *[I go out too often]* ich zu viel Geld ausgebe *[I spend too much money]*

Das letzte Mal *[The last time]*	gab es Streit, *[there was an argument]*	weil … *[because…]*

… ich eine Zigarette geraucht hatte *[I had smoked a cigarette]*

… ich mein Zimmer nicht aufgeräumt hatte *[I hadn't tidied my room]*

… ich meine Hausaufgaben nicht gemacht hatte *[I hadn't done my homework]*

… ich meinen Bruder/meine Schwester beleidigt hatte *[I had insulted my brother/my sister]*

… ich meinen Eltern Geld gestohlen hatte *[I had stolen money from my parents]*

… ich meinem Vater/meiner Mutter widersprochen hatte *[I had answered back to my father/my mother]*

… ich mich mit meinem Bruder/meiner Schwester geprügelt hatte *[I'd had a fight with my brother/sister]*

… ich sehr schlechte Noten bekommen hatte *[I had gotten very bad marks/grades]*

… ich sehr spät nach Hause gekommen war *[I had come home very late]*

… ich zu viel Zeit im Internet verbracht hatte *[I had spent too much time online]*

1. Match

ich streite mich	when I go out
mit meinen Eltern	from time to time
meistens geht es um	my pocket money
mein Verhalten	my mobile phone
meine Schulnoten	my behaviour
ab und zu	my grades/marks
wenn ich ausgehe	with my parents
meine Freunde	I argue
mein Handy	usually it is about
meine Frisur	my clothes
meine Kleidung	my hairstyle
mein Taschengeld	my friends

2. Translate into English

a. mein Verhalten

b. die Leute, mit denen ich abhänge

c. ab und zu

d. ich streite mich mit

e. meistens geht es um

f. meine Schulnoten

g. meine Freundin

3. Complete the words with the missing letters

a. mein Verh _ _ _ _ _

b. meine Schuln _ _ _ _

c. meine Kl _ _ _ _ _ _

d. meine Fr _ _ _ _ _

e. norma _ _ _ _ _ _ _ _

f. das le _ _ _ _ M _ _

g. wir str _ _ _ _ _ u _ _

4. Spot and correct the wrong translations

a. Ich streite mich mit meinen Eltern: *I argue with my parents*

b. … wegen meiner Kleidung: *because of my behaviour*

c. … weil ich zu oft ausgehe: *because I don't take out the rubbish*

d. … weil ich laut bin: *because I am selfish*

e. … weil ich faul bin: *because I am lazy*

f. … weil ich schmutzig bin: *because I am rude*

g. … weil ich unordentlich bin: *because I am clumsy*

h. … wegen meines Verhaltens: *because of my clothing*

5. Complete with the words in the table below

a. Ich streite sehr ________________ mit meinen Eltern.

b. Sie ____________ sich, dass ich zu oft ausgehe.

c. Wir streiten uns, weil ich ______________ Noten habe.

d. Sie sagen, dass ich zu viel Geld ______________.

e. Sie sagen, dass ich mein ________________ zu oft benutze.

f. Sie ärgern sich, dass ich ______________ und trinke.

g. Es nervt sie, dass ich nie mein ______________ aufräume.

h. Sie hassen es, dass ich nie das mache, was sie ___________.

ausgebe	oft	Handy	beschweren
Zimmer	schlechte	rauche	sagen

6. Translate into English

a. ich gebe viel Geld aus

b. ich bekomme gute Noten

c. meine Kleidung

d. ich bin laut

e. ich bin unhöflich

f. ich bin ungeduldig

g. ab und zu

h. ich räume mein Zimmer nie auf

i. sie beschweren sich

7. Gapped translation

a. Ich streite mich mit meinen Eltern: *[I _______________ with my parents.]*

b. … wenn ich mit meinen Freunden clubben gehe: *[…when I _______________ with my friends.]*

c. Meine Eltern beschweren sich über mein Verhalten: *[My parents complain about my _______________.]*

d. Sie sagen, dass ich faul bin: *[They say that I am _______________.]*

e. Sie beschweren sich, dass ich ihnen nicht helfe: *[They complain that I don't _________ them.]*

f. Ich helfe bei der Hausarbeit: *[I never help with the _______________.]*

g. Ich decke nie den Tisch: *[I never _______________ the table.]*

h. Ich lerne nicht genug für die Schule: *[I don't _______________ enough for school.]*

---

8. Translate into English

a. mein Verhalten

b. die Leute, mit denen ich abhänge

c. meine Schulnoten

d. ich bin sehr unhöflich

e. meine Klamotten

f. ich mache meine Hausaufgaben nicht

g. ich rauche

h. ich räume nie mein Zimmer auf

i. ich gehe zu oft aus

j. ich bin zu laut

k. ich bin ungeschickt

9. Spot and correct the spelling or grammar errors

a. mein Verhalten in die Schule

b. ich nicht lerne genug für die Prüfungen

c. weil ich mache nicht meine Hausaufgaben

d. ich bin zu foul

e. meine Eltern sich beschweren

f. ich räume nie mien Zimmer auf

g. ich gehe aus zu oft mit meiner Freundin

h. ich helfe nicht genug bei die Hausarbeit

i. ich bin ungeschickt und smutzig

j. weil ich rauchen und trinken

---

10. Complete with the missing words

a. Meine Eltern ___________, dass ich sehr ___________ bin: *[My parents say I am very noisy.]*

b. Ich _______________ nicht genug: *[I don't study enough.]*

c. Wir streiten uns, weil ich zu oft _______________: *[We argue because I go out too often.]*

d. Ich bekomme schlechte _______________ in der Schule: *[I get bad grades at school.]*

e. Meine _________ beschweren sich, dass ich _________ bin: *[My parents complain that I am lazy.]*

f. Ich __________ nicht bei der _______________: *[I don't help with the house chores.]*

g. Ich ___________ nie mein _______________ auf: *[I never tidy up my room.]*

h. Meine Eltern mögen meine _______________ nicht: *[My parents don't like my clothes.]*

Meistens verstehe ich mich gut mit meinen Eltern, aber manchmal streiten wir uns, wenn ich mit meinen Freunden ausgehe. Sie mögen meine französischen Freunde Julian und Ronan nicht – sie sagen, dass die beiden unhöflich, faul und schmutzig sind und dass sie einen schlechten Einfluss auf mich haben. Außerdem beschweren sich meine Eltern, dass ich ihnen nicht genug bei der Hausarbeit helfe. Das letzte Mal haben wir uns letztes Wochenende gestritten, weil ich sehr spät und ein bisschen betrunken *[drunk]* nach Hause gekommen war. **(Alfred, 17 Jahre)**

12. Answer the questions about Alfred

a. How often does he argue with his parents?

b. When do they argue?

c. What do his parents say about Ronan and Julian?

d. What is the other cause of their arguments?

e. Why did they argue last weekend?
(2 details)

13. Guido's text: Gapped translation

I don't get on well with my parents. We always argue

about of my clothes, my ______________ at school, and

because I ____ ________ too often in the ___________.

Moreover, my parents _______ that I am ___________,

lazy, _________ and rude. And they ______________

that I never _________ my room and spend too much

time on _________ ___________ instead of doing my

______________. They also say that I don't help

them enough with the __________ ___________.

I am fed up! The last time we ______________ was

yesterday because I had had a ______________ with

my little brother.

11. Find the German in Alfred's text:

a. usually, I get along well with my parents

b. sometimes we argue

c. when I go out with my friends

d. they say

e. that the two of them (3 words)

f. a bad influence

g. in addition, my parents complain

h. with the house chores

i. last time

j. last weekend

k. very late and a little drunk

Ich verstehe mich nicht gut mit meinen Eltern. Wir streiten uns immer über meine Kleidung, meine Noten in der Schule, und weil ich abends zu oft ausgehe. Außerdem sagen meine Eltern, dass ich egoistisch, faul, unordentlich und unhöflich bin. Und sie beschweren sich, dass ich mein Zimmer nie aufräume und zu viel Zeit in sozialen Netzwerken verbringe, anstatt *[instead of]* meine Hausaufgaben zu machen. Sie sagen auch, dass ich ihnen nicht genug bei der Hausarbeit helfe. Ich habe wirklich die Nase voll! *[I am fed up!]* Das letzte Mal haben wir uns gestern gestritten, weil ich mich mit meinem kleinen Bruder geprügelt hatte. **(Guido, 15 Jahre)**

14. Find the German for the following in the text

a. always: i__________________

b. grades: N__________________

c. clothes: K__________________

d. selfish: e__________________

e. messy: u__________________

f. rude: u__________________

g. I spend: ich v__________________

h. on social media: i__ s________ N____________

15. Complete with the words in the grid below

Ich ____________ mich nicht gut mit meinen Eltern. Wir streiten uns ____________ über mein Taschengeld,

über meinen ____________, über meine Noten in der Schule und weil sie meine ____________ nicht mögen.

Außerdem sagen sie, dass ich faul, unhöflich und ____________ bin. Sie ____________ sich auch, dass ich

ihnen nicht genug bei der ____________ helfe, dass ich die ganze Zeit ausgehe und dass ich zu viel Zeit in

sozialen Netzwerken ____________, anstatt meine Hausaufgaben zu ____________. Sie sagen, dass ich

nur an mich ____________ und nicht genug Zeit mit der ____________ verbringe. Das letzte Mal haben wir

uns ____________, weil ich mein Zimmer nicht aufgeräumt hatte. **(Sandra, 16 Jahre)**

Freund	beschweren	oft	verbringe	Familie	gestritten
Klamotten	verstehe	unordentlich	Hausarbeit	machen	denke

16. Sentence puzzle: put the sentences below in the correct order

a. mich streite meinen Eltern mit ich oft   *[I often argue with my parents.]*

b. auf Zimmer nie räume ich mein   *[I never tidy up my room.]*

c. sie dass , ich ausgehe sagen zu oft   *[They say that I go out too often.]*

d. beschweren genug nicht ich sich sie , dass lerne   *[They complain that I don't study enough.]*

e. Eltern ärgern ganze Zeit sich die mich über meine   *[My parents are angry with me all the time.]*

f. sagen faul , dass ich sie bin sehr   *[They say that I am very lazy.]*

USEFUL VOCABULARY

Here you will find additional useful vocabulary that you can use to talk about why you argue with your parents.

Some more useful sentences to say why you argue with your parents	
Ich streite mich mit ihnen über … *[I argue with them about…]*	**… meine Freunde** *[my friends]* **… meine Kleidung** *[my clothes]* **… die Schule** *[school]* **… mein Taschengeld** *[my pocket money]*
Wir streiten uns, weil … *[we argue because…]*	
… ich mich ständig mit meiner Schwester streite *[I constantly argue with my sister]*	
… ich nicht das mache, was sie sagen *[I don't do what they tell me]*	
… ich nicht bei der Hausarbeit helfe *[I don't help with the house chores]*	
… ich nie den Müll rausbringe *[I never take the rubbish out]*	
… ich zu viele Lügen erzähle *[I tell too many lies]*	

Key character traits	Some more time markers to express frequency
egoistisch *[selfish]*	**ständig** *[constantly]*
gemein *[mean]*	**fast jeden Tag** *[almost every day]*
gewalttätig *[violent]*	**manchmal** *[sometimes]*
schlecht gelaunt *[bad-tempered]*	**selten** *[rarely]*
verlogen *[dishonest, mendacious]*	**fast nie** *[almost never]*

Some more useful sentences for talking about the last time you argued with your parents
Das letzte Mal haben wir uns gestritten, weil … *[The last time we argued was because…]*
… meine Eltern das Wifi-Passwort geändert hatten *[my parents had changed the WIFI password]*
… ich meine Eltern beleidigt hatte *[I had insulted my parents]*
… ich mich in der Schule sehr schlecht benommen hatte *[I had behaved very badly at school]*
… ich nicht bei der Hausarbeit helfen wollte *[I didn't want to help with the household chores]*
… ich meine Hausaufgaben nicht gemacht hatte *[I hadn't done my homework]*
… ich nicht auf sie gehört hatte *[I had disobeyed them]*
… ich zu spät nach Hause gekommen war *[I had come home too late]*
… ich mit meinen Freunden ausgegangen war, ohne meine Eltern zu fragen *[I had gone out with my friends without asking my parents]*
… ich durch meine Prüfungen gefallen war *[I had failed my exams]*

Key questions

Erzähl mir von deinen Eltern. **Wie sind sie?**	*Tell me about your parents.* *What are they like?*
Verstehst du dich gut mit ihnen?	*Do you get on well with them?*
Wie ist deine Beziehung zu deinen Eltern?	*What is your relationship with your parents like?*
Streitest du dich oft mit ihnen?	*Do you often argue with them?*
Mit wem verstehst du dich am besten? **Warum?**	*Who do you get along best with?* *Why?*
Mit wem streitest du dich am häufigsten?	*Who do you argue with most frequently?*
Ärgern sich deine Eltern oft über dich? **Warum?**	*Do your parents often get angry with you?* *Why?*
Ärgerst du dich oft über sie?	*Do you often get angry with them?*
Warum streitest du dich mit ihnen?	*Why do you argue with them?*
Was ist der häufigste Grund für einen Streit?	*What is the most frequent cause of your arguments?*
Was könntest du machen, um deine Beziehung zu deinen Eltern zu verbessern?	*What could you do to improve your relationship with your parents?*
Was könntest du machen, um Streit zu vermeiden?	*What could you do to avoid arguments?*
Erzähl mir vom letzten Mal, als ihr gestritten habt? **Warum habt ihr gestritten?** **Was war passiert?**	*Tell me about the last time when you argued.* *Why did you argue?* *What had happened?*

ANSWERS – Unit 13

1. Match: ich streite mich – I argue   **mit meinen Eltern** – with my parents   **meistens geht es um** – usually it is about **mein Verhalten** – my behaviour   **meine Schulnoten** – my grades/marks   **ab und zu** – from time to time   **wenn ich ausgehe** – when I go out   **meine Freunde** – my friends   **mein Handy** – my mobile phone **meine Frisur** – my hairstyle **meine Kleidung** – my clothes   **mein Taschengeld** – my pocket money

2. Translate: a) my behaviour   b) the people I hang out with   c) from time to time   d) I argue with   e) mostly it is about f) my grades/marks   g) my girlfriend

3. Complete: a) mein Ver**halten** b) meine Schul**noten** c) meine K**leidung**   d) meine F**reunde** e) norma**lerweise** f) das le**tzte Mal**   g) wir str**eiten uns**

4. Spot and correct the wrong translations: a) -   b) clothes   c) I go out too much   d) noisy/loud   e) -   f) dirty g) messy   h) behaviour

5. Complete: a) oft   b) beschweren   c) schlechte   d) ausgebe   e) Handy   f) rauche   g) Zimmer   h) sagen

6. Translate: a) I spend a lot of money   b) I get good grades/marks   c) my clothes   d) I'm noisy/loud   e) I'm rude f) I'm impatient   g) from time to time   h) I never tidy up my room   i) they complain

7. Gapped translation: a) argue   b) go clubbing   c) behaviour   d) lazy   e) help   f) house chores   g) lay/set   h) study

8. Translate: a) my behaviour   b) the people I hang out with   c) my grades/marks   d) I am very rude   e) my clothes f) I don't do my homework   g) I smoke   h) I never tidy my room   i) I go out too often   j) I am too noisy   k) I am clumsy

9. Spot and correct the spelling or grammar errors: a) in **der** Schule   b) ich **lerne** nicht genug   c) weil ich meine Hausaufgaben nicht **mache**   d) **faul**   e) Meine Eltern **beschweren sich**   f) **mein** Zimmer g) ich gehe zu oft mit meiner Freundin **aus**   h) bei **der** Hausarbeit   i) **schmutzig**   j) **rauche** und **trinke**

10. Complete: a) sagen/laut   b) lerne   c) ausgehe   d) Noten   e) Eltern/unhöflich   f) helfe/Hausarbeit   g) räume/Zimmer h) Kleidung / Klamotten

11. Find the German in Alfred's text: a) meistens verstehe ich mich gut mit meinen Eltern   b) manchmal streiten wir uns c) wenn ich mit meinen Freunden ausgehe   d) sie sagen   e) dass die beiden   f) einen schlechten Einfluss g) außerdem beschweren sich meine Eltern   h) bei der Hausarbeit   i) das letzte Mal   j) letztes Wochenende k) sehr spät und ein bisschen betrunken

12. Answer the questions about Alfred: a) sometimes   b) when he goes out with his friends c) they have a bad influence on him, they are rude, lazy and dirty   d) he doesn't help enough with the house chores e) he came home late and was a bit drunk

13. Gapped translation: grades ; go out ; evenings ; say ; selfish ; messy ; complain ; tidy ; social media ; homework ; house chores ; argued ; fight

14. Find the German: a) immer   b) Noten   c) Kleidung   d) egoistisch   e) unordentlich   f) unhöflich   g) ich verbringe h) in sozialen Netzwerken

15. Complete: verstehe ; oft ; Freund ; Klamotten ; unordentlich ; beschweren ; Hausarbeit ; verbringe ; machen; denke ; Familie ; gestritten

16. Sentence puzzle: a) Ich streite mich oft mit meinen Eltern.   b) Ich räume nie mein Zimmer auf. c) Sie sagen, dass ich zu oft ausgehe.   d) Sie beschweren sich, dass ich nicht genug lerne. e) Meine Eltern ärgern sich die ganze Zeit über mich.   f) Sie sagen, dass ich sehr faul bin.

Unit 14. Discussing why couples break up

Manchmal *[Sometimes]* **Oft** *[Often]*	**lassen sich Paare scheiden,** *[couples divorce]* **trennen sich Paare,** *[couples separate]*	**weil …** *[because]*

… sie sich auseinandergelebt haben *[they have grown apart]*
… sie sich nicht mehr leiden können *[they can't stand each other anymore]*
… sie sich nicht mehr lieben *[they don't love each other anymore]*
… sie sich nur noch streiten *[they only ever argue]*
… sie sich nur noch zusammen langweilen *[they are only ever bored together]*
… einer sich vom anderen vernachlässigt fühlt *[one feels neglected by the other]*

und weil sie *[and because they]*	**das Zusammenleben schwierig finden** *[find living together diffcult]* **nicht mehr die gleichen Interessen haben** *[don't have the same interests anymore]* **nicht mehr die gleichen Ziele haben** *[don't have the same goals anymore]*

Viele Paare trennen sich, *[Many couples separate]*	**weil** *[because]*	**der Altersunterschied zu groß ist** *[the age difference is too big]* **die Liebe weg ist** *[the love is gone]* **das gegenseitige Vertrauen fehlt** *[the mutual trust is missing]* **die körperliche Anziehung fehlt** *[the physical attraction is missing]* **ein Partner untreu ist** *[one partner is unfaithful]* **ein Partner gewalttätig ist** *[one partner is violent]* **ein Partner den anderen belügt** *[one partner lies to the other]*

und *[and]* **oder** *[oder]*	**wegen der Schwiegereltern** *[because of the in-laws]* **wegen finanzieller Probleme** *[because of financial problems]* **wegen kultureller Probleme** *[because of cultural problems]* **wegen Problemen im Beruf** *[because of problems at work]*

Ein allgemeines Problem ist, dass viele Leute *[A common problem is that many people…]*	**aus den falschen Gründen** *[for the wrong reasons]* **zu früh** *[too soon]*	**heiraten** *[…get married]*
	heiraten, *[get married]*	**ohne sich wirklich zu kennen** *[without really knowing each other]* **ohne wirklich verliebt zu sein** *[without really being in love]* **ohne je zusammengelebt zu haben** *[without ever having lived together]*

Author's note: *the preposition „wegen" (because of) is generally followed by the genitive case, as in "wegen <u>finanzieller Probleme</u>". However, when "wegen" is followed by a plural noun that has neither an article or an adjective in front, the genetive form of that plural noun (e.g. "Probleme") would not differ from the nominative form ("Probleme"). Hence, the dative is used: "wegen <u>Problemen</u>".*

1. Gapped translation

a. Paare lassen sich scheiden: *Couples _____________________.*

b. Die Liebe ist weg: *The love is _____________________.*

c. Sie lieben sich nicht mehr: *They no longer _____________________ each other.*

d. Ein Partner ist untreu: *One partner is _____________________.*

e. Sie streiten sich nur noch: *They only ever _____________________.*

f. Das gegenseitige Vertrauen fehlt: *The mutual _____________________ is missing.*

g. Sie finden das Zusammenleben schwierig: *They find living together _____________________.*

h. Sie habe nicht mehr die gleichen Ziele: *They don't have the same _____________________ anymore.*

i. Die gegenseitige körperliche Anziehung fehlt: *The mutual physical _____________________ is missing.*

j. Sie haben sich auseinander gelebt: *They have grown _____________________.*

2. Match

Paare trennen sich.	One partner is violent.
Sie streiten sich nur noch.	They are only ever bored together.
Sie langweilen sich nur noch zusammen.	They don't love each other anymore.
Ein Partner ist gewalttätig.	They don't have the same interests anymore.
Einer fühlt sich vom anderen vernachlässigt.	The age difference is too big.
Ein Partner belügt den anderen.	Couples separate.
Sie haben nicht mehr die gleichen Interessen.	One partner lies to the other.
Sie haben sich auseinandergelebt.	They only ever argue.
Sie lieben sich nicht mehr.	They have grown apart.
Sie können sich nicht mehr leiden.	They can't stand each other anymore.
Der Altersunterschied ist zu groß.	One feels neglected by the other.

3. Complete

a. Paare lassen sich s _ _ _ _ _ _ _ _ .

b. Die L _ _ _ _ ist weg.

c. Sie str _ _ _ _ _ sich nur noch.

d. Sie l _ _ _ _ _ sich nicht mehr.

e. Ein Par _ _ _ _ ist gewaltt _ _ _ _ .

f. Sie langw _ _ _ _ _ sich nur noch zusammen.

g. Der Altersunter _ _ _ _ _ _ _ ist zu groß.

h. Das körperliche Anz _ _ _ _ _ _ fehlt.

i. Sie kön _ _ _ sich nicht mehr le _ _ _ _ .

j. Sie finden das Zusammenl _ _ _ _ schwierig.

k. Sie ha _ _ _ sich auseinanderg _ _ _ _ _ _ .

l. Ein Partner be _ _ _ _ den anderen.

m. Sie haben ni _ _ _ mehr die gleichen Z _ _ _ _ .

n. Das gegens _ _ _ _ _ _ Vertrauen f _ _ _ _ .

4. Sentence puzzle: arrange the sentences below in the correct order

a) lieben nicht sie sich mehr

b) Zusammenleben das schwierig sie finden

c) einer sich vernachlässigt vom fühlt anderen

d) trennen sich viele Paare wegen Probleme finanzieller

e) sie sich noch nur streiten

f) Partner ein untreu ist

g) gelebt auseinander haben sich sie

h) langweilen nur noch sich sie

5. Complete with the missing words

a. Sie _ _ _ _ _ _ sich nicht _ _ _ _ .   *[They don't love each other anymore.]*

b. Sie _ _ _ _ _ _ _ _ nur noch.   *[They only ever argue.]*

c. Das gegenseitige _ _ _ _ _ _ _ _ _ fehlt.   *[The mutual trust is missing.]*

d. Sie _ _ _ _ _ _ _ _ _ _ _ sich nur noch zusammen.   *[They are only ever bored together.]*

e. Sie finden das Zusammenleben _ _ _ _ _ _ _ _ _ .   *[They find living together difficult.]*

f. Ein Partner ist _ _ _ _ _ _ _ _ _ _ _ _ .   *[One Partner is violent.]*

g. Sie _ _ _ _ _ _ sich nicht mehr _ _ _ _ _ _ .   *[They can't stand each other anymore.]*

h. Die _ _ _ _ _ ist _ _ _ .   *[The love is gone.]*

i. Sie trennen sich _ _ _ _ _ kultureller Probleme.   *[They separate due to cultural problems.]*

j. Sie haben nicht mehr die _ _ _ _ _ _ _ _ Interessen. *[They don't have the same interests anymore.]*

6. Match

der Altersunterschied	love
die Liebe	problems at work
die gleichen Ziele	living together
das Vertrauen	a common problem
die gleichen Interessen	age difference
das Zusammenleben	many couples
finanzielle Probleme	argument
viele Paare	the same goals
die Schwiegereltern	cultural problems
die Anziehung	trust
die Probleme im Beruf	attraction
kulturelle Probleme	financial problems
der Streit	the same interests
ein allgemeines Problem	the in-laws

7. Translate into German

a. they have grown apart

b. they can't stand each other

c. they argue

d. they are bored

e. they divorce

f. they separate

g. because of the in-laws

h. because the love is gone

8. Translate into German

a. *There are only ever bored together:* S___ l____________ s_____ n_____ n___ z_______________.

b. *They can't stand each other:* S___ k__________ s_____ n_______ l___________.

c. *They only ever argue:* S___ s__________ s____ n_____ n______.

d. *One feels neglected by the other:* E_____ f______ s____ v__ a____________ v________________.

e. *The mutual trust is missing:* D____ g________________ V__________________ f______.

f. *The love is gone:* D____ L_________ i____ w_____.

g. *They find living together difficult:* S____ f__________ d____ Z___________________ s__________.

h. *One partner is violent:* E____ P__________ i____ g________________.

---

9. Faulty translation: spot and correct the translation errors

a. Weil sie sich nur noch langweilen: *Because they only ever argue*

b. Wegen kultureller Probleme: *Because of cultural problems*

c. Weil ein Partner untreu ist: *Because one partner is stingy*

d. Wegen der Großeltern: *Because of the in-laws*

e. Weil ein Partner gewalttätig ist: *Because one partner is violent*

f. Wegen Problemen im Beruf: *Because of problems in the family*

g. Weil sie sich nur noch streiten: *Because they never argue*

h. Weil das Vertrauen fehlt: *Because trust is missing*

---

10. Match

schwierig	trust
kulturelle Probleme	to separate
sich trennen	financial problems
die Liebe	the in-laws
das Vertrauen	cultural problems
Probleme im Beruf	difficult
sich streiten	problems at work
finanzielle Probleme	love
den anderen belügen	really
die Schwiegereltern	to lie to the other
wirklich	to argue

11. Spot and correct the spelling/grammar mistakes

a. sie leiben sich nicht mehr

b. ein Partner is untreu

c. die Schiegereltern

d. ein Partner ist gewalttatig

e. die Leibe ist weg

f. wegen finanzielle Probleme

g. weil ein Partner belügt den anderen

h. weil sie sich auseinder gelebt haben

i. sie finden das Zusamenleben schwierig

	a	b	c
trust	das Vertrauen	die Unterstützung	die Liebe
goals	die Interessen	die Ziele	die Probleme
not anymore	nur noch	nicht mehr	manchmal
mutual	gegenseitig	einseitig	vielseitig
in-laws	die Großeltern	die Stiefeltern	die Schwiegereltern
many couples	viele Paare	manche Paare	keine Paare
they are bored	sie lieben sich	sie langweilen sich	sich streiten sich
too soon	zu spät	zu viel	zu früh
to get married	heiraten	sich scheiden lassen	sich lieben
difficult	schwierig	einfach	verliebt
neglected	geschätzt	vernachlässigt	geliebt

13. Complete

a. wegen finanz _ _ _ _ _ _ Probl _ _ _

b. sie st _ _ _ _ _ _ sich n _ _ n _ _ _

c. d _ _ Li _ _ _ i _ _ w _ _

d. w _ _ _ _ d _ _ Schw _ _ _ _ _ _ _ _ _ _ _

e. sie hab _ _ s _ _ _ auseinanderge _ _ _ _

f. das gegens _ _ _ _ _ _ Vertra _ _ _ f _ _ _ _

g. ein P _ _ _ _ _ _ i _ _ gewalt _ _ _ _ _

h. sie finden d _ _ Zusammenl _ _ _ _ schwier _ _

i. sie haben n _ _ _ _ die gle _ _ _ _ _ Zi _ _ _

14. Translate into English

a. wegen der Schwiegereltern

b. sie langweilen sich

c. wegen Problemen im Beruf

d. wegen kultureller Unterschiede

e. aus den falschen Gründen

f. sie heiraten zu früh

g. ein Partner ist gewalttätig

h. die Liebe ist weg

i. ein Partner ist untreu

15. Translate into English

a. Oft lassen sich Paare scheiden, weil ein Partner untreu ist.

b. Meiner Meinung trennen sich Paare oft, weil sie zu früh heiraten.

c. Manchmal heiraten Paare, ohne sich wirklich zu kennen.

d. Viele Paare trennen sich, weil sie sich nur noch zusammen langweilen.

e. Manche Paare trennen sich wegen finanzieller Probleme.

f. Ein allgemeines Problem ist, dass manche Paare heiraten, ohne vorher zusammengelebt zu haben.

Leo: Die meisten Paare lassen sich scheiden, weil sie sich auseinandergelebt haben, denke ich.

Anke: Ich glaube, die Leute trennen sich meistens, weil die Liebe weg ist.

Paul: Viele Paare trennen sich, weil sie sich nur noch streiten und sie das Zusammenleben schwierig finden.

Selim: Oft fühlt sich ein Partner vom anderen vernachlässigt.

Olivia: Viele Leute trennen sich, weil ein Partner den anderen belügt.

Matthias: Viele Paare lassen sich scheiden, weil das gegenseitige Vertrauen fehlt.

Maria: Ein häufiger Grund ist auch Stress wegen Problemen im Beruf.

Kim: Manche Paare langweilen sich nur noch zusammen.

Georg: Ein allgemeines Problem ist, dass viele Leute zu früh heiraten.

16. Find in the texts above who says the following statements

EXAMPLE: Couples usually separate because the love is gone   *Anke*

a. Many couples divorce because the mutual trust is missing: ______________________

b. Often one partner feels neglected by the other: ______________________

c. A common problem is that many people get married too soon: ______________________

d. Many people separate because one partner lies to the other: ______________________

e. Most couples divorce because they have grown apart: ______________________

f. Some couples are only ever bored together: ______________________

g. A frequent reason is also stress due to problems at work: ______________________

17. Find in the texts above the German equivalent for

a. a common problem

b. neglected

c. the mutual trust

d. too soon

e. living together

f. some couples

g. many couples

h. because they have grown apart

i. they only ever argue

j. I believe

k. together

l. most couples

m. usually

n. a frequent reason

o. to get married

p. I think

18. Match

ein allgemeines Problem ist	without ever having lived together
zu früh	for the wrong reasons
aus den falschen Gründen	too soon
die Leute heiraten	a common problem is
ohne je zusammengelebt zu haben	many people
sehr schnell	very quickly
ohne sich wirklich zu kennen	people get married
wenn sie zu jung sind	without really being in love
viele Leute	without really knowing each other
ohne wirklich verliebt zu sein	when they are too young

19. Sentence puzzle: rewrite the sentences in the correct order

a. viele heiraten Gründen Leute den falschen aus *[Many people marry for the wrong reasons.]*

b. nicht mehr gleichen die haben sie Ziele *[They no longer have the same goals.]*

c. heiraten sie, je ohne zu haben zusammengelebt *[They get married without ever having lived together.]*

d. zusammen langweilen nur noch sich sie *[They are only ever bored together.]*

e. Problem ein allgemeines ist, dass Leute heiraten viele früh zu *[A common problem is that people get married too soon.]*

f. sie scheiden lassen sich, weil ein untreu Partner ist *[They divorce because one partner is unfaithful.]*

20. Complete the sentences

a. Manchmal l _ _ _ _ _ sich Paare scheiden, weil sie s _ _ _ nicht mehr l _ _ _ _ _ _ .

b. Oft t _ _ _ _ _ _ sich Paare, weil sie sich nur noch s _ _ _ _ _ _ _ _ .

c. Viele Leute h _ _ _ _ _ _ _ zu f _ _ _ .

d. Viele P _ _ _ _ finden das Zusam _ _ _ _ _ _ _ _ schwi _ _ _ _ .

e. Ein allg _ _ _ _ _ _ _ Problem ist, dass viele Leute heiraten, ohne sich wirklich zu k _ _ _ _ _ .

f. Manche Paare t _ _ _ _ _ _ sich, weil das gegen _ _ _ _ _ _ _ Vertrauen f _ _ _ _ .

g. Oft h _ _ _ _ sie sich auseinanderg _ _ _ _ _ _ .

h. Viele Leute h _ _ _ _ _ _ _ aus den f _ _ _ _ _ _ _ Gründen.

i. Viele Paare lassen sich s _ _ _ _ _ _ _ _ , weil ein Partner den anderen b _ _ _ _ _ _ .

Ich kenne viele Paare, die geschieden sind oder die sich gerade scheiden lassen. Bei den meisten Paaren spielen die gleichen Gründe eine Rolle: Sie haben sich auseinandergelebt, sie lieben sich nicht mehr oder sie langweilen sich nur noch zusammen. Manche Paare trennen sich auch wegen finanzieller Probleme, oder weil ein Partner Stress im Beruf hat. Manchmal ist auch ein Partner untreu: Ein Freund von mir – er heißt Andi – hat sich von seiner Frau scheiden lassen, weil sie ihn mit einem Arbeitskollegen betrogen hat, stell dir vor! Ein allgemeines Problem ist, dass viele Paare zu früh heiraten, ohne sich wirklich zu kennen. Andere Paare heiraten aus den falschen Gründen, zum Beispiel wegen des Geldes, oder weil sie einen Weg aus der Einsamkeit suchen. Eine Freundin von mir, Nina, hat nur geheiratet, weil sie ein Kind haben wollte. **(Ben, 28 Jahre)**

22. Answer the questions below

a. Name the three reasons why most couples Ben knows divorce.

b. What happened to Andi?

c. What is a common problem with the way people marry?

d. What are the wrong reasons for getting married that Ben mentions?

e. Why did his friend Nina get married?

23. Translate into English

a. ich kenne viele Paare

b. die gleichen Gründe spielen eine Rolle

c. sie lieben sich nicht mehr

d. sie langweilen sich zusammen

e. ein Partner ist untreu

f. weil es Probleme im Beruf gibt

g. aus den falschen Gründen

h. sie heiraten wegen des Geldes

21. Find the German equivalent for the following in Ben's text

a. I know many couples

b. who are getting divorced at the moment

c. the same reasons

d. some couples

e. because of financial problems

f. stress at work

g. a friend of mine

h. with a work colleague

i. imagine! (3 words)

j. a common problem is that

k. without really knowing each other

l. other couples

m. for the wrong reasons

n. for example

o. a way out of the loneliness

24. Correct the sentences below, taken from Ben's text (first try without looking at the text)

a. Ich kenne veile Paare…

b. … die sind geschieden.

c. Bei den miesten Paaren …

d. … die gleichen Gründe spielen eine Rolle.

e. Er hat von seiner Frau scheiden lassen.

f. Sie hat ihn einem Arbeitskollegen betrogen.

g. Ein allgemein Problem ist, …

h. … dass viele Paare heiraten zu früh.

i. Andere Paare heiraten aus den falsche Gründe.

Ich habe viele Freunde, die sich gerade scheiden lassen. In den meisten Fällen spielen die gleichen Gründe eine Rolle: die Liebe ist weg, die Partner haben sich auseinandergelebt, oder sie haben nicht mehr die gleichen Ziele im Leben. Manche Paare trennen sich auch, weil ein Partner untreu ist, oder weil ein Partner sich vom anderen vernachlässigt fühlt. Eine meiner besten Freundinnen hat sich scheiden lassen, weil ihr Mann sie geschlagen hat. Er war ein echt gewalttätiger Typ! Ein allgemeines Problem ist, dass viele Paare zu früh heiraten, ohne je zusammengelebt zu haben. Andere Paare heiraten aus den falschen Gründen. Sie heiraten, weil sie einfach nicht mehr Single sein wollen oder weil sie ihre Eltern glücklich machen wollen.
(Franzi, 32 Jahre)

26. Find the words below in Franzi's text

a. at the moment: g _ _ _ _ _

b. the same reasons: die gleichen G _ _ _ _ _

c. a role: eine R _ _ _ _

d. love: die L _ _ _ _

e. goals: Z _ _ _ _

f. in life: i _ L _ _ _ _

g. unfaithful: u _ _ _ _ _

h. by the other: v _ _ a _ _ _ _ _ _

i. hit (past participle): g _ _ _ _ _ _ _ _ _

j. really: e _ _ _

k. too soon: z _ f _ _ _

l. to marry: h _ _ _ _ _ _ _

m. without: o _ _ _

n. husband: M _ _ _

o. their parents: i _ _ _ E _ _ _ _ _

p. happy: g _ _ _ _ _ _ _ _

25. Find the German equivalent for the following phrases in Franzi's text

a. I have many friends

b. in most cases

c. the partners have grown apart

d. the same goals

e. some couples also separate

f. because one partner feels neglected by the other

g. because one partner is unfaithful

h. one of my best (female) friends

i. because her husband hit her

j. that many couples marry too soon

k. without ever having lived together

l. they just don't want to be single anymore

m. they want to make their parents happy

27. Translate into English

a. die Liebe ist weg

b. sie haben sich auseinandergelebt

c. er ist ein gewalttätiger Typ

d. ein Partner ist untreu

e. sie wollen ihre Eltern glücklich machen

f. aus den falschen Gründen

g. sie trennen sich gerade

h. sie hat sich scheiden lassen

i. ihr Mann hat sie geschlagen

j. einer meiner besten Freunde

ANSWERS – Unit 14

1. Gapped translation: a) divorce   b) gone   c) love   d) unfaithful   e) argue   f) trust   g) difficult   h) goals
i) attraction   j) distant/apart

2. Match:
Paare trennen sich. - Couples separate.   **Sie streiten sich nur noch.** - They only ever argue.
Sie langweilen sich nur noch zusammen. - They are only ever bored together.
Ein Partner ist gewalttätig. - One partner is violent.
Einer fühlt sich vom anderen vernachlässigt. - One feels neglected by the other.
Ein Partner belügt den anderen. - One partner lies to the other.
Sie haben nicht mehr die gleichen Interessen. - They don't have the same interests anymore.
Sie haben sich auseinander gelebt. - They have grown apart.
Sie lieben sich nicht mehr. - They don't love each other anymore.
Sie können sich nicht mehr leiden. - They can't stand each other anymore.
Der Altersunterschied ist zu groß. - The age difference is too big.

3. Complete: a) **sch**eiden   b) L**iebe**   c) str**eiten**   d) **lieben**   e) Part**ner** / gewalt**tätig**   f) langw**eilen**   g) Altersunter**schied**
h) Anz**iehung**   i) kön**nen** / l**eiden**   j) Zusammenl**eben**   k) ha**ben** / auseinander**gelebt**   l) bel**ügt**   ml) ni**cht** / Ziele
n) gegens**eitige** / **fehlt**

4. Sentence puzzle: a) Sie lieben sich nicht mehr.   b) Sie finden das Zusammenleben schwierig.
c) Einer fühlt sich vom anderen vernachlässigt.   d) Viele Paare trennen sich wegen finanzieller Probleme.
e) Sie streiten sich nur noch.   f) Ein Partner ist untreu.   g) Sie haben sich auseinander gelebt.   h) Sie langweilen sich nur noch.

5. Complete: a) lieben/mehr   b) streiten   c) Vertrauen   d) langweilen   e) schwierig   f) gewalttätig   g) können/leiden
h) Liebe/weg   i) wegen   j) gleichen

6. Match: der Altersunterschied – the age difference   **die Liebe** – love   **die gleichen Ziele** - the same goals
das Vertrauen – trust   **die gleichen Interessen** - the same interests   **das Zusammenleben** - living together
finanzielle Probleme - financial problems   **viele Paare** - many couples   **die Schwiegereltern** - the in-laws
die Anziehung – attraction   **die Probleme im Beruf** - problems at work   **kulturelle Probleme** - cultural problems
der Streit – argument   **ein allgemeines Problem** - a common problem

7. Translate: a) sie haben sich auseinander gelebt   b) sie können sich nicht leiden   c) Sie streiten sich.   d) sie langweilen sich
e) sie lassen sich scheiden   f) sie trennen sich   g) wegen der Schwiegereltern   h) weil die Liebe weg ist

8. Translate: a) Sie langweilen sich nur noch zusammen.   b) Sie können sich nicht leiden.   c) Sie streiten sich nur noch.
d) Einer fühlt sich vom anderen vernachlässigt.   e) Das gegenseitige Vertrauen fehlt.   f) Die Liebe ist weg.
g) Sie finden das Zusammenleben schwierig.   h) Ein Partner ist gewalttätig.

9. Faulty translation: a) they are only ever bored   b) -   c) unfaithful   d) grandparents   e) -   f) at work   g) only ever   h) -

10. Match: schwierig – difficult   **kulturelle Probleme** - cultural problems   **sich trennen** - to separate   **die Liebe** – love
das Vertrauen - trust   **Probleme im Beruf** - problems at work   **sich streiten** - to argue   **finanzielle Probleme** -
financial problems   **den anderen belügen** - to lie to the other   **die Schwiegereltern** - the in-laws   **wirklich** - really

11. Spot and correct the spelling/grammar mistakes: a) sie l**ie**ben sich nicht mehr   b) ein Partner is**t** untreu
c) die Schwiegereltern   d) ein Partner ist gewalttätig   e) die L**ie**be ist weg   f) wegen finanzielle**r** Probleme
g) weil ein Partner den anderen **belügt**   h) weil sie sich auseina**nd**ergelebt haben
i) sie finden das Zusamm**en**leben schwierig

12. Multiple choice quiz: trust (a)   goals (b)   not anymore (b)   mutual (a)   in-laws (c)   many couples (a)
they are bored (b)   too soon (c)   to get married (a)   difficult (a)   neglected (b)

13. Complete: a) wegen finanz**ieller** Probleme   b) sie st**reiten** sich n**ur noch**   c) die Liebe ist **weg**
d) **w**egen **der** Schwiegerel**tern** e) sie hab**en sich** auseinanderge**lebt**   f) das gegens**eitige** Vertrauen **fehlt**
g) ein **Partner ist** gewalt**tätig** h) sie finden **das** Zusammenl**eben** schwier**ig**   i) sie haben ni**cht** die gle**ichen** Ziele

14. Translate: a) because of the in-laws   b) they are bored   c) because of problems at work
d) because of cultural differences   e) for the wrong reasons   f) they get married to soon   g) one partner is violent
h) the love is gone   i) one partner is unfaithful

15. Translate: a) Often, couples divorce because one partner is unfaithful.   b) In my opinion, couples often separate because they get married too soon.   c) Sometimes, people get married without really knowing each other.
d) Many couples separate because they are only ever bored together. e) Some couples separate because of financial problems.
f) A common problem is that some couples get married without having lived together before.

16. Find in the texts above the people who says the following: a) Matthias   b) Selim   c) Georg   d) Olivia   e) Leo
f) Kim   g) Maria

17. Find in the texts: a) ein allgemeines Problem   b) vernachlässigt   c) das gegenseitige Vertrauen
d) zu früh   e) das Zusammenleben   f) manche Paare   g) viele Paare   h) weil sie sich auseinandergelebt haben
i) sie streiten sich nur noch   j) ich glaube   k) zusammen   l) die meisten Paare   m) meistens   n) ein häufiger Grund
o) heiraten   p) ich denke

18. Match: ein allgemeines Problem ist - a common issue is   **zu früh -** too soon
aus den falschen Gründen - for the wrong reasons   **die Leute heiraten -** people get married
ohne je zusammengelebt zu haben - without ever having lived together   **sehr schnell -** very quickly
ohne sich wirklich zu kennen - without really knowing each other   **wenn sie zu jung sind -** when they are too young
viele Leute - many people   **ohne wirklich verliebt zu sein -** without really being in love

19. Sentence puzzle: a) Viele Leute heiraten aus den falschen Gründen.   b) Sie haben nicht mehr die gleichen Ziele.
c) Sie heiraten, ohne je zusammengelebt zu haben.   d) Sie langweilen sich nur noch zusammen.
e) Ein allgemeines Problem ist, dass viele Leute zu früh heiraten.   f) Sie lassen sich scheiden, weil ein Partner untreu ist.

20. Complete: a) lassen/sich/lieben   b) trennen/streiten   c) heiraten/früh   d) Paare/Zusammenleben/schwierig
e) allgemeines/kennen   f) trennen/gegenseitige/fehlt   g) haben/gelebt   h) heiraten/falschen   i) scheiden/belügt

21. Find the German equivalent: a) ich kenne viele Paare   b) die sich gerade scheiden lassen
c) die gleichen Gründe   d) manche Paare   e) wegen finanzieller Probleme   f) Stress im Beruf   g) ein Freund von mir
h) mit einem Arbeitskollegen   i) stell dir vor!   j) ein allgemeines Problem ist, dass   k) ohne sich wirklich zu kennen
l) andere Paare   m) aus den falschen Gründen   n) zum Beispiel   o) einen Weg aus der Einsamkeit

22. Answer: a) have grown apart, don't love each other anymore, are only ever bored together   b) he divorced because his partner cheated on him   c) they marry too soon, without really knowing each other   d) money or loneliness   e) to have a child

23. Translate: a) I know many couples   b) the same reasons play a role   c) they don't love each other anymore
d) they are bored together   e) one partner is unfaithful   f) because there are problems at work   g) for the wrong reasons
h) they get married because of the money

24. Correct the sentences below: a) viele   b) … die geschieden **sind**   c) meisten   d) … **spielen** die gleichen Gründe
e) Er hat **sich** von seiner Frau scheiden lassen.   f) Sie hat ihn **mit** einem Arbeitskollegen betrogen.   g) allgemein**es**
h) … das viele Paare zu früh **heiraten.**   i) aus den falsch**en** Gründen

25. Find the German equivalent: a) ich habe viele Freunde   b) in den meisten Fällen
c) die Partner haben sich auseinandergelebt   d) die gleichen Ziele   e) manche Paare trennen sich auch
f) weil ein Partner sich vom anderen vernachlässigt fühlt   g) weil ein Partner untreu ist   h) eine meiner besten Freundinnen
i) weil ihr Mann sie geschlagen hat   j) dass viele Paare zu früh heiraten   k) ohne je zusammengelebt zu haben
l) sie wollen einfach nicht mehr Single sein   m) sie wollen ihre Eltern glücklich machen

26. Find the words: a) gerade   b) Gründe   c) Rolle   d) Liebe   e) Ziele   f) im Leben   g) untreu   h) vom anderen
i) geschlagen   j) echt   k) zu früh   l) heiraten   m) ohne   n) Mann   o) ihre Eltern   p) glücklich

27. Translate: a) the love is gone   b) they have grown apart   c) he is a violent guy   d) one partner is unfaithful
e) they want to make their parents happy   f) for the wrong reasons   g) they are getting divorced   h) she got divorced
i) her husband hit her   j) one of my best friends

Unit 15. Talking about a person I admire

Eines Tages wäre ich gern wie *[One day, I would like to be like]* **Eine Person, die ich bewundere, ist** *[A person whom I admire is]* **Eine Person, die mich inspiriert, ist** *[A person who inspires me is]*	**meine Mutter** *[my mother]* **mein Vater** *[my father]* **mein Deutschlehrer** *[my German teacher]* **Angela Merkel** **Dwaine "The Rock" Johnson**	**Greta Thunberg** **David Alaba** **Roger Federer** **Taylor Swift**

weil er/sie *[because he/she]*	**attraktiv** *[attractive]* **charismatisch** *[charismatic]* **ein echtes Genie** *[a real genius]* **superkreativ** *[super-creative]* **superlustig** *[super-funny]*	**immer positiv** *[always positive]* **intelligent** *[intelligent]* **mutig** *[brave]* **reich und berühmt** *[rich and famous]*	**ist** *[is]*

Er *[He]* **Sie** *[She]*	**ist ein toller/** **ist eine tolle** *[is a great (m/f)]*	**Fußballer/Fußballerin** *[footballer (m/f)]* **Musiker/Musikerin** *[musician]* **Politiker/Politikerin** *[politician]* **Sänger/Sängerin** *[singer]* **Schauspieler/Schauspielerin** *[actor/actress]*
	***ist der Hammer** *[is amazing]*	**an der Gitarre** *[on the guitar]* **im Fußball** *[in football]*
	***Author's note: this is informal but VERY idiomatic** ☺	
	ist jemand, der/die *[is someone who (m/f)]*	**viel Erfolg gehabt hat** *[has had lots of success]* **von allen geliebt wird** *[is loved by everyone]* **von allen respektiert wird** *[is respected by everyone]*
	hat den perfekten Körper, meiner Meinung nach *[has the perfect body, in my opinion]* **hat für die Familie viel geopfert** *[has made a lot of sacrifices for the family]* **hat vor nichts Angst** *[is not afraid of anything]* **ist immer top gekleidet** *[is always well dressed]* **kann super tanzen** *[can dance brilliantly]* **kann super Fußball/Basketball/Golf spielen** *[plays football/basketball/golf very well]* **macht viel Wohltätigkeitsarbeit** *[does a lot of charity work]* **motiviert mich, ein besserer Mensch zu sein** *[inspires me to be a better human being]*	
	engagiert sich für *[is committed to]* **kämpft für** *[fights for]*	**den Weltfrieden** *[world peace]* **die Umwelt** *[the environment]* **Gleichberechtigung** *[gender equality]* **gute Zwecke** *[noble causes]* **Menschen in Not** *[people in need]* **soziale Gerechtigkeit** *[social justice]*

1. Match

Sie ist der Hammer an der Gitarre.	She has had success in life.
Eine Person, die ich bewundere.	One day, I would like to be like him/her.
Eine Person, die mich inspiriert.	He's loved by everyone.
Eines Tages wäre ich gern wie er/sie.	He is not afraid of anything.
Er hat vor nichts Angst.	She is an ace on the guitar.
Sie kämpft für den Weltfrieden.	A person whom I admire.
Er ist ein toller Sänger.	She fights for gender equality.
Sie hat Erfolg im Leben gehabt.	A person who inspires me.
Er wird von allen geliebt.	She fights for world peace.
Sie kämpft für Gleichberechtigung.	He is a great singer.

2. Translate into English

a. „The Rock" ist eine Person, die ich bewundere.

b. Eines Tages wäre ich gern wie er.

c. Sie inspiriert mich, ein besserer Mensch zu sein.

d. Er hat viel für seine Familie geopfert.

e. Sie kämpft für Menschen in Not.

f. Er ist immer top gekleidet.

g. Sie kann super Basketball spielen.

h. Sie kann super tanzen.

i. Er ist der Hammer im Tennis.

3. Complete the word

a. brave: m _ _ _ _ _

b. singer (masc): S _ _ _ _ _

c. world peace: W _ _ _ _ _ _ _ _ _ _

d. good-looking: g _ _ _ _ _ _ _ _ _ _

e. the environment: die U _ _ _ _ _

f. brave: m_ _ _ _

g. someone: j _ _ _ _ _

h. by everyone: v _ _ a _ _ _ _

i. super-creative: s _ _ _ _ _ _ _ _ _ _

j. she fights for: s _ _ k _ _ _ _ _ f _ _

k. one day: eines T _ _ _ _

4. Sentence puzzle

a. Person, bewundere, die ist Nena eine ich *[Nena is a person whom I admire.]*

b. Sie die ist Sängerin Welt der beste *[She is the best singer in the world.]*

c. Dirk groß stark, und Nowitzki ist sehr athletisch *[Dirk Nowitzki is very tall, strong and athletic.]*

d. Eine die mich Vater, mein inspiriert, Person, ist *[A person who inspires me is my father.]*

e. bewundere Greta weil für Umwelt die kämpft Thunberg, Ich sie
[I admire Gretha Thunberg because she fights for the environment.]

f. wie Ivan, Fotografieren der Hammer er Onkel mein Ich gern wäre weil im ist
[I would like to be like my uncle Ivan because he amazing at photography.]

THE LANGUAGE GYM

5. Gapped translation

a. Ich bewundere ihn, weil er sehr **reich** ist: *I admire him because he is very ____________.*

b. Sie ist sehr **berühmt**: *She is very ____________.*

c. Er hat viel für seine Familie **geopfert**: *He has ____________ a lot for his family.*

d. Sie hat viel **Erfolg** im Leben gehabt: *She has had a lot of __________ in life.*

e. Sie **inspiriert** mich, ein besserer Mensch zu sein: *She ____________ me to be a better human being.*

f. Sie **engagiert sich** für viele gute Zwecke: *She ___ __________ to many noble causes.*

g. Er ist **der Hammer** am Klavier: *He is ____________ at the piano.*

h. Er hat vor **nichts** Angst*:* *He is ______ afraid of ________________.*

i. Er macht viel **Wohltätigkeitsarbeit**: *He does a lot of ________________ work.*

j. Sie hat einen tollen **Sinn für Humor***:* *She has a great __________ ____ __________.*

6. Complete with the options provided below

a. Ich bewundere Usain Bolt, weil er der schnellste Mann der ____________ ist.

b. Ich bewundere Leo Messi, weil er der ____________ Fußballspieler der Welt ist.

c. Ich ____________ nicht gern wie Kim Kardashian, obwohl sie sehr reich und ____________ ist.

d. Falco ist mein Idol, weil er ein guter Mensch und ein toller ____________ war.

e. Ich bewundere meinen Vater, weil er viel für uns ____________ hat.

f. Ich bewundere auch meine Mutter, weil sie sehr hart für uns ____________ hat.

g. Ich wäre gern ____________ meine Deutschlehrerin, weil sie viele ____________ spricht.

h. Ich bewundere Greta Thunberg, weil sie sehr mutig ist und für unsere Zukunft ____________.

i. Ich bewundere meine Freundin Mia, weil sie sehr intelligent und ____________ ist.

j. Ich bewundere meine Tante Tina, weil sie sehr mutig ist: Sie hat vor nichts __________ (außer vor Katzen).

kreativ	Welt	gearbeitet	berühmt	Sänger	Angst
kämpft	Fremdsprachen	beste	wäre	geopfert	wie

7. Break the flow: separate the words as shown in the example - capitalize letters where necessary

EXAMPLE: Ich/wäre/gern/wie/meine/Mutter

a) eineperson,dieichbewundere

b) sieistmutigundintelligent

c) erhatvornichtsangst

d) erhatvielerfolgimleben

e) sieistreichundschön

f) siehatvielfürihrefamiliegeopfert

g) sieisteinetollesängerin

h) eristderlustigstemenschderwelt

i) eineperson,diemichinspiriert

j) sieengagiertsichfürdieumwelt

8. Match

nett	brave
hübsch	kind
großzügig	empathetic
mutig	strong
stark	the best
lustig	pretty
der/die beste	hard-working
einfühlsam	generous
fleißig	rich
reich	funny
berühmt	elegant
elegant	famous

9. Faulty translation: identify and fix the incorrect translations (not all are wrong)

a. Sie ist die beste Sängerin: *She is the best singer.*

b. Er kann gut tanzen: *He can cook well.*

c. Sie ist sehr lustig: *She is very funny.*

d. Er ist sehr mutig: *He is very empathetic.*

e. Sie ist fleißig: *She is lazy.*

f. Er ist klug: *He is clever.*

g. Sie ist reich: *She is rich.*

h. Er kämpft für gute Zwecke: *He fights for world peace.*

i. Sie ist großzügig: *She is brave.*

10. Spot and write the missing word

a. Sie ist beste Fußballspielerin der Welt.   *[She is the best footballer of the world.]*

b. Sie kämpft gute Zwecke.   *[She fights for good causes.]*

c. Er macht Wohltätigkeitsarbeit.   *[He does a lot of charity work.]*

d. Sie Erfolg im Leben gehabt.   *[She has had success in life.]*

e. Er wird allen respektiert.   *[She is respected by everyone.]*

f. Sie hat viel uns geopfert.   *[She has sacrificed a lot for us.]*

g. Eine Person, die bewundere, ist mein Onkel.   *[A person whom I admire is my uncle.]*

h. Peter ist sehr mutig: Er hat nichts Angst.   *[Peter is very brave: he is not afraid of anything.]*

i. Eine Person, die inspiriert ist Thomas Müller.   *[A person who inspires me is Thomas Müller.]*

11. Complete with any suitable word. Make sure each sentence makes sense

a. Eine Person, die mich inspiriert ist _________________.

b. Sie ist _______________, _______________ und _______________.

c. Sie hat viel für _________________ geopfert.

d. Sie kämpft für _______________________________.

e. Sie ist die beste _______________________ der Welt.

f. Ich wäre gern wie _______________, weil er _______________ ist.

g. Seine größte Stärke ist seine _____________________.

h. Er kann sehr gut _____________________.

12. Translate into German

a. *She fights for world peace:* S____ k_________ f____ d____ W________________.

b. *He is the best singer in the world:* E__ i____ d____ b________ S__________ d____ W________.

c. *She works very hard:* S____ a____________ s______ h______.

d. *He has sacrificed a lot for his family:* E__ h____ v____ f____ s______ F__________ g__________.

e. *She is not afraid of anything:* S____ h____ v____ n________ A________.

f. *He is very intelligent:* E__ i____ s______ i________________.

g. *She does a lot of charity work:* S____ m________ v____ W____________________.

h. *He is super-creative and funny:* E__ i____ s________________ u____ l__________.

i. *She fights for people in need:* S____ k_________ f____ M______________ i__ N____.

---

a. **Ingo:** Ich bewundere Mats Hummels. Meiner Meinung nach ist er der beste Fußballer der Welt. Er ist auch bescheiden und intelligent, und er macht viel Wohltätigkeitsarbeit.

b. **Fatima:** Ein Vorbild von mir ist Helene Fischer. Sie ist eine tolle Musikerin und sie kämpft gegen Rassismus und Hass.

c. **Nina:** Ich bewundere Muinga Kambundji. Sie ist eine der besten Leichtathletinnen der Welt und sie ist superfleißig und sehr nett.

d. **Lena:** Eine Person, die mich inspiriert, ist Michelle Obama, weil sie sich gegen Rassismus und für Gleichberechtigung engagiert.

e. **Deniz:** Ich mag Taylor Swift, weil sie total schöne Lieder schreibt. Sie ist immer positiv und sie wird von allen geliebt. Außerdem ist sie sehr hübsch und intelligent.

f. **Bea:** Eine Person, die mich inspiriert, ist Reese Witherspoon. Sie hat sich schon für viele gute Zwecke engagiert, zum Beispiel für Flüchtlinge und für Obdachlose.

g. **Nico:** Ich bewundere meine Mutter, denn sie arbeitet sehr hart und opfert viel für uns. Sie ist immer für mich da und unterstützt mich immer – egal, was ich tue. Und sie muntert mich immer auf, wenn ich traurig bin. Das ist toll!

---

13. Find in the text the German for the following

a. in my opinion

b. he does a lot of charity work

c. she fights against racism

d. one of the best athletes

e. she is really hard-working

f. a person who inspires me

g. because she is committed to gender equality

h. because she writes really nice songs

i. she is always positive

j. she is loved by everyone

k. besides she is very pretty

l. she has already been committed to many good causes

m. for example

n. for refugees and homeless people

o. I admire my mother

p. she works very hard

q. she sacrifices a lot for us

r. she is always there for me

s. she cheers me up when I am down

Eine Person, die ich sehr bewundere, ist Angelina Jolie. Sie ist eine berühmte Schauspielerin, die ein großes Herz hat und viel Wohltätigkeitsarbeit macht. Sie kämpft für Menschen in Not!

Jolie ist UN-Sonderbotschafterin für Flüchtlinge. Ihre Mission ist es, die Öffentlichkeit auf die schwierigen Lebensbedingungen von Flüchtlingen in Flüchtlingslagern aufmerksam zu machen.

Für Jolie haben alle Menschen ein Recht auf Gleichheit und Gerechtigkeit, sowie auf ein sicheres und erfülltes Leben. Deshalb kämpft sie für die ärmsten Menschen auf der Welt in der Hoffnung, einen Unterschied in ihrem Leben zu machen.

Es gibt viele Menschen, die Not leiden. Das dürfen wir nicht ignorieren! Ich denke, wir brauchen mehr Personen wie Angelina Jolie. Mit ihrer Hilfe gibt sie diesen Menschen ein neues Selbstvertrauen und die Chance, ein neues Leben zu beginnen. Deshalb ist Jolie die Person, die ich auf der ganzen Welt am meisten bewundere.

(Lena, 17 Jahre)

14. Find the German equivalent

a. a person I admire a lot is…

b. famous

c. who has a big heart

d. who does a lot of charity work

e. she fights for…

f. people in need

g. good-will ambassador

h. refugees

i. to make aware

j. living conditions

k. equality and justice

l. a safe and fulfilling life

m. she fights for the poorest people

n. in the hope…

o. to make a difference in their life

p. there are many people who are in need

q. we need more people like Angelina

r. with her help

s. a new self-confidence

t. that I admire most in the world

15. Answer the questions on the text

a. How does Lena describe Angelina Jolie in the first paragraph?

b. What is the role the UN agency for refugees gave her? What is one of her missions?

c. What does she believe are rights for all?

d. What does she hope to do for people in need?

e. Why does Lena believe we need more people like Angelina Jolie?

16. Translate the following phrases/sentences from Lena's text

a. eine berühmte Schauspielerin

b. ein großes Herz

c. Sie kämpft für Menschen in Not.

d. Ihre Mission ist es, …

e. die Öffentlichkeit aufmerksam zu machen.

f. Alle Menschen haben ein Recht auf …

g. … ein sicheres und erfülltes Leben.

h. in der Hoffnung, einen Unterschied zu machen

i. Es gibt viele Menschen, die Not leiden.

j. mit ihrer Hilfe

k. auf der ganzen Welt

Mein Vorbild ist Campino. Er heißt eigentlich Andreas Frege und er ist ein deutsch-britischer Sänger und Songwriter. Vor rund dreißig Jahren hat er mit ein paar Freunden die Punk-Band „Die Toten Hosen" gegründet. Sie ist heute eine der erfolgreichsten deutschen Bands weltweit.

Campino hat auch als Schauspieler beim Film, Fernsehen und im Theater gearbeitet und neulich hat er seine Biografie „Hope Street" geschrieben. Campino inspiriert mich, weil er jemand ist, der immer mit Leidenschaft bei der Sache ist und der für seine Fans alles gibt.

Außerdem engagiert sich Campino sehr gegen Rassismus, das finde ich super! Ich denke, wir brauchen mehr Menschen wie ihn, denn Rassismus ist leider immer noch ein großes Problem. Zum Beispiel gibt es bei mir an der Schule oft rassistische Sprüche gegen Ausländer. Das ist so bescheuert.

Ich möchte in der Zukunft auch für eine Gesellschaft kämpfen, in der alle Menschen respektiert werden und die gleichen Rechte haben. **(Jan, 18 Jahre)**

---

17. Find the German equivalent of the following in the text

a. he is actually called

b. about thirty years ago

c. one of the most successful German bands

d. as an actor

e. recently, he wrote his biography

f. Campino inspires me

g. because he is someone, …

h. who gives everything

i. besides he is very much committed to

j. I think

k. we need

l. more people like him

m. a big problem

n. for example

o. racist remarks

p. so stupid

q. for a society

r. the same rights

---

18. Complete the sentences below based on the text above

a. My ________ __________ is Campino. He is a German-British _____________ and songwriter. About _____________ years ago, he founded with a few ____________ the punk band "Die Toten Hosen". It is today one the most _______________ German bands world-wide.

b. Campino has also worked as an _____________ in films, TV and the theatre. He inspires me because he is ____________ who does everything with passion and who gives _____________ for his fans.

c. Besides, he is committed against _______________. I __________, we need more people like him because, _______________ [=leider], racism is still a big problem.

d. For example, at my ___________, there are often ____________ __________ against foreigners.

e. In the future, I would also like to __________ for a society in which all people are being ___________ and have the same _____________.

Eine Person, die mich immer inspiriert hat, ist meine Mutter. Nach dem Tod meines Vaters hat sie hart gearbeitet, um für meinen kleinen Bruder und mich zu sorgen. Sie hatte zwei Jobs und oft hat sie von sechs Uhr morgens bis spät nachts gearbeitet, um genug Geld zu verdienen.

Obwohl sie immer sehr müde war, war meine Mutter immer fröhlich und hat uns ermutigt, im Leben alles zu geben und erfolgreich zu sein. Sie war nie ohne Grund böse auf uns, und wenn wir Probleme hatten, war sie für uns da. Sie hat uns Bescheidenheit und Respekt gelehrt und uns beigebracht, immer optimistisch zu sein: „Wenn ihr immer fleißig seid, dann werdet ihr Erfolg haben!", hat sie oft gesagt!

Jetzt, da meine Mutter gestorben ist, vermisse ich sie sehr. Aber ich denke, sie hat ihr Ziel erreicht: Mein Bruder ist ein renommierter Anwalt geworden und ich die Geschäftsführerin einer erfolgreichen Versicherungsfirma.

(Stefanie, 38 Jahre)

19. Gapped translation

A person who has always _______________ me, is my mother. After the death of my father, she _____________

hard in order to look after my ____________ _______________ and me. She had two jobs and often, she worked

from ____________ o'clock in the morning until late_______ __________, in order to __________ enough

money. Even though she was always very _____________, my mum was always _______________ and

encouraged us to always give everything and be _______________ in __________. She was never

_______________ with us without reason and if we had _______________, she was there for us. She taught us

____________ and _____________ and she taught us to be always _______________. 'If you are always

_________________, then you will have ____________, she often said! Now that my mother has

____________, I _________ her very much. But I think she reached her goal: my brother has become a

renowned _______________ and myself the managing director in a successful _____________ company.

20. Find in the text the German equivalent for the following

a. who has always inspired me

b. after the death

c. she worked very hard

d. to look after my little brother

e. she had two jobs

f. until late at night

g. to earn enough money

h. she was always cheerful

i. she encouraged us…

j. …to give everything

k. if we had problems…

l. …she was always there for us

m. she taught us to be optimistic

n. if you are hard-working, …

o. …you will have success

p. she often said

q. now that my mother has died

r. I miss her

s. she reached her goal

t. he became a lawyer

u. the managing director (f)

v. of an insurance company

21. Translate into German

a. *She is committed to people in need*: S____ e__________ s_____ f____ M___________ i__ N____.

b. *He works very hard*: E____ a____________ s______ h______.

c. *She isn't afraid of anything*: S____ h_____ v_____ n_________ A________.

d. *A person I admire is my father*: E______ P__________, d_____ i____ b____________, i____ m________ V____________.

e. *He is someone who has had a lot of success*: E___ i____ j__________, d____ v______ E________ g_____________ h______.

f. *She is always humble and hard-working*: S____ i___ i________ b___________ u_____ f__________.

g. *She does a lot of charity work*: S____ m________ v_____ W_________________________.

h. *He fights against poverty*: E___ k________ g________ A____________.

---

22. Translate into German

a. She fights for world peace:

b. She is the best singer in the world:

c. He works very hard:

d. He has sacrificed a lot:

e. He is not afraid of anything:

f. She is very intelligent:

g. She does a lot of charity work:

h. He motivates me to be a better human being:

i. He fights against racism:

j. He is the best singer in the world:

k. I would like to be as rich and successful as him:

l. She has done a lot for gender equality:

m. I miss her a lot:

n. We need more people like her:

---

23. Translate into German

A person that inspires me is my father. He works very hard for us, sometimes until very late at night. Nevertheless, he is always there for us when we have a problem. He is very generous, open-minded, positive and intelligent. He always listens to me and tries to understand my point of view. He always accepts me the way I am, and he respects my opinion. He never gets angry with me for no reason. Every Sunday, he does charity work. He helps homeless people who need food. He is also very fit. He has taught me and my sister that it is important to live a healthy life in order to be happy and successful. My father is my hero!

Key questions

Erzähl mir von einer Person, die du bewunderst.	Tell me about a person you admire.
Wie alt ist er/sie?	How old is he/she?
Wie sieht er/sie aus?	What does he/she look like?
Wie ist er/sie vom Charakter her?	What is he/she like character-wise?
Was macht er/sie beruflich?	What does he/she do for a living?
Warum wärst du gern wie er/sie?	Why do you want to be like him/her?
Woher kennst du ihn/sie?	Where do you know him/her from?
Warum bewunderst du ihn/sie?	Why do you admire him/her?
Was ist sein/ihre größte Stärke?	What is his/her greatest strength?
Was gefällt dir nicht an ihm/ihr?	What do you not like about him/her?
Was hat er/sie im Leben erreicht?	What has he/she achieved in life?

ANSWERS – Unit 15

1. Match: **Sie ist der Hammer an der Gitarre.** - She is amazing on the guitar.   **Eine Person, die ich bewundere.** - A person whom I admire.   **Eine Person, die mich inspiriert.** – A person who inspires me.   **Eines Tages wäre ich gern wie er/sie.** - One day I would like to be like him/her.   **Er hat vor nichts Angst.** - He is not afraid of anything.   **Sie kämpft für den Weltfrieden.** – She fights for world peace.   **Er ist ein toller Sänger.** - He is a great singer.   **Sie hat Erfolg im Leben gehabt.** - She has had success in life.   **Er wird von allen geliebt.** – He is loved by everyone.   **Sie kämpft für Gleichberechtigung.** - He/she fights for gender equality.

2. Translate: a) The Rock is a person whom I admire.   b) One day I would like to be like him.
c) She inspires me to be a better person.   d) He has sacrificed a lot for his family.   e) She fights for people in need.
f) He is always very well dressed.   g) She can play basketball really well.   h) She can dance really well.
i) He is amazing at tennis.

3. Complete: a) m**utig**   b) **S**änger   c) **W**eltfrieden   d) **g**utaussehend   e) die **U**mwelt   f) m**utig**   g) **j**emand
h) **von allen**   i) **s**uperkreativ   j) **sie k**ämpft **für**   k) eines T**ages**

4. Sentence puzzle: a) Nena ist eine Person, die ich bewundere.   b) Sie ist die beste Sängerin der Welt.
c) Dirk Nowitzki ist sehr groß, stark und athletisch.   d) Eine Person, die mich inspiriert, ist mein Vater.
e) Ich bewundere Greta Thunberg, weil sie für die Umwelt kämpft.   f) Ich wäre gern wie mein Onkel Ivan, weil er der Hammer im Fotografieren ist.

5. Gapped translation: a) rich   b) famous   c) sacrificed   d) success   e) inspires   f) is committed   g) amazing
h) not, anything   i) charity   j) sense of humour

6. Complete: a) Welt   b) beste   c) wäre/berühmt   d) Sänger   e) geopfert   f) gearbeitet   g) wie/Fremdsprachen
h) kämpft   i) kreativ   j) Angst

7. Break the flow:
a) eine Person, die ich bewundere b) sie ist mutig und intelligent c) er hat vor nichts Angst   d) er hat viel Erfolg im Leben
e) sie ist reich und schön   f) sie hat viel für ihre Familie geopfert   g) sie ist eine tolle Sängerin
h) er ist der lustigste Mensch der Welt i) eine Person, die mich inspiriert j) sie engagiert sich für die Umwelt

8. Match: nett – kind   **hübsch** – pretty   **großzügig** – generous   **mutig** – brave   **stark** – strong   **lustig** - funny
der/die beste - the best   **einfühlsam** – empathetic   **fleißig** - hard-working   **reich** – rich   **berühmt** - famous
elegant - elegant

9. Faulty translation: a) -   b) dance   c) -   d) brave   e) hard-working   f) -   g) -   h) good causes   i) generous

10. Spot and write the missing word: a) **die** beste   b) **für** gute   c) **viel** Wohltätigkeitsarbeit   d) **hat** Erfolg
e) **von** allen   f) **für** uns   g) die **ich** bewundere   h) **vor** nichts   i) die **mich** inspiriert

11. Complete with a suitable word. Make sure each sentence makes sense (Example answers)
a) meine Mutter, Greta Thunberg   b) schön/stark/hilfsbereit   c) die Familie, den Beruf   d) gute Zwecke, den Weltfrieden
e) Tennisspielerin, Surferin   f) mein Vater/klug   g) Zuverlässigkeit, Großzügigkeit   h) singen, kochen

12. Translate: a) Sie kämpft für den Weltfrieden.   b) Er ist der beste Sänger der Welt.   c) Sie arbeitet sehr hart.
d) Er hat viel für seine Familie geopfert.   e) Sie hat vor nichts Angst.   f) Er ist sehr intelligent.
g) Sie macht viel Wohltätigkeitsarbeit.   h) Er ist superkreativ und lustig.   i) Sie kämpft für Menschen in Not.

13. Find in the German: a) meiner Meinung nach   b) er macht viel Wohltätigkeitsarbeit   c) sie kämpft gegen Rassismus
d) eine der besten Leichtathletinnen   e) sie ist superfleißig   f) eine Person, die mich inspiriert   g) weil sie sich für Gleichberechtigung engagiert   h) weil sie total schöne Lieder schreibt   i) sie ist immer positiv   j) sie wird von allen geliebt
k) außerdem ist sie sehr hübsch   l) sie hat sich schon für viele gute Zwecke engagiert   m) zum Beispiel   n) für Flüchtlinge und Obdachlose   o) ich bewundere meine Mutter   p) sie arbeitet sehr hart   q) sie opfert viel für uns   r) sie ist immer für mich da   s) sie muntert mich auf, wenn ich traurig bin

THE LANGUAGE GYM

14. Find the German equivalent: a) Eine Person, die ich sehr bewundere, ist …   b) berühmt   c) die ein großes Herz hat
d) die viel Wohltätigkeitsarbeit macht   e) sie kämpft für …   f) Menschen in Not   g) Sonderbotschafterin   h) Flüchtlinge
i) aufmerksam zu machen   j) Lebensbedingungen   k) Gleichheit und Gerechtigkeit   l) ein sicheres und erfülltes Leben
m) sie kämpft für die ärmsten Menschen   n) … in der Hoffnung   o) einen Unterschied in ihrem Leben zu machen
p) es gibt viele Menschen, die Not leiden   q) wir brauchen mehr Menschen wie Angelina   r) mit ihrer Hilfe
s) ein neues Selbstvertrauen   t) die ich auf der ganzen Welt am meisten bewundere

15. Answer: a) famous actress with a big heart who does a lot of charity work
b) good-will ambassador, to raise awareness about the difficult living conditions in refugees camps
c) equality and justice, and the right to a safe and fulfilling life   d) to make a difference in their lives
e) to give people new self-confidence and the chance to start a new life

16. Translate: a) a famous actress   b) a big heart   c) She fights for people in need.   d) It is her mission…
e) …to make the public aware.   f) All people have the right to…   g) …a safe and fulfilling life.
h) in the hope to make a difference   i) There are many people who are suffering.   j) with her help   k) in the whole world

17. Find the German equivalent: a) er heißt eigentlich   b) vor rund dreißig Jahren
c) eine der erfolgreichsten deutschen Bands   d) als Schauspieler   e) neulich hat er seine Biografie geschrieben
f) Campino inspiriert mich   g) weil er jemand ist   h) der alles gibt   i) außerdem engagiert er sich sehr
j) ich denke   k) wir brauchen   l) mehr Menschen wie ihn   m) ein großes Problem   n) zum Beispiel
o) rassistische Sprüche   p) so bescheuert   q) für eine Gesellschaft   r) die gleichen Rechte

18. Complete the sentences: a) role model/singer/30/friends/successful   b) actor/someone/everything/
c) racism/think/unfortunately   d) school/racist remarks   e) fight/respected/rights

19. Gapped translation: inspired ; worked ; younger/little ; brother ; six ; at ; night ; earn ; tired ; cheerful ; successful ; life ;
angry ; problems ; humility ; respect ; optimistic ; hard-working ; success ; died/gone ; miss ; lawyer ; insurance

20. Find in the text the German equivalent: a) die mich immer inspiriert hat   b) nach dem Tod
c) sie hat sehr hart gearbeitet   d) um für meinen kleinen Bruder zu sorgen   e) sie hatte zwei Jobs   f) bis spät nachts
g) um genug Geld zu verdienen   h) sie war immer fröhlich   i) sie hat uns ermuntert …   j) alles zu geben
k) wenn wir Probleme hatten …   l) … war sie immer für uns da   m) sie hat uns beigebracht optimistisch zu sein
n) wenn ihr fleißig seid …   o) … werdet ihr Erfolg haben   p) hat sie oft gesagt   q) jetzt, da meine Mutter gestorben ist
r) ich vermisse sie   s) sie hat ihr Ziel erreicht   t) er wurde Anwalt   u) die Geschäftsführerin   v) einer Versicherungsfirma

21. Translate: a) Sie engagiert sich für Menschen in Not.   b) Er arbeitet sehr hart.   c) Sie hat vor nichts Angst.
d) Eine Person, die ich bewundere, ist mein Vater.   e) Er ist jemand, der viel Erfolg gehabt hat.
f) Sie ist immer bescheiden und fleißig.   g) Sie macht viel Wohltätigkeitsarbeit.   h) Er kämpft gegen Armut.

22. Translate: a) Sie kämpft für den Weltfrieden.   b) Sie ist die beste Sängerin der Welt.   c) Er arbeitet sehr hart.
d) Er hat viel geopfert.   e) Er hat vor nichts Angst.   f) Sie ist sehr intelligent.   g) Sie macht viel Wohltätigkeitsarbeit.
h) Er motiviert mich, ein besserer Mensch zu sein.   i) Er kämpft gegen Rassismus.   j) Er ist der beste Sänger der Welt.
k) Ich wäre gern genauso reich und erfolgreich wie er.   l) Sie hat viel für die Gleichberechtigung gemacht/getan.
m) Ich vermisse sie sehr.   n) Wir brauchen mehr Menschen wie sie.

23. Translate into German
Eine Person, die mich inspiriert, ist mein Vater. Er arbeitet sehr hart für uns, manchmal bis spät nachts. Trotzdem ist er
immer für uns da, wenn wir ein Problem haben. Er ist sehr großzügig, aufgeschlossen, positiv und klug. Er hört mir immer zu
und versucht, meinen Standpunkt zu verstehen. Er akzeptiert mich immer so, wie ich bin, und er respektiert meine Meinung.
Er wird nie ohne Grund böse auf mich. Jeden Sonntag macht er Wohltätigkeitsarbeit. Er hilft Obdachlosen, die Essen
brauchen. Er ist auch sehr fit. Er hat mir und meiner Schwester beigebracht, dass es wichtig ist, ein gesundes Leben zu leben,
um glücklich und erfolgreich zu sein. Mein Vater ist mein Held!

Unit 16. Bringing it all together – Part 1/5

Ich heiße Max und ich bin vierzehn Jahre alt. Ich wohne in Stuttgart, im Südwesten von Deutschland. Ich bin groß und ziemlich stark. Ich bin auch sehr lustig und entspannt, aber nicht so kreativ. Als ich jünger war, war ich ziemlich pummelig und sehr schüchtern. In meiner Familie gibt es vier Personen: meinen Vater, meine Mutter, meine Schwester und mich. Mein Vater ist ziemlich groß und ein bisschen dick. Er hat kurze, glatte braune Haare und grüne Augen. Er ist sehr fleißig und streng. Meine Mutter ist mittelgroß und ziemlich schlank. Sie hat blonde Haare und braune Augen. Außerdem ist sie total nett und gesellig. Meine Schwester ist hübsch, aber sie ist total nervig! Unter der Woche stehe ich jeden Tag um Viertel nach sechs auf, dann wasche ich mich, ziehe mich an, frühstücke und gehe in die Schule bis um halb vier. Danach komme ich wieder nach Hause, mache meine Hausaufgaben, lese ein Buch und gegen Viertel vor acht esse ich zu Abend. Später gehe ich auf mein Zimmer und spiele Gitarre bis um zehn. Schließlich gehe ich um halb elf ins Bett. Am Wochenende treffe ich mich normalerweise mit meinen Freunden und wir spielen Fußball oder PlayStation. Am letzten Samstag jedoch habe ich meine Großeltern besucht. Wir haben Karten gespielt und zusammen einen Film gesehen. Am Sonntagmorgen bin ich im Park ein bisschen Fahrrad gefahren und später am Nachmittag habe ich Hausaufgaben gemacht. Ich bin ziemlich spät ins Bett gegangen – erst um elf Uhr! **(Max, 14 Jahre)**

1. Find the German equivalent for the following words

a. fourteen	h. kind	o. my room	v. Sunday morning
b. I live	i. during the week	p. finally	w. a bit
c. quite	j. then	q. normally	x. in the afternoon
d. chubby	k. until	r. however	y. late
e. and me	l. homework	s. I visited (3 words)	z. only at
f. short hair	m. at about (1 word)	t. played	
g. medium-height	n. afterwards	u. together	

2. Faulty translation. Highlight the translation mistakes and correct the text.

My name is Max and I am fourteen years old. I live in Stuttgart in the southeast of Germany. I am tall and quite strong. I am also very boring and moody, but not so crazy. When I was younger, I was quite chubby and very shy. In my family, there are four people: my father, my mother, my sister and me. My father is extremely tall and a bit fat. He has long, straight brown hair, and blue eyes. He is hard-working and strict. My mother is medium-height and very slim. She has blonde hair and brown eyes. Moreover, she is really mean and shy. My sister is ugly, but she is really annoying! During the week, I get up at quarter past six most days, then I wash, dress, have breakfast and go to school until four thirty. Then I get back home, do my homework, write a book, and have lunch at about quarter to eight. Later, I go to my living room and play guitar until ten. Finally, I go to bed at around ten thirty. At the weekend, I usually meet up with my parents and we play football or PlayStation. However, next Saturday, I will visit my grandparents. We played cards and watched a film together. On Sunday morning, I went cycling for a bit in town and later in the afternoon I did homework. I went to bed very late, only at 11 o'clock.

3. Find the following items in the text	**4. Correct the statements**

3. Find the following items in the text

a. A verb starting with 'w': *wohne*

b. A preposition starting with 'i':

c. An adverbial of time starting with 'u':

d. A linking word starting with 'a':

e. A family member starting with 'S':

f. An adjective starting with 'p':

g. A verb starting with 'l':

4. Correct the statements

a. Max wohnt im Nordwesten von Deutschland

b. Er ist sehr lustig, entspannt und sehr kreativ

c. Er hat zwei Schwestern

d. Sein Vater ist klein und sehr dünn

e. Nächsten Samstag wird er seine Großeltern besuchen.

f. Er ist um halb zehn ins Bett gegangen.

g. Er hat seine Hausaufgaben am Vormittag gemacht.

5. Categories [find items in the text and put them in the categories below]

Adjectives describing appearance	Adjectives describing character	Adverbs and adverbials of time	Verbs in the present tense	Verbs in the past tense
stark	*lustig*	*unter der Woche*	*ich wohne*	*ich habe … besucht*

6. Complete the sentences in German

a. Max wohnt in _______________.

b. Seine Stadt ist im _______________ von Deutschland.

c. Vom Charakter her ist er _______________________.

d. Sein Vater hat _______________________________ Haare.

e. Seine Mutter hat _______________Augen.

f. Körperlich ist seine Mutter _______________________.

g. Unter der Woche steht Max _______________ auf.

h. Am Wochenende trifft er sich mit _______________.

i. Letztes Wochenende hat er _______________________.

j. _______________________ ist er ins Bett gegangen.

7. Arrange the information below in the same order as it is provided in the German text

______ I play the guitar

__1__ I live in the southwest of Germany

______ My mother is slim

______ My sister is pretty

______ My father has brown hair

______ I am also very funny

______ I get up at 6.15am

______ I go to bed at 10.30pm

______ I get dressed

8. Answer the following questions in English

a. Wo ist Stuttgart?

b. Wie ist sein Vater?

c. Wie ist seine Schwester?

d. Was macht er morgens unter der Woche?

e. Was macht er vor dem Abendessen?

f. Wann isst er zu Abend?

g. Was macht er, bevor er ins Bett geht?

h. Was macht er normalerweise am Wochenende?

i. Was hat er letzten Samstag gemacht?

j. Wo ist er ein bisschen Fahrrad gefahren?

k. Was hat er letzten Sonntagnachmittag gemacht?

l. Wann ist er ins Bett gegangen?

9. Find the German equivalent for the following phrases

a. a bit fat

b. I read a book (*present tense*)

c. there are

d. until half past three

e. I went cycling

f. I visited my grandparents

g. we played cards

h. around 7.45

i. I meet up with my friends

j. last weekend

k. during the week

l. when I was younger

m. every day

n. I go to bed

o. quite strong

p. I did my homework

q. we watched a movie

r. I went to bed

10. Cross out any word which is not in the German text

a. brown

b. grey

c. funny

d. fat

e. boring

f. mean

g. kind

h. homework

11. Definition game – find in the text a word for each of the definitions below

a. Das Gegenteil von „klein":

b. Eine Sportart:

c. Ein Musikinstrument:

d. Die Tochter meiner Mutter:

e. Das Gegenteil von schlank:

f. Zehn plus eins:

g. Eine Haarfarbe:

h. Die Eltern meiner Eltern:

i. Der Tag vor Sonntag:

12. Correct the grammar and spelling mistakes – The following sentences have been copied wrongly from the text. Can you correct them?

a. Ich aufstehe um Viertel nach sechs.

b. Mein Vater ist zeimlich groß.

c. Ich lese ein Buch und frühstucke.

d. Ich habe besucht meine Großeltern.

e. Wir haben zusammen ein Film gesehen.

f. Am Nachmittag ich habe Hausaufgaben gemacht.

g. Ich habe ziemlich spät ins Bett gegangen.

13. Answer the questions in German using THIRD person (er). Write full sentences

a. Wo wohnt Max genau?

b. Wie beschreibt er seine Mutter?

c. Was macht er, bevor er in die Schule geht?

d. Was macht er normalerweise am Wochenende?

e. Was hat er letztes Wochenende gemacht?

f. Wann ist er letzten Sonntag ins Bett gegangen?

g. Was hat er mit seinen Großeltern gemacht?

h. Was macht er unter der Woche, bevor er ins Bett geht?

i. Wann ist er im Park Fahrrad gefahren?

j. Wer ist nett und mittelgroß?

1. Find the German equivalent: a) vierzehn   b) ich wohne   c) ziemlich   d) pummelig   e) und mich   f) kurze Haare
g) mittelgroß   h) nett   i) unter der Woche   j) dann   k) bis   l) Hausaufgaben   m) gegen   n) danach   o) mein Zimmer
p) schließlich   q) normalerweise   r) jedoch   s) ich habe besucht   t) gespielt   u) zusammen   v) am Sonntagmorgen
w) ein bisschen   x) am Nachmittag   y) spät   z) erst um

2. Faulty translation: I live in Stuttgart in the **southwest** of Germany ; I am also very **funny** and **relaxed,** but not so
creative ; My father is **quite** tall ; He has **short,** straight brown hair, and **green** eyes. ; My mother is medium-height and
quite slim. ; Moreover, she is really **kind** and **sociable** ; My sister is **pretty** ; I get up at quarter past six **every day** ; until
three thirty ; **read** a book, and have **dinner** ; I go to **my room** ; I **normally** meet up with my **friends ;** However, **last**
Saturday, **I visited** my grandparents. ; for a bit **in the park ;** I went to bed **quite** late

3. Find the following items: a) wohne   b) in/im   c) unter der Woche   d) außerdem   e) Schwester   f) pummelig   g) lese

4. Spot and correct the wrong statements: a) im **Südwesten** von Deutschland   b) **nicht so** kreativ   c) er hat **eine**
Schwester d) sein Vater ist **ziemlich groß** und **ein bisschen dick**   e) **letzten Samstag hat** er seine Großeltern **besucht**
f) er ist **um elf Uhr** ins Bett gegangen   g) er hat seine Hausaufgaben **am Nachmittag** gemacht

5. Categories:
Adjectives describing appearance: groß ; stark ; pummelig ; dick ; kurze ; glatte ; braune ; grüne ; mittelgroß ; schlank ;
blonde ; hübsch
Adjectives describing character: lustig ; entspannt ; kreativ ; schüchtern ; fleißig ; streng ; nett ; gesellig ; nervig
Adverbs and adverbials of time: als ich jünger war ; unter der Woche ; jeden Tag ; um Viertel nach sechs; dann ;
bis um halb vier ; danach ; gegen Viertel vor acht; später ; bis um zehn ; schließlich ; um halb elf ; am Wochenende ;
letzten Samstag ; am Sonntagmorgen ; am Nachmittag ; spät ; erst um elf Uhr
Verbs in the present tense: ich heiße ; ich bin ; ich wohne ; es gibt ; er/sie ist ; er/sie hat ; ich stehe auf ; ich wasche mich ;
ich ziehe mich an ; ich frühstücke ; ich gehe ; ich komme wieder ; ich mache ; ich lese ; ich esse ; ich spiele ; ich treffe mich ;
wir spielen
Verbs in the past tense: ich war ; ich habe besucht ; wir haben gespielt ; wir haben gesehen ; ich bin gefahren ; ich habe
gemacht ; ich bin gegangen

6. Complete the sentences: a) Stuttgart   b) Südwesten   c) lustig und entspannt   d) kurze, glatte braune   e) braune
f) mittelgroß und schlank   g) um Viertel nach sechs   h) seinen Freunden   i) seine Großeltern besucht   j) um elf Uhr

7. Arrange the information: 8 ; 1 ; 4 ; 5 ; 3 ; 2 ; 6 ; 9 ; 7

8. Answer the following questions: a) in the southwest of Germany b) quite tall, a bit fat, has short, straight brown hair,
green eyes   c) pretty but annoying   d) gets up at 6.15am, washes himself, gets dressed, eats breakfast   e) does his homework
and reads a book   f) around 7.45pm   g) plays the guitar   h) meets up with his friends and plays football or on the
PlayStation   i) visited his grandparents   j) in the park   k) his homework   l) at 11pm

9. Find the German equivalent: a) ein bisschen dick   b) ich lese ein Buch   c) es gibt   d) bis halb vier   e) ich bin Fahrrad
gefahren   f) ich habe meine Großeltern besucht   g) wir haben Karten gespielt   h) gegen Viertel vor acht   i) ich treffe mich
mit meinen Freunden   j) letztes Wochenende   k) unter der Woche   l) als ich jünger war   m) jeden Tag   n) ich gehe ins Bett
o) ziemlich stark   p) ich habe meine Hausaufgaben gemacht   q) wir haben einen Film gesehen   r) ich bin ins Bett gegangen

10. Cross out: a) -   b) grey   c) -   d) -   e) boring   f) mean   g) -   h) -

11. Definition game: a) groß   b) Fußball   c) Gitarre   d) meine Schwester   e) pummelig/dick   f) elf   g) braun/blond
h) meine Großeltern   i) Samstag

12. Correct the mistakes: a) Ich **stehe** ... **auf.**   b) ziemlich   c) frühstücke   d) Ich habe ... **besucht.**   e) einen Film
f) Am Nachmittag **habe ich** ...   g) Ich **bin** ...

13. Answer the questions: a) Er wohnt in Stuttgart, im Südwesten von Deutschland.   b) Sie ist mittelgroß und ziemlich
schlank, sie hat blonde Haare und braune Haare und sie ist total nett und gesellig.   c) Er wäscht sich, zieht sich an und
frühstückt.   d) Normalerweise trifft er sich mit seinen Freunden und sie spielen Fußball oder PlayStation.   e) Er hat seine
Großeltern besucht. f) um elf Uhr   g) Sie haben Karten gespielt und einen Film gesehen.   h) Er spielt Gitarre auf seinem
Zimmer.   i) am Sonntagmorgen   j) seine Mutter

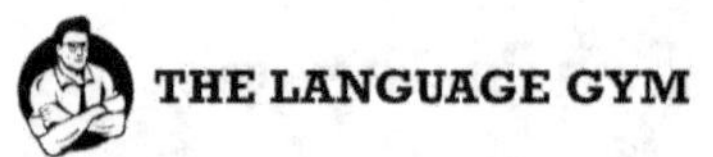

Hallo! Ich heiße Kerstin. Ich bin sechzehn Jahre alt und ich wohne in Innsbruck, im Westen von Österreich. Körperlich bin ich ziemlich klein und etwas mollig. Ich habe wellige braune Haare und ich habe blaue Augen. Vom Charakter her bin ich sehr freundlich und lustig, aber manchmal, wenn ich müde bin, kann ich ein bisschen launisch sein. Als ich jünger war, war ich faul und unsportlich. Ich war viel molliger als jetzt. In meiner Familie sind wir vier Personen: meine Mutter, mein Stiefvater, mein Stiefbruder und ich. Meine Mutter ist streng, aber gerecht. Mein Stiefvater ist sehr liebevoll und ruhig, aber manchmal kann er sich ein wenig in seinen Gedanken verlieren. Mein Stiefbruder ist ein typischer Teenager: mürrisch, stur und dumm! Mein Tagesablauf unter der Woche ist immer der gleiche. Jeden Morgen wache ich um Punkt sechs Uhr auf, aber erst um zwanzig nach sechs stehe ich auf. Dann dusche ich mich, ziehe mich an und, während ich mit meiner Mutter frühstücke, sehe ich ein bisschen fern. Ich fahre mit dem Fahrrad zur Schule, weil ich nicht weit weg wohne und weil ich so ein bisschen Sport machen kann. Nach der Schule komme ich spät wieder nach Hause, erst gegen halb sechs. Normalerweise chatte ich dann mit meinen Freunden auf Snapchat und gegen halb acht esse ich zu Abend. Schließlich gehe ich auf mein Zimmer, sehe ein bisschen fern und entspanne mich, bevor ich ins Bett gehe. Das Wochenende verbringe ich normalerweise mit meiner Familie, aber letztes Wochenende bin ich in meinem Zimmer geblieben und habe für die Schule gelernt und Onlinespiele gespielt. **(Kerstin, 16 Jahre)**

1. Find the German equivalent for the following words

a. sixteen	g. lazy	m. thoughts	s. not far away
b. in the west	h. chubbier	n. a little bit	t. late
c. somewhat chubby	i. than now	o. teenager	u. a little bit
d. tired	j. stepbrother	p. grumpy	v. before
e. moody	k. fair	q. daily routine	w. stayed
f. younger	l. loving	r. but only at	

2. Faulty translation. Highlight the translation mistakes and correct them

Hello! My name is Kerstin. I am fifteen years old and I live in Innsbruck, in the east of Austria. Physically, I am very short and somewhat chubby. I have wavy brown hair and I have green eyes. Regarding my character, I am very friendly and funny but sometimes, when I am excited, I can be a bit loud. When I was younger, I was hard-working and kind. I was a lot smaller than now. In my family we are four people. My mother, my stepfather, my brother and I. My mother is moody, but fair. My stepfather is very loving and calm, but he can get a little lost in the jungle sometimes. My stepbrother is a typical teenager: grumpy, stubborn, and stupid! My daily routine during the week is never the same. Every morning, I wake up at six o'clock on the dot, but only at twenty past six I get up. Then I shower, dress, and whilst I prepare breakfast with my sister, I watch a little TV. I go to school by bus because I live quite close and this way I can do a bit of sport. After school, I get back home late, only around 6:30. Often, I then chat to my friends on Snapchat and at 7:30 I eat dinner. Later, I go to my room watch a bit of TV and read before I go to bed. The weekend I normally spend with my friends, but last weekend I stayed at home and studied for school and played online games.

3. Find the following items in the text	**4. Spot and correct the wrong statements**

3. Find the following items in the text

a. A verb starting with 'f':

b. A preposition starting with 'u':

c. An adverbial of time starting with 'd':

d. A connective starting with 'w':

e. A family member starting with 'M':

f. An adjective starting with 'r':

g. A verb starting with 'e':

4. Spot and correct the wrong statements

a. Kerstin wohnt im Westen von Deutschland.

b. Sie ist ziemlich groß.

c. Sie hat eine Mutter, einen Stiefvater und einen Stiefbruder.

d. Ihr Stiefbruder ist ein untypischer Teenager.

e. Sie steht um zwanzig nach sechs auf.

f. Sie geht zu Fuß zur Schule.

5. Categories: find items in the text and put them in the categories below

Adjectives describing appearance	Adjectives describing character	Adverbs and adverbials of time	Reflexive verbs	Connectives (e.g. but, and, the, also, however)

6. Complete in German based on the text

a. Kerstin wohnt in _____________________.

b. Diese Stadt liegt im _______________ von Österreich.

c. Körperlich ist sie _________________________________.

d. Ihr Stiefvater ist _________________________________.

e. Ihre Mutter ist _________________________________.

f. Ihr Tagesablauf ist _________________________________.

g. Sie steht um _____________________ auf.

h. Das Wochenende verbringt sie_________________________.

i. Letztes Wochenende ist sie _____________________.

j. Sie hat _________________________________.

7. Arrange the information below in the same order as it is provided in the German text

___ Ich fahre mit dem Fahrrad zur Schule.

_1_ Ich wohne im Westen von Österreich.

___ Ich komme spät wieder nach Hause.

___ Ich bin in meinem Zimmer geblieben.

___ Mein Stiefvater ist liebevoll und ruhig.

___ Ich chatte mit meinen Freunden.

___ Ich war faul.

___ Ich kann ein bisschen launisch sein.

___ Mein Stiefbruder ist ein typischer Teenager.

8. Answer the following questions in English

a. Wo ist Innsbruck?

b. Wie ist ihr Stiefvater?

c. Wie ist ihr Stiefbruder?

d. Wie ist ihre Morgenroutine unter der Woche?

e. Wie kommt sie zur Schule? Warum?

f. Was macht sie, wenn sie wieder nach Hause kommt?

g. Wann isst sie zu Abend?

h. Was macht sie nach dem Abendessen?

i. Mit wem verbringt sie normalerweise das Wochenende?

j. Was hat sie letztes Wochenende gemacht?

9. Find the German equivalent for the following phrases

a. blue eyes

b. physically I am

c. but sometimes

d. I can be a bit moody

e. in my family

f. strict but fair

g. he can get lost in his thoughts

h. during the week

i. at six o'clock on the dot

j. only at 6:20

k. while I have breakfast

l. I get back home late

m. I chat with my friends

n. I go to my room

o. before I go to bed

p. the weekend I spend

q. but last weekend

r. I studied for school

10. Cross out any word below which is not in the German text

a. blond

b. chubby

c. angry

d. loving

e. grumpy

f. chat

g. weak

h. together

i. penguin

11. Definition game: find in the text a word for each of the definitions below

a. Das Gegenteil von „unfreundlich“:

b. Ein Hobby:

c. Ein soziales Netzwerk:

d. Der Sohn meines Stiefvaters:

e. Das Gegenteil von älter:

f. Fünfzehn plus eins:

g. Eine Haarfarbe:

h. Der neue Mann meiner Mutter:

i. Das Essen vor dem Mittagessen:

12. Correct the grammar and spelling mistakes:

a. Ich bin sechszehn Jahre alt.

b. Ich bin ziemlich klein und ein bischen mollig.

c. Als ich jünger war, ich war ein bisschen faul.

d. Ich war nonsportlich.

e. während ich frühstücke mit meiner Mutter

f. Ich fahre mit das Fahrrad zur Schule.

g. Ich bin in meine Zimmer geblieben.

13. Answer the questions in German using THIRD person (sie). Write full sentences

a. Wo wohnt Kerstin genau?

b. Wie beschreibt sie ihren Stiefvater?

c. Was macht sie, bevor sie in die Schule geht?

d. Was macht sie normalerweise am Wochenende?

e. Was hat sie letztes Wochenende gemacht?

f. Wann steht sie unter der Woche normalerweise auf?

g. Was macht sie vor dem Abendessen?

h. Ist ihr Stiefbruder anders als andere Teenager?

i. Wie war sie, als sie jünger war?

1. Find the German equivalent: a) sechzehn   b) im Westen   c) etwas mollig   d) müde   e) launisch   f) jünger
g) faul   h) molliger   i) als jetzt   j) Stiefbruder   k) gerecht   l) liebevoll   m) Gedanken   n) ein wenig   o) Teenager
p) mürrisch   q) Tagesablauf   r) aber erst um   s) nicht weit weg   t) spät   u) ein bisschen   v) bevor   w) geblieben

2. Faulty translation: I am **sixteen** ; in the **west** of Austria : I am **quite** short ; I have **blue** eyes ; when I am **tired**, I can be a bit **moody** ; I was **lazy** and **unathletic** ; I was a lot **chubbier** ; my **stepbrother** ; my mother is **strict** ; lost **in his thoughts** ; is **always** the same ; whilst I **eat** breakfast with my **mother** ; I go to school by **bike** ; only around **5:30** ; **Normally**, I then chat to my friends on Snapchat and **around** 7:30 ; **Finally**, I go to my room watch a bit of TV and **relax** ; with my **family** ; I stayed **in my room**

3. Find the following items: a) fahre   b) um   c) dann   d) weil   e) Mutter   f) ruhig   h) esse

4. Spot and correct the wrong statements: a) Kerstin wohnt im Westen von **Österreich.**   b) Sie ist ziemlich **klein.**
c) -   d) Ihr Stiefbruder ist ein **typischer** Teenager.   e) -   f) Sie **fährt mit dem Fahrrad** zur Schule

5. Categories:
Adjectives describing appearance: klein ; mollig ; wellige ; braune ; blaue ; unsportlich
Adjectives describing character: freundlich ; lustig ; launisch ; faul ; streng ; gerecht ; liebevoll ; ruhig ; mürrisch ; stur ; dumm
Adverbs of frequency (time words): manchmal ; unter der Woche ; immer ; jeden Morgen ; normalerweise
Reflexive verbs: ich dusche mich ; ich ziehe mich an ; ich entspanne mich
Connectives: und ; aber ; bevor ; während ; als ; wenn ; weil

6. Complete with the missing word: a) Innsbruck   b) Westen   c) ziemlich klein und etwas mollig   d) liebevoll und ruhig
e) streng, aber gerecht   f) immer der gleiche   g) zwanzig nach sechs   h) mit ihrer Familie   i) auf ihrem Zimmer geblieben
j) für die Schule gelernt und Onlinespiele gespielt

7. Arrange the information: 6 ; 1 ; 7 ; 9 ; 4 ; 8 ; 3 ; 2 ; 5

8. Answer the following questions:
a) in the west of Austria   b) very affectionate and calm, can get lost in his thoughts a little   c) grumpy, stubborn, stupid
d) wakes up at 6, gets up at 6.20, has a shower, gets dressed, has breakfast with her mum whilst watching TV
e) by bicycle because she doesn't live far, and she can do a bit of sport   f) she chats with friends on Snapchat   g) around 7.30
h) she watches TV for a bit and relaxes   i) with her family   j) studied for school and played online games

9. Find the German equivalent: a) blaue Augen   b) körperlich bin ich   c) aber manchmal   d) ich kann ein bisschen
launisch sein   e) in meiner Familie   f) streng, aber gerecht   g) er kann sich in seinen Gedanken verlieren   h) unter der
Woche   i) um Punkt sechs Uhr   j) erst um zwanzig nach sechs   k) während ich frühstücke   l) ich komme spät wieder nach
Hause   m) ich chatte mit meinen Freunden   n) ich gehe auf mein Zimmer   o) bevor ich ins Bett gehe   p) das Wochenende
verbringe ich   q) aber letztes Wochenende   r) ich habe für die Schule gelernt

10. Cross out: a) blond   b) -   c) angry   d) -   e) -   f) -   g) weak   h) -   i) penguin

11. Definition game: a) freundlich   b) fernsehen   c) Snapchat   d) Stiefbruder   e) jünger   f) sechzehn   g) braun
h) Stiefvater   i) das Frühstück

12. Correct the mistakes: a) sech**s**zehn   b) bisschen   c) Als ich jünger war, **war ich**
d) **un**sportlich   e) während ich mit meiner Mutter **frühstücke**   f) mit **dem** Fahrrad   g) in meine**m** Zimmer

13. Answer the questions:
a) Sie wohnt in Innsbruck, im Westen von Österreich.   b) Ihr Stiefvater ist sehr liebevoll und ruhig.
c) Vor der Schule steht sie auf, sie duscht sich, zieht sich an und sie sieht fern, während sie mit ihrer Mutter frühstückt.
d) Normalerweise verbringt sie das Wochenende mit ihrer Familie.
e) Sie ist auf ihrem Zimmer geblieben und sie hat für die Schule gelernt und Online spiele gespielt.
f) Sie steht normalerweise um zwanzig nach sechs auf.
g) Vor dem Abendessen chattet sie mit ihren Freunden auf Snapchat.
h) Nein, er ist ein typischer Teenager.
i) Sie war faul und unsportlich, viel molliger als jetzt.

Unit 16. Bringing it all together – Part 3/5

Hallo Leute, ich bin Oliver. In meiner Familie sind wir drei Personen und meistens verstehen wir uns ganz gut. Ich bin Einzelkind. Mit meinem Vater komme ich gut aus, weil er sehr nett und aufgeschlossen ist. Wir machen viel zusammen, zum Beispiel spielen wir jeden Samstag Basketball. Mit meiner Mutter ist es nicht so einfach – sie hat einen sehr starken Charakter und sie schimpft oft mit mir, vor allem, wenn ich meine Hausaufgaben nicht mache oder wenn ich nicht bei der Hausarbeit helfe. Manchmal bekomme ich sogar Hausarrest und ich darf nicht mit meinen Freunden ausgehen. Als ich klein war, war meine Mutter nicht so streng, sondern viel entspannter; aber jetzt ist sie gestresst wegen meiner Noten in der Schule. Mit meinen Freunden verstehe ich mich ganz gut, jedoch kann mein Freund Nico manchmal nervig sein. Er ist oft ungeduldig und er will immer Recht haben. Auf der anderen Seite ist mein Freund Simon nett, lustig, aufmerksam, zuverlässig und intelligent – wir verstehen uns total gut! Außerdem kann Simon supergut Gitarre spielen. In der Schule ist es ein bisschen anders. Ich bin kein guter Schüler und ich komme nicht gut mit meinen Lehrern aus. Vor allem nicht mit meinem Mathelehrer. Er ist arrogant, stur, kann nicht gut erklären und er kritisiert mich immer. Die meisten Lehrer, die ich habe, schimpfen ständig mit mir und regen sich über jede Kleinigkeit auf. Nur mein Sportlehrer ist genial. Er versucht immer, mich zu verstehen und er unterstützt mich, wo er kann.   **(Oliver , 16 Jahre)**

1. Find the German equivalent for the following

a. In my family we are three people.

b. We get along quite well.

c. We do a lot together.

d. She has a very strong character.

e. Sometimes I even get grounded.

f. much more relaxed (2 words)

g. He always wants to be right.

h. nice, funny, attentive, reliable and intelligent

i. Futhermore, Simon can play the guitar really well.

j. At school it is a bit different.

k. He always criticises me.

l. most teachers that I have

m. only my PE teacher

n. He always tries to understand me.

2. Faulty translation. Highlight the translation mistakes and correct them

Hello, I am Oliver. In my family we are four people and we usually get along quite well. I am an only child. With my father, I get along very badly because he is very nice and closed-minded. We do a lot together, for example, we play basketball every Sunday. With my mother, it is not so easy – she has a very strong character and she often tells me jokes, above all, when I do my homework or if I do not help with the house chores. Sometimes I even get grounded and I'm not allowed to play with my friends. When I was little, my mother was not as strict, but much more relaxed; but now she is relaxed about my grades at school. With my friends, I get along quite well, but my friend Nico can often be annoying. He is often patient and he always wants to be right. On the other hand, my cousin Simon is nice, funny, loud, lazy and intelligent – we get along really well! Furthermore, he cannot play the guitar at all. At school, it's a little different. I am not a good student and I don't get on well with my teachers, above all with my maths teacher. He is arrogant, strict, can't explain well and he always supports me. Most teachers that I have tell me off constantly and are happy about every little thing. Only my history teacher is great. He always tries to understand me and shouts at me where he can.

<table>
<tr><td>

3. Find the following items in the text

a. A verb starting with 'm':

b. A preposition starting with 'm':

c. A frequency word starting with 's':

d. A connective starting with 'a':

e. A member of school starting with 'S':

f. An adjective starting with 'z':

g. A verb in the infinitive starting with 'v':

</td><td>

4. Spot and correct the wrong statements

a. Es gibt vier Personen in meiner Familie.

b. Ich bin Einzelkind.

c. Mit meinem Vater ist es nicht so einfach.

d. Mein Freund Simon ist sehr unfreundlich.

e. Ich verstehe mich gut mit fast allen Lehrern.

f. Meine Lehrer schimpfen immer mit mir.

g. Mein Sportlehrer ist nie für mich da.

</td></tr>
</table>

5. Categories: find items in the text and put them in the categories below

Adjectives describing character	Adverbs and adverbials of time and frequency	Hobbies	Connectives (e.g. but, and, the, also, however)

<table>
<tr><td>

6. Complete in German

a. Es gibt _____________ Personen in meiner Familie.
b. Ich habe keine Geschwister, ich bin _____________ .
c. Wir machen viel _______________ .
d. Meine Mutter hat einen ___________ Charakter.
e. Sie _______________ oft mit mir ...
f. wegen meiner ___________ in der Schule.
g. Er ___________ supergut Gitarre spielen.
h. Ich _________ nicht gut mit meinen Lehrern _____ .
i. Sie _________ sich über jede Kleinigkeit _____ .
j. Er _______________ mich, wo er kann.

</td><td>

7. Arrange the information below in the same order as it is provided in the German text

___ Sie schimpft oft mit mir.
_1_ Ich bin Einzelkind.
___ Er ist oft ungeduldig und will Recht haben.
___ Es ist nicht so einfach.
___ Er kann nicht gut erklären.
___ Wenn ich meine Hausaufgaben nicht mache.
___ Er kann supergut Gitarre spielen.
___ Wegen meine Noten in der Schule.
___ Wir machen viel zusammen.

</td></tr>
</table>

8. Answer the following questions in English

a. Wie viele Personen gibt es in seiner Familie? f. Wie ist Nico?

b. Wie ist sein Vater? g. Wie ist Simon?

c. Wie ist seine Mutter? h. Wie ist Oliver in der Schule?

d. Warum ist seine Mutter gestresst? i. Warum kommt er nicht gut mit seinem Mathelehrer aus?

e. Wie kommt er mit seinen Freunden aus? j. Versteht er sich gut mit dem Sportlehrer? Warum?

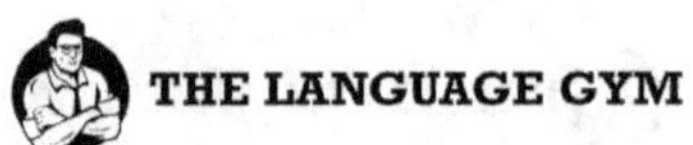

9. Find the German equivalent for the following phrases

a. usually

b. I am an only child

c. for example

d. it is not so easy

e. she often tells me off

f. I am not allowed to go out

g. when I was little

h. not so strict

i. now she is stressed

j. I get on quite well

k. he is often impatient

l. on the other hand

m. we get on really well

n. a little different

o. I am not a good student

p. he cannot explain well

q. they tell me off

r. he supports me

10. Cross out any word listed below which is not in the German text

a. open-minded

b. easy

c. stressed

d. mean

e. to dance

f. teacher

g. boring

h. stubborn

11. Definition game: find in the text a word for each of the definitions below

a. Das Gegenteil von „selten":

b. Ein beliebter Mannschaftssport:

c. Ein Synonym von „Persönlichkeit":

d. Das Gegenteil von „gemein":

e. Das Gegenteil von „superschlecht":

f. Eine Strafe für böse Teenager:

g. Wenn dich jemand zum Lachen bringt, ist er:

h. Das Gegenteil von „nie":

i. Ein Synonym von „er ärgert sich":

12. Correct the grammar and spelling mistakes:

a. Meistens wir verstehen uns gut.

b. Wir mache viel zusammen.

c. als ich war klein

d. Manchmal kann mein Freund sein nervig.

e. Er immer will Recht haben.

f. In der Schule es ist ein bisschen anders.

g. Ich bin keine guter Schüler.

13. Answer the questions in German using THIRD person (er). Write full sentences

a. Wie kommt er mit seiner Familie aus?

b. Wie beschreibt er seinen Vater?

c. Wie war seine Mutter, als er klein war?

d. Mit wem versteht er sich besser, mit Nico oder mit Simon?

e. Ist er ein guter Schüler?

f. Wie findet er seinen Mathelehrer?

g. Wie beschreibt er seinen Sportlehrer?

h. Was kann sein Freund Simon gut?

i. Warum schimpft seine Mutter mit ihm?

ANSWERS – Unit 16. Bringing it all together – Part 3/5

1. Find the German equivalent: a) In meiner Familie sind wir drei Personen. b) Wir verstehen uns ganz gut.
c) Wir machen viel zusammen. d) Sie hat einen sehr starken Charakter. e) Manchmal bekomme ich sogar Hausarrest.
f) viel entspannter g) Er will immer Recht haben. h) nett, lustig, aufmerksam, zuverlässig und intelligent
i) Außerdem kann Simon supergut Gitarre spielen. j) In der Schule ist es ein bisschen anders. k) Er kritisiert mich immer.
l) die meisten Lehrer, die ich habe m) nur mein Sportlehrer n) Er versucht immer, mich zu verstehen.

2. Faulty translation: we are **three** people ; with my father, I get along very **well** ; very nice and **open**-minded ; we play basektball every **Saturday** ; she often tells me **off** ; wen I **don't** do my homework ; I am not allowed **to go out** with my friends ; now she is **stressed** about my grades ; Nico can **sometimes** be annoying ; he is often **impatient** ; **my friend** Simon ; nice, funny, **attentive** and **reliable** ; he **can** play the guitar **really well** ; he is arrogant, **stubborn** ; he always **criticises me** ; and **get upset** about every little thing; Only my **PE teacher** ; and **supports me**

3. Find the following items: a) machen b) mit c) ständig d) außerdem e) Schüler f) zuverlässig g) verstehen

4. Spot and correct the wrong statements: a) **drei** Personen b) - c) mit **meiner Mutter** d) Simon ist sehr **freundlich**
e) **nicht** gut f) - g) ist **immer** für mich da

5. Categories:
Adjectives describing character: nett ; aufgeschlossen ; streng ; entspannter ; gestresst ; nervig ; ungeduldig ; lustig ;
aufmerksam ; zuverlässig ; intelligent ; arrogant ; stur
Adverbs of frequency (time words): meistens ; jeden Samstag ; oft ; manchmal ; immer ; ständig
Hobbies: Basketball spielen ; Gitarre spielen;
Connectives: und ; weil ; wenn ; oder ; als ; sondern ; aber ; jedoch ; außerdem

6. Complete with the missing word: a) drei b) Einzelkind c) zusammen d) starken e) schimpft f) Noten g) kann
h) komme / aus i) regt / auf j) unterstützt

7. Arrange the information: 4 ; 1 ; 7 ; 3 ; 9 ; 5 ; 8 ; 6 ; 2

8. Answer the following questions: a) three people b) very nice and open-minded c) quite strict and stressed
d) because of his grades at school e) quite well f) he can be annoying, often impatient and he always wants to be right
g) nice, funny, attentive, reliable and intelligent h) not a good student, doesn't get on with his teachers
i) he is arrogant and stubborn, can't explain and always criticises him j) yes, because he always tries to understand Oliver
and supports him where he can

9. Find the German equivalent: a) meistens b) ich bin Einzelkind c) zum Beispiel
d) es ist nicht so einfach e) sie schimpft oft mit mir f) ich darf nicht ausgehen g) als ich klein war
h) nicht so streng i) jetzt ist sie gestresst j) ich verstehe mich ganz gut k) er ist oft ungeduldig
l) auf der anderen Seite m) wir verstehen uns total gut n) ein bisschen anders o) ich bin kein guter Schüler
p) er kann nicht gut erklären q) sie schimpfen mit mir r) er unterstützt mich

10. Cross out: a) - b) - c) - d) mean e) to dance f) - g) boring h) -

11. Definition game: a) oft b) Basketball c) Charakter d) nett e) supergut f) Hausarrest g) lustig h) immer
i) er regt sich auf

12. Correct the mistakes: a) Meistens **verstehen wir** uns b) Wir machen c) als ich klein **war**
d) Manchmal kann mein Freund nervig **sein.** e) Er **will** immer Recht haben. f) in der Schule **ist** es g) ich bin **kein**

13. Answer the questions:
a) Er versteht sich ganz gut mit seiner Familie. b) Sein Vater ist sehr nett und aufgeschlossen.
c) Als er klein war, war seine Mutter nicht so streng, sondern viel entspannter. d) Er versteht sich besser mit Simon.
e) Nein, er ist kein guter Schüler. f) Er findet seinen Mathelehrer arrogant und stur. g) Genial, denn er versucht immer,
Oliver zu verstehen und er unterstützt ihn, wo er kann. h) Er kann gut Gitarre spielen. i) Sie schimpft, wenn er seine
Hausaufgaben nicht macht oder wenn er nicht bei der Hausarbeit hilft.

Unit 16. Bringing it all together – Part 4/5

Hallo, ich bin Clara. Für mich ist eine gute Freundin eine aufgeschlossene Person, die dich so akzeptiert, wie du bist. Sie ist immer für dich da, sogar in den schwierigsten Momenten! Das Wichtigste ist, dass sie treu ist, und dass sie die gleichen Interessen hat wie du. Es sollte ihr Spaß machen, mit dir ins Kino zu gehen oder mit dir essen zu gehen. Sie hört dir immer zu und respektiert deine Meinung. Wenn du glücklich bist, freut sie sich für dich und sie freut sich auch, wenn du Erfolg hast. Was meinen idealen Partner angeht: Er ist groß und gutaussehend und er ist klug, romantisch und einfühlsam. Er versucht immer, mich glücklich zu machen und er unterstützt mich in allem, was ich mache. Wir streiten uns nie und wir haben viel Spaß zusammen. Er behandelt mich mit Respekt und er muntert mich auf, wenn ich traurig bin. Ich denke, die meisten Leute trennen sich, weil sie sich nicht mehr lieben oder weil sie sich nur noch streiten. Manchmal ist auch die gegenseitige körperliche Anziehung weg. Ich habe eine Freundin, die Antonia heißt – sie hat sich von ihrem Freund getrennt, weil der Altersunterschied zu groß war und weil er sich immer über alles aufgeregt hat. Meiner Meinung nach heiraten viele Paare zu früh, ohne je zusammengelebt zu haben, oder sie heiraten einfach aus den falschen Gründen. Deshalb funktioniert es dann nicht. **(Clara, 17 Jahre)**

1. Find the German equivalent for the following

a. For me, a good (female) friend is…

b. an open-minded person

c. as you are

d. even in the most difficult moments

e. that she has the same interests

f. when you are happy

g. he always tries

h. he supports me in everything

i. we have lots of fun together

j. most people separate

k. the mutual physical attraction

l. because the age difference was too big

m. many couples marry too soon

n. for the wrong reasons

2. Faulty translation. Highlight the translation mistakes and correct them

Hi, I'm Clara. For me, a good friend is an evil person who accepts you the way you are. She is always there for you, even in the most boring moments! The most important thing is that she is funny, and that she has the same goals as you. She should find it fun to go to the park with you or go out for food with you. She never listens to you and respects your opinion. When you are sad, she is happy for you, and she is also happy when you have success. Regarding my ideal partner: he is tall and handsome, and he is clever, funny and generous. He always tries to make me laugh, and he supports me in everything I do. We never argue and we have a lot of fun together. He treats me with respect, and he listens to me when I am sad. I think most people separate because they do not love each other anymore or because they never argue. Sometimes, too, the mutual emotional attraction is gone. I have a friend who is called Antonia – she separated from her husband because the age difference was too small and because he often got upset about everything. In my opinion, many people marry too soon, without ever having lived apart, or they marry simply for the wrong reasons. That's why it then doesn't work.

3. Find the following items in the text

a. A verb starting with 'a':

b. A noun starting with 'S':

c. A time word starting with 'i':

d. A connective starting with 'd':

e. An adjective starting with 'a':

f. An adjective starting with 't':

g. A verb starting with 'f':

4. Spot and correct the wrong statements

a. Eine gute Freundin ist eine launische Person.

b. Das Wichtigste ist, dass sie untreu ist.

c. Sie freut sich, wenn du traurig bist.

d. Sie muntert mich auf, wenn ich Erfolg habe.

e. Sie trennen sich, weil sie sich zu sehr lieben.

f. Er hat sich immer über nichts aufgeregt.

g. Meiner Meinung nach heiraten viele Leute zu spät.

5. Categories: find the items in the text and put them in the categories below

Adjectives describing appearance	Adjectives describing character	Adverbs of frequency (Time words)	Hobbies	Connectives (e.g. but, and, the, also, however)

6. Complete with the missing German words

a. Sie ist eine _____________________ Person.

b. Er _____________ mich auf, wenn ich traurig bin.

c. Sie ___________ sich für dich, wenn du Erfolg hast.

d. Wir _____________ uns nie.

e. Das Wichtigste ___________ , dass sie treu ist.

f. Viele Paare _______________ zu früh.

g. Er unterstützt mich in ____________, was ich tue.

h. Die ________________ Anziehung ist weg.

i. Er ________________ mich mit Respekt.

j. Sie heiraten aus den ________________ Gründen.

7. Arrange the information below in the same order as it is provided in the German text

___ Sie hat die gleichen Interessen wie du.

_1_ Sie ist immer für dich da.

___ Wir streiten uns nie.

___ Deshalb funktioniert es nicht.

___ Sie freut sich für dich.

___ Er muntert mich auf, wenn ich traurig bin.

___ Er versucht immer, mich glücklich zu machen.

___ Die gegenseitige körperliche Anziehung ist weg.

___ Mein idealer Partner ist groß und gutaussehend.

8. Answer the following questions in English

a. Wie ist Claras Meinung nach eine gute Freundin?

b. Was ist das Wichtigste?

c. Wann freut sich eine gute Freundin für dich?

d. Wie ist ihr idealer Partner?

e. Wie muss er sie behandeln?

f. Was macht er, wenn sie traurig ist?

g. Warum glaubt sie, dass Leute sich trennen?

h. Warum hat sich Antonia getrennt?

i. Denkt sie, dass manche Paare zu früh heiraten?

j. Warum ist es gefährlich, zu früh zu heiraten?

9. Find the German equivalent for the following phrases

a. for me

b. that accepts you as you are

c. she is always there for you

d. the most important thing

e. to go to the cinema with you

f. she always listens to you

g. she is happy for you

h. when you are successful

i. he is empathetic

j. he supports me

k. we never argue

l. he treats me with respect

m. when I am sad

n. they don't love each other

o. I have a friend (f)

p. he got upset about everything

q. without ever having lived together

r. it doesn't work

10. Cross out any word listed below which is not in the German text

a. always

b. opinion

c. dumb

d. happy

e. argue

f. old

g. boyfriend

h. reasons

11. Definition game: find in the text a word for each of the definitions below

a. Das Gegenteil von „spät":

b. Ein Ort, wo man Filme sehen kann:

c. Ein Synonym von „Meiner Meinung nach":

d. Das Gegenteil von „nie":

e. Das Gegenteil von „traurig":

f. Das Gegenteil von „sie streiten sich nie":

g. Eine Person, die für neue Ideen offen ist:

h. Das Gegenteil von „dumm":

i. Ein Synonym von „attraktiv":

12. Correct the grammar and spelling mistakes:

a. Eine Person, die ist immer für dich da.

b. Das Wichtigste ist, dass sie ist treu.

c. Sie respektiert diene Meinung.

d. Er aufmuntert mich, wenn ich traurig bin.

e. Sie sich trennen, weil sie sich nicht mehr lieben.

f. Mein Meinung nach heiraten viele Paare zu früh.

g. Deshalb es funktioniert nicht.

13. Answer the questions in German. Write full sentences

a. Was macht ein guter Freund/ eine gute Freundin in den schwierigsten Momenten?

b. Wann freut sich ein guter Freund/ eine gute Freundin für dich?

c. Wie beschreibt sie ihren idealen Partner?

d. Was versucht ihr idealer Partner immer?

e. Warum trennen sich ihrer Meinung nach die Leute?

f. Was für Probleme kann es in einer Beziehung außerdem geben?

g. Warum hat sich ihre Freundin von ihrem Freund getrennt?

h. Welche Fehler machen viele Leute, wenn sie heiraten?

ANSWERS – Unit 16. Bringing it all together – Part 4/5

1. Find the German equivalent: a) Für mich ist eine gute Freundin … b) eine aufgeschlossene Person c) wie du bist
d) auch in den schwierigsten Momenten e) dass sie die gleichen Interessen hat f) wenn du glücklich bist
g) er versucht immer h) er unterstützt mich in allem i) wir haben viel Spaß zusammen j) die meisten Leute trennen sich
k) die gegenseitige körperliche Anziehung l) weil der Altersunterschied zu groß war m) viel Paare heiraten zu früh
n) aus den falschen Gründen

2. Faulty translation: an **open-minded** person ; even in the **worst** moments ; that she is **loyal** ; the same **interests** as you ; to the **cinema** ; she **always** listens to you ; when you are **happy** ; clever, **romantic** and **empathetic** ; he always tries to make me **happy** ; he **cheers me up** when I am sad ; they **only ever** argue ; the mutual **physical** attraction ; from her **boyfriend** ; too **big** ; he **always** got upset ; without ever having lived **together**

3. Find the following items: a) akzeptiert/aufgeregt/angeht b) Spaß c) immer d) deshalb e) aufgeschlossene f) treu
g) funktioniert/freut

4. Spot and correct the wrong statements: a) ist eine **aufgeschlossene** Person b) dass sie **treu** ist
c) wenn du **glücklich** bist d) wenn ich **traurig bin** e) weil sie sich **nicht mehr** lieben f) über **alles** g) zu **früh**

5. Categories:
Adjectives describing appearance: groß ; gutaussehend
Adjectives describing character: aufgeschlossen ; treu ; klug ; romantisch ; einfühlsam ; glücklich ; traurig
Adverbs of frequency (time words): immer ; nie ; manchmal
Hobbies: ins Kino gehen ; essen gehen
Connectives: dass ; und ; oder ; wenn ; weil ; deshalb

6. Complete with the missing word: a) aufgeschlossene b) muntert c) freut d) streiten e) ist f) heiraten g) allem
h) körperliche i) behandelt j) falschen

7. Arrange the information: 2 ; 1 ; 6 ; 9 ; 3 ; 7 ; 5 ; 8 ; 4

8. Answer the following questions: a) someone open-minded who accepts you the way you are
b) that she is loyal and has the same interests as you c) when you are happy and when you are successful
d) tall, handsome, smart, romantic, empathetic e) with respect f) cheer her up
g) because they don't love each other anymore, or they only ever argue, sometimes the mutual physical attraction is gone
h) because the age difference was too big and because he got upset about everything i) yes, she does
j) people may get married without ever having lived together or for the wrong reasons

9. Find the German equivalent: a) für mich b) die dich so akzeptiert, wie du bist c) sie ist immer für dich da
d) das Wichtigste e) mit dir ins Kino zu gehen f) sie hört dir immer zu g) sie freut sich für dich h) wenn du erfolgreich bist
i) er ist einfühlsam j) er unterstützt mich k) wir streiten uns nie l) er behandelt mich mit Respekt m) wenn ich traurig bin
n) sie lieben sich nicht o) ich habe eine Freundin p) er hat sich über alles aufgeregt
q) ohne je zusammengelebt zu haben r) es funktioniert nicht

10. Cross out: a) - b) - c) dumb d) - e) - f) old g) - h) -

11. Definition game: a) früh b) Kino c) Für mich/Ich denke d) immer e) glücklich f) sie streiten sich immer
g) eine aufgeschlossene Person h) klug i) gutaussehend

12. Correct the mistakes: a) eine Person, die immer für dich da **ist** b) dass sie treu **ist** c) d**ei**ne Meinung
d) er muntert mich **auf** e) Sie trennen **sich** f) Mein**er** Meinung nach g) Deshalb funktioniert **es** nicht

13. Answer the questions: a) Er/Sie ist immer für dich da. b) Wenn du glücklich bist und wenn du Erfolg hast.
c) groß, gutaussehend, klug, romantisch, einfühlsam d) Er versucht, sie glücklich zu machen.
e) Weil sie sich nicht mehr lieben oder nur noch streiten. f) Manchmal ist auch die gegenseitige körperliche Anziehung weg.
g) Weil der Altersunterschied zu groß war und weil er sich immer über alles aufgeregt hat.
h) Sie heiraten zu früh, ohne je zusammengelebt zu haben, oder aus den falschen Gründen.

Unit 16. Bringing it all together – Part 5/5

Hallo, ich bin Maxi. Eines Tages wäre ich gern wie mein Lieblingsschauspieler, Morgan Freeman. Meiner Meinung nach ist er der beste Schauspieler der Welt! Er ist sehr klug und charismatisch und er hat eine einzigartige Stimme. Außerdem engagiert er sich für die Umwelt und für den Weltfrieden. Meine ideale Partnerin wäre eine Person, die Tiere liebt und die einen guten Sinn für Humor hat. Sie wäre eine berühmte Sportlerin und sie würde sich für gute Zwecke und Politik interessieren. Außerdem würde sie von allen Leuten geliebt und respektiert werden. Eine Person, die ich bewundere, ist Sebastian Steudtner. Er ist einer der besten Surfer der Welt! Er kommt aus Nürnberg in Süddeutschland und er ist berühmt, weil er auf den größten Wellen der Welt surft, stell dir vor! Außerdem hat er zusammen mit seiner Schwester Johanna den Verein „wirmachenwelle e. V.“ gegründet – ein Verein, der soziale Surfprojekte für Jugendliche organisiert. Ich finde das total super und ich wünschte, es gäbe mehr Leute wie ihn. Eine andere Person, die mich inspiriert, ist mein Onkel Martin. Er hat sehr hart im Leben gearbeitet und er ist heute ein sehr erfolgreicher Geschäftsmann. Ich verstehe mich sehr gut mit ihm, weil er immer entspannt ist und ich ihn immer um Rat fragen kann, wenn ich ein Problem habe. Ich weiß, wenn ich so hart arbeite wie er, werde ich auch erfolgreich sein! **(Maxi, 15 Jahre)**

1. Find the German equivalent for the following

a. One day I would like to be like…

b. he is the best actor in the world.

c. furthermore, he is committed to

d. she would be a sportswoman

e. she would be loved by all people

f. he is one of the best surfers

g. Imagine!

h. together with his sister

i. a club that organises social surf projects

j. I wish…

k. …there were more people like him.

l. another person who inspires me

m. because he is always relaxed

n. if I work as hard as he

2. Faulty translation. Highlight the translation mistakes and correct them

Hello, I'm Maxi. One day, I'd like to be like my favourite singer, Morgan Freeman. In my opinion, he is the best actor in the world! He is very funny and charismatic, and has a unique face. In addition, he is committed to the environment and to world peace. My ideal partner would be a person who loves music and has a good sense of humour. She would be a powerful sportswoman, and she would be interested in good clothes and politics. Furthermore, she would be liked and respected by everyone. A person that I admire is Sebastian Steudtner. He is one of the nicest surfers in the world! He comes from Nuremberg in South Germany, and he is famous because he surfs the biggest waves of the world, imagine! In addition, together with his cousin Johanna, he has founded the association "wirmachenwelle e.V." – a club that organises local surf projects for old people. I find that really super and I wish there were fewer people like him. Another person that inspires me is my uncle Martin. He has worked hard in his live and today he is a very successful lawyer. I get on very well with him because he is always relaxed, and I can always ask him for money, when I have a problem. I know, if I work as much as he, I will be successful too!

3. Find the following items in the text

a. A verb starting with 'b':

b. A job starting with 'G':

c. A noun starting with 'T':

d. A connective starting with 'a':

e. An adverb starting with 'g':

f. A job starting with 'S':

g. A verb starting with 'a':

4. Spot the errors and correct the statements

a. Ich wäre gern wie mein Lieblingssänger.

b. Er ist charismatisch und hat eine normale Stimme.

c. Sie würde von ihrer Oma geliebt.

d. Er ist einer der schlechtesten Surfer der Welt.

e. Ich wünschte, es gäbe weniger Leute wie ihn.

f. Eine andere Person, die mich inspiriert, ist meine Tante.

g. Er ist heute ein sehr erfolgloser Geschäftsmann.

5. Categories: find the items in the text and put them in the categories below

Adjectives	Connectives	Verbs in the present tense	Verbs in the past tense	Verbs in the conditional tense

6. Complete with the missing German words

a. Ich __________ gern wie mein Lieblingsschauspieler.
b. Er ist sehr _______________ und charismatisch.
c. Eine Person, die einen guten Sinn für ________ hat.
d. Sie würde sich für gute ___________ interessieren.
e. Sie würde von allen Leuten ____________ werden.
f. Er ist einer der ___________ Surfer der Welt!
g. Ich wünschte, es ________ mehr Leute wie ihn.
h. Er hat sehr hart im Leben ____________.
i. Ich kann ihn immer um __________ fragen.
j. Wenn ich hart arbeite, werde ich ___________ sein.

7. Arrange the information below in the same order as it is provided in the German text

___ Sie würde sich für Politik interessieren.

_1_ Ich wäre gern wie mein Lieblingsschauspieler.

___ Ich werde auch erfolgreich sein.

___ Er ist immer entspannt.

___ Meine ideale Partnerin würde Tiere lieben.

___ Er ist sehr klug und charismatisch.

___ Er organisiert Surfprojekte für Jugendliche.

___ Sie würde von allen Leuten geliebt werden.

___ Ich wünschte, es gäbe mehr Leute wie ihn.

8. Answer the following questions in English

a. Eines Tages wäre Maxi gern wie welche Person?

b. Wie beschreibt Maxi Morgan Freeman?

c. Wofür engagiert sich Morgan Freeman?

d. Wer wäre Maxis ideale Parterin?

e. Wofür würde sie sich interessieren?

f. Wer ist Sebastian Steudtner?

g. Warum ist er berühmt?

h. Was macht der Verein „wirmachewelle e.V"?

i. Mit wem hat Steudtner den Verein gegründet?

j. Warum bewundert Maxi seinen Onkel Martin?

k. Warum versteht sich Maxi gut mit seinem Onkel?

l. Wie wird Maxi erfolgreich sein?

9. Find the German equivalent for the following phrases

a. One day…

b. …I would like to be like

c. in my opinion

d. he is the best actor

e. for the environment

f. my ideal partner (f)

g. she'd be interested in noble causes

h. by all people

i. he comes from

j. he surfs on the biggest waves

k. he is famous

l. he founded…

m. for young people

n. he has worked very hard in life

o. a very successful businessman

p. I get on very well with him

q. I can always ask him for advice

r. I will be successful

10. Cross out any word listed below which is not in the German text

a. best

b. world

c. penguin

d. smart

e. money

f. hates

g. advice

h. life

11. Definition game: find in the text a word for each of the definitions below

a. Das Gegenteil von „dumm":

b. Ein Beruf beim Film:

c. „Sie ist" im Konditional:

d. Das Gegenteil von „normal"

e. Das Gegenteil von „niemand":

f. Das Gegenteil von „gehasst":

g. Jemand, der bei Wettkämpfen mitmacht:

h. Ein Synonym von „cool":

i. Das Gegenteil von „erfolglos":

12. Correct the grammar and spelling mistakes:

a. Er ist der beste Schauspielerin der Welt.

b. Er engagiert sich für der Weltfrieden.

c. Ich wünschte, gäbe es mehr Leute wie ihn.

d. Sie würde sich für Politik interessiert.

e. Weil er ist immer entspannt.

f. Ich werden erfolgreich sein.

g. Ich kann fragen ihn um Rat.

13. Answer the questions in German. Write full sentences:

a. Wer ist sein Lieblingsschauspieler?

b. Wie ist dieser Schauspieler?

c. Wofür engagiert er sich?

d. Was würde seine ideale Partnerin arbeiten?

e. Was kann Sebastian Steudtner sehr gut?

f. Was hat er zusammen mit seiner Schwester gegründet?

g. Welche Person inspiriert Maxi noch und warum?

h. Warum versteht er sich sehr gut mit ihm?

i. Wie will Maxi in der Zukunft erfolgreich sein?

ANSWERS – Unit 16. Bringing it all together – Part 5/5

1. Find the German equivalent: a) Eines Tages wäre ich gern wie …   b) er ist der beste Schauspieler der Welt
c) außerdem engagiert er sich für   d) sie wäre eine Sportlerin   e) Sie würde von allen Leuten geliebt werden
f) er ist einer der besten Surfer   g) stell dir vor!   h) zusammen mit seiner Schwester   i) ein Verein, der Surfprojekte
organisiert   j) ich wünschte   k) es gäbe mehr Leute wie ihn   l) eine andere Person, die mich inspiriert   m) weil er immer
entspannt ist   n) wenn ich so hart arbeite wie er

2. Faulty translation: like my favourite **actor** ; he is very **clever** and charismatic ; has a unique **voice** ;
a person that loves **animals** ; would be a **famous** sportswoman ; interested in good **causes** ; she would be **loved** ;
one of the **best** surfers ; together with his **sister** ; **social** surf projects ; for **young** people ; there were **more** people like him ;
he has worked **very** hard ; a very successful **businessman** ; ask him for **advice** ; if I work as **hard** as he

3. Find the following items: a) bewundere   b) Geschäftsmann   c) Tiere   d) außerdem   e) gern   f) Schauspieler   g) arbeite

4. Spot and correct the wrong statements: a) Ich wäre gern wie mein Lieblings**schauspieler**.
b) Er ist charismatisch und hat eine **einzigartige** Stimme.   c) Sie würde von **allen Leuten** geliebt.
d) Er ist einer der **besten** Surfer der Welt.   e) Ich wünschte, es gäbe **mehr** Leute wie ihn.
f) Eine andere Person, die mich inspiriert, ist **mein Onkel**.   g) Er ist heute ein sehr erfolg**reicher** Geschäftsmann.

5. Categories:
Adjectives: beste ; klug ; charismatisch ; einzigartige ; ideale ; guten ; berühmte ; gute ; besten ; berühmt ; größten ; soziale ;
super ; erfolgreicher ; entspannt ; erfolgreich   *Connectives*: und ; außerdem ; weil ; wenn
Verbs in the present tense: bin ; ist ; hat ; engagiert ; liebt ; kommt ; surft ; organisiert ; finde ; inspiriert ; verstehe ; kann ;
habe ; weiß ; arbeite   *Verbs in the past tense*: hat … gegründet ; hat … gearbeitet
Verbs in the conditional tense: wäre ; würde … interessieren ; würde … geliebt und respektiert werden ; wünschte ; gäbe

6. Complete with the missing word: a) wäre   b) klug   c) Humor   d) Zwecke   e) geliebt   f) besten   g) gäbe
h) gearbeitet   i) Rat   j) erfolgreich

7. Arrange the information: 4 ; 1 ; 9 ; 8 ; 3 ; 2 ; 6 ; 5 ; 7

8. Answer the following questions: a) Morgan Freeman   b) he is smart and charismatic
c) he is committed to the environment and world peace   d) a famous sportswoman   e) for good causes and politics
f) one of the best surfers of the world   g) because he surfs the biggest waves of the world   h) social surf projects
i) with his sister   j) because he has worked hard in life and he is a successful businessman
l) he is always relaxed and Maxi can always ask him for help when he has a problem
m) he is going to work as hard as his uncle

9. Find the German equivalent: a) Eines Tages …   b) … wäre ich gern wie   c) meiner Meinung nach
d) er ist der beste Schauspieler   e) für die Umwelt   f) meine ideale Partnerin   g) sie würde sich für gute Zwecke interessieren
h) von allen Leuten   i) er kommt aus   j) er surft auf den größten Wellen   k) er ist berühmt   l) er hat … gegründet
m) für Jugendliche   n) er hat sehr hart im Leben gearbeitet   o) ein sehr erfolgreicher Geschäftsmann
p) ich verstehe mich sehr gut mit ihm   q) ich kann ihn immer um Rat fragen   r) ich werde erfolgreich sein

10. Cross out: a) -   b) -   c) penguin   d) -   e) money   f) hates   g) -   h) -

11. Definition game: a) klug   b) Schauspieler   c) sie wäre   d) einzigartig   e) alle Leute   f) geliebt
g) Sportlerin   h) entspannt   i) erfolgreich

12. Correct the mistakes: a) der beste **Schauspieler**   b) für **den** Weltfrieden   c) Ich wünschte, **es gäbe**
d) für Politik **interessieren**   e) Weil er immer entspannt **ist**   f) Ich **werde**   g) Ich kann ihn um Rat **fragen**.

13. Answer the questions: a) Sein Lieblingsschauspieler ist Morgan Freeman.   b) Er ist sehr klug und charismatisch.
c) Er engagiert sich für die Umwelt und für den Weltfrieden.   d) Seine ideale Partnerin würde als Sportlerin arbeiten.
e) Er kann sehr gut surfen.   f) Er hat den Verein "wirmachenwelle e. V." gegründet.   g) Sein Onkel inspiriert ihn, da er sehr
hart im Leben gearbeitet hat und heute ein sehr erfolgreicher Geschäftsmann ist.   h) Weil er immer entspannt ist und weil er
ihn immer um Rat fragen kann.   i) Er will so hart arbeiten wie sein Onkel.